111 Gründe, Dänemark zu lieben

Maritta G. Demuth

111 GRÜNDE, DÄNEMARK ZU LIEBEN

Eine Liebeserklärung an das
schönste Land der Welt

SCHWARZKOPF & SCHWARZKOPF

INHALT

VORWORT

Dänemark ist das Land, in dem die glücklichsten Menschen der Welt leben! Das zeigt der aktuelle *World Happiness Report* (2016), und zwar nicht zum ersten Mal. Seit die Dänen bei den Glücksmessungen ganz unterschiedlicher Institutionen stets konsequent oben an der Spitze zu finden sind, bestaunt die ganze Welt das kleine skandinavische Land und rätselt, wie es sich hier oben im Norden bei diesem rauen, zugigen und launischen Klima denn so glücklich leben lässt.

Was macht die Dänen, die Bewohner dieses nordeuropäischen Insel-Königreiches, so glücklich? Was ist in Dänemark anders, was ist hier so außergewöhnlich, dass die hier lebenden Menschen derart zufrieden sind mit ihrem Dasein? Ist es das Meer, zu dem es von keinem Ort des Landes aus mehr als 50 Kilometer sind? Ist es der Wind, der trübe Gedanken davon bläst, bevor sie sich richtig einnisten können? Sind es die vielfältigen Küsten, die weitläufigen Dünenlandschaften, die endlosen Sandstrände, die leuchtenden Rapsfelder, die weiten Wiesen und Wälder? Oder hat das launische Klima die Dänen über Jahrhunderte hinweg einfach abgehärtet, sodass sie das Glück im Kleinen finden, die typisch dänische Gelassenheit ausstrahlen, der sich keiner entziehen kann, der sich ein Weilchen im Lande aufhält?

Was ist der Schlüssel zum dänischen Glück?

Die Antworten auf diese Frage sind äußerst vielfältig. Wen Sie hier im Norden auch fragen, welchen Dänen Sie auch löchern: Sie werden stets unterschiedliche Antworten erhalten, neue Versionen und Theorien kennenlernen. Das dänische Glück kennt nicht nur eine einzige Wahrheit.

Dänemark, das ist nicht nur skandinavisches Klima. Dänemark, das sind nicht nur wundervolle Landschaften und endlose Küsten. Nein, Dänemark ist auch ein hochmoderner Staat, der die digitalen

Vorzüge unserer Zeit höchst effektiv für seine Bürger auszuschöpfen weiß und sich nicht in unnötiger Bürokratie verliert. Dänemark ist eine Gesellschaft, in der gearbeitet wird, um zu leben, nicht umgekehrt, ein Land, in dem tapfere Feministinnen bereits vor vielen Jahrzehnten begonnen haben, den Weg zu einem gleichberechtigten Dasein zu ebnen. Dänemark, das ist ein Land, das in zahlreichen internationalen Studien und Weltranglisten stets ganz vorne mitmischt. Dennoch ist Dänemark auch ein Land, in dem nichts perfekt sein muss, ein Land, dessen Bürger in Freiheit, Toleranz und gegenseitigem Vertrauen zusammenleben. Dänemark, das ist eine Mentalität, die sich weitaus mehr von unserer deutschen unterscheidet, als dies die geografische Nähe des Landes vermuten ließe.

Mit diesem Buch halten Sie (mindestens) 111 gute Gründe für das dänische Glück in der Hand. 111 Gründe, die mich persönlich, als ausgewanderte Deutsche, die der Zufall (oder das Schicksal?) vor neun Jahren ins Land führte, davon abhalten, es jemals wieder zu verlassen.

Ich freue mich, Sie auf diese Reise durch Dänemark mitzunehmen, Ihnen Land und Leute näherzubringen, Ihnen Einblicke in das dänische Alltagsleben zu vermitteln.

Lassen Sie sich von Dänemark, dem Tor zu Skandinavien, und von der sympathischen Mentalität seiner Einwohner inspirieren. Bilden Sie sich Ihre eigene Meinung über das dänische Glück! Holen Sie sich ein Stück Gelassenheit, »Hygge« und die Zufriedenheit des dänischen Volkes in die eigenen vier Wände.

Viel Freude bei der Reise ins dänische Leben.

Maritta G. Demuth

1. KAPITEL

DÄNEMARK & KOPENHAGEN

Weil Dänemark das Tor zu Skandinavien ist und jeder Skandinavien anders definiert

»Aber Dänemark zählt doch gar nicht zu Skandinavien!« Mit hochgezogenen Augenbrauen starrte ich meinen Kollegen an. Ich hatte ihm gerade mitgeteilt, dass ich in wenigen Monaten nach Skandinavien auswandern würde. Um genau zu sein, nach Kopenhagen, in die dänische Hauptstadt. Ungerührt hielt der Kollege meinem Blick stand, zuckte nicht einmal mit der Wimper. Kein Zweifel, er fühlte sich völlig im Recht.

»Schweden, Norwegen und Finnland«, beharrte er, »DAS ist Skandinavien!«

»*Und* Dänemark!«, bemerkte ich mit Nachdruck.

Mein Gegenüber schüttelte störrisch den Kopf. Wie Kampfhähne standen wir uns gegenüber. Nach einer hitzigen Diskussion gingen wir auseinander, ohne uns in der Skandinavien-Frage auch nur einen Zentimeter nähergekommen zu sein.

Skandinavien ohne Dänemark? Stunden später schüttelte ich immer noch den Kopf über diese Vorstellung. Kaum zu Hause, zog ich den »Beweis« für meine Definition aus dem Regal, einen Bildband mit dem Titel »Skandinavien«. Die herrlichen Aufnahmen waren in vier Kapitel unterteilt: Norwegen, Schweden, Finnland und ... *natürlich auch* Dänemark!

Endlose Wälder, unzählige Seen, Fjorde, Höhlen und zerklüftete Schluchten, grün schimmerndes Polarlicht am Nachthimmel, steile Berglandschaften, die sich dramatisch hinter malerischen Stränden aufbauten – Skandinavien lud zum Träumen ein. Zugegebenermaßen, die Fotos aus Dänemark hoben sich tatsächlich etwas vom Rest des Bildbandes ab: Im Vergleich zu den nördlicher gelegenen Ländern zeichneten die dänischen Landschaftsaufnahmen ein sanfteres Bild: gelb leuchtende Rapsfelder unter blauem Himmel, ausgedehnte Wälder, spielerisch über die Landschaft verstreute Gutshöfe mit Reetdächern, Dünenlandschaften und weiße Sandstrände, so weit das Auge reichte. Dänemark *ist* Skandinavien, wenn auch landschaftlich gesehen eine mildere Version. Die »Puppenstube Skandinaviens«, wie man mancherorts lesen kann. Wie konnte das nur jemand bezweifeln?

Das Rätsel der unterschiedlichen Definitionen sollte sich für mich erst viele Jahre später lösen, als ich längst in Skandinavien lebte. Nicht nur mein Kollege hatte unrecht. Auch meine eigene Definition war nicht hundertprozentig korrekt. Denn hier im Norden wird »Skandinavien« enger definiert: Nur die Länder Norwegen, Schweden und Dänemark zählen zu Skandinavien. Nicht mehr und nicht weniger! Und wer könnte Skandinavien wohl besser definieren als die Skandinavier selbst?

Dass außerhalb von Skandinavien dieser Begriff gerne um Finnland (und auch Island u.a.) erweitert wird, beruht möglicherweise auf einer Verwechslung Skandinaviens mit dem Begriff »nordische Länder«, auch »der Norden« genannt, denn zu dieser Region gehören neben den drei skandinavischen Ländern auch Finnland, Island sowie die beiden zum Königreich Dänemark zählenden eigenständigen Nationen Grönland und die Färöer-Inseln und zu guter Letzt auch Åland, ein Teil von Finnland.

Finnland hat (meinem schönen deutschsprachigen Bildband zum Trotze) von der geografischen Nähe abgesehen wenig zu tun mit Skandinavien. Das Land unterscheidet sich sowohl sprachlich als auch kulturell deutlich von den drei skandinavischen Ländern. Die finnische Sprache zählt zu den finno-ugrischen Sprachen, ist eng mit dem Estnischen und entfernt mit dem Ungarischen verwandt. Dänisch, Norwegisch und Schwedisch sind dagegen nordgermanische Sprachen. Während sich Schweden, Norweger und Dänen in ihren jeweiligen Landessprachen meist ganz gut untereinander verständigen können, ist eine Verständigung mit den Finnen mangels Sprachverwandtschaft so gut wie unmöglich. Darüber hinaus sind auch die finnische Kultur und Mentalität viel weiter von Skandinavien entfernt, als es die geografische Lage der Länder vermuten ließe.

Dass manche auch Dänemark die Zugehörigkeit zu Skandinavien verwehren wollen, liegt an der besonderen Lage des kleinen Landes. Das dänische Festland, die Halbinsel Jütland, ist mit einer 68 Kilometer langen Grenze an Deutschland und damit an Mitteleuropa angebunden. Nördlich von Dänemark liegt die sogenannte »skandinavische Halbinsel«, auf der sich Schweden, Norwegen und ein Teil Finnlands befinden. Diese geografische Bezeichnung trägt sicherlich ebenfalls zur allgemeinen Verwirrung rund um das Thema »Skandinavien« bei. Die beiden größten dänischen Inseln, Fünen und Seeland, liegen schließlich genau zwischen dem mitteleuropäischen Kontinent und der »skandinavischen Halbinsel«.

Dänemark zählt mit seiner außergewöhnlichen Lage daher nicht nur zu Skandinavien, es verbindet gar Mitteleuropa mit der skandinavischen Halbinsel und stellt damit das Tor zu Skandinavien dar!

2. Grund

Weil die dänischen Inseln kaum zu zählen sind

»Du wohnst auf einer Insel? Wolltest du nicht nach Kopenhagen ziehen?«

Auf diese und ähnliche Fragen traf ich während der ersten Heimatbesuche nach meiner Auswanderung in die dänische Hauptstadt. Dann, wenn ich verkündete, ich würde bald wieder auf »die Insel« zurückfliegen. Verübeln konnte ich es keinem. Wer nicht gerade Dänemark-Kenner ist, dem ist oft nicht bewusst, dass das kleine Land neben seinem an Deutschland angrenzenden Festland aus unzähligen Inseln besteht. Auf der größten dänischen Insel Sjælland (dt.: Seeland) liegt die Hauptstadt Dänemarks, Kopenhagen. Dänemark und Äquatorialguinea sind damit weltweit die einzigen mit einem Kontinent verbundenen Länder, deren Hauptstädte auf einer Insel liegen.

Geduldig legte ich also sämtlichen Freunden, Bekannten und Familienmitgliedern nahe, einen Atlas hervorzuziehen. Denn Dänemark ist tatsächlich eine Inselnation! Schon beim dänischen Festland Jylland (dt.: Jütland) handelt es sich per Definition um eine Halbinsel. Daneben umfasst Dänemark rund 1.400 Inseln! Diese Zahl beinhaltet nur die Inseln mit einer Größe von mindestens 100 Quadratmetern. Ohne Mindestgröße ließe sich die Anzahl dänischer Inseln wohl beliebig erhöhen. Laut *Danmark i tal*[1] (dt.: Dänemark in Zahlen), einer jährlich erscheinenden Statistik über Dänemark, sind 391 Inseln offiziell mit Namen registriert. Von diesen waren im Jahr 2015 75 Inseln bewohnt[2], wobei diese Zahl aufgrund des generellen Bevölkerungsrückganges rückläufig ist.

Die Halbinsel Jütland macht mehr als zwei Drittel der Fläche Dänemarks aus, danach folgen in der Reihenfolge ihrer Größe die Inseln Seeland und Vendsyssel-Thy, letztere auch unter dem Namen »Nordjütische Insel« bekannt und oftmals gar nicht als eigenständige Insel betrachtet, da sie lange zum Festland gehörte und erst durch mehrere Sturmfluten von diesem abgetrennt wurde, sowie die Inseln Fyn (dt.: Fünen), Lolland und Bornholm, die dänische »Sonneninsel« (s. Grund 12: Weil Dänemark eine eigene Sonneninsel besitzt).

Das Zählen der dänischen Inseln scheint generell ein schwieriges Unterfangen darzustellen. Insel ist eben nicht gleich Insel. Neben Inseln und Halbinseln gibt es z.B. Riffe, Sandbänke und Schären. Darüber hinaus fasst der eine Statistiker kleinere Inseln womöglich zu einer Inselgruppe zusammen, während ein anderer sie als eigenständige Inseln bewerten würde. Auch die Natur macht den dänischen Inselzählern einen Strich durch die Rechnung, denn die landschaftlichen Begebenheiten sind dynamisch. Durch isostatische Bodenhebung und Sedimentation (Teilchenablagerung) entstehen neue Inseln, während der steigende Meeresspiegel wiederum andere Inseln verschluckt. Die ein oder andere Insel wird auch von Menschenhand erschaffen, wie z.B. die künstliche Insel Peberholm, die im Rahmen des Bauprojekts der Öresundbrücke zwischen Dänemark und Schweden entstand. Was die Gesamtanzahl dänischer Inseln betrifft, gibt es also nicht nur eine einzige Wahrheit. Erbsenzählerei, denken Sie möglicherweise. Doch die offizielle Anzahl der Inseln hat für Dänemark als Inselnation keine unerhebliche Bedeutung. Von ihrer Zahl und Bewertung hängen weitere Größen ab, nämlich Landesfläche und Küstenlinie.

Das Landesareal Dänemarks umfasst gemäß *Danmark i tal 2015* 42.916 Quadratkilometer (ohne Färöer-Inseln und Grönland). Auf dieser Fläche tummeln sich circa 5,66 Millionen Menschen, sodass die Bevölkerungsdichte bei 130,5 Einwohnern pro Quadratkilometer liegt. Die Küstenlinie wird bereits seit langer Zeit offiziell mit 7.314 Kilometer angegeben. Da Natur und Gezeiten auch die Küstenlinie permanent verändern, ist diese Angabe ebenfalls nicht ganz eindeutig. Bei einer aktuelleren Berechnung, auf Basis eines den heutigen Zeiten angemessenen, exakteren Maßstabs wurde diese Zahl deutlich nach oben korrigiert, auf ganze 8.750 Kilometer. (s. Grund 7: Weil jeder Einwohner seinen Strand hat).

Eine der größten Herausforderungen Dänemarks bestand seit jeher darin, die vielen »zersplitterten« Landesteile mithilfe einer strategisch geschickten Infrastruktur zu einem sinnvollen Ganzen zusammenzufügen. Fähren und kleine Flugzeuge, die zwischen den Inseln verkehrten, spielten an dieser Stelle lange Zeit eine wichtige Rolle. Heutzutage sind es jedoch größtenteils Brücken in allen Größen und Ausprägungen, die dafür sorgen, dass Menschen und Güter bequem von einem Ende des Landes ins andere gelangen, ohne ständig auf Hindernisse, sprich »Wasser«, zu stoßen.

Weil den Dänen im Brückenbau keiner etwas vormacht

Die genannten geografischen Herausforderungen, denen Dänemark als Inselreich gegenübersteht, führten über die Jahrhunderte dazu, dass sich das Land zu einer kompetenten »Brückenbauer-Nation« entwickelte. Das Know-how und die umfangreiche Erfahrung der dänischen Brückenbauer, die diese bei der anspruchsvollen Aufgabe sammelten, die dänischen Inseln strategisch geschickt miteinander zu verbinden, beeinflusste auch den weltweiten Brückenbau.

Dänemark baut seit über 1.200 Jahren Brücken. Bis 1850 handelte es sich eher um einfache Konstruktionen, um Brücken, die zwei Ufer eines Flusses miteinander verbanden oder die über einen Wasserlauf führten. Die ersten längeren Brücken über Sunde (Meeresengen) und Fjorde entstanden zwischen 1856 und 1935: Im Jahr 1856 bei Sønderborg über den Alssund, 1865 bei Aalborg über den Limfjord, 1868 bei Frederikssund über den Roskilde Fjord sowie 1874–75 über den Guldborgsund bei Nykøbing/Falster. Diese Brücken waren damals durchaus für den lokalen Verkehr von hoher Bedeutung, jedoch noch nicht für den überregionalen, denn wer von einem Ende Dänemarks zum anderen reisen wollte, musste nach wie vor Zug und Fähre miteinander kombinieren. Erst 1935 wurde die erste Brücke eröffnet, die ganze Landesteile miteinander verband: Die Lillebæltsbro (dt.: Kleiner-Belt-Brücke) führte vom dänischen Festland Jütland auf die Insel Fünen. Zwei Jahre später folgte die Storstrømsbro, die Seeland mit Falster verband.

Zwischen 1930 und 1940 folgten weitere bedeutungsvolle Projekte. In dieser Zeit wurde jährlich eine weitere Brücke eröffnet, die hohe Bedeutung für die nationalen Verkehrsströme hatte, sodass in den 1940er-Jahren die vielen »Puzzleteile« Dänemarks schließlich zu zwei großen Teilen mit in sich komplett abgeschlossenen

Straßennetzen zusammengefügt worden waren: Jütland/Fünen und Seeland/Lolland/Falster.

Den nächsten logischen Schritt stellte die Verbindung dieser beiden Landesteile dar, ein ambitioniertes Projekt, das das verkehrsstrategische Dänemark-Puzzle endgültig vollenden sollte. Das ehrgeizige Bauvorhaben konnte aufgrund des Zweiten Weltkrieges zunächst nicht wie geplant durchgeführt werden, obwohl die Idee hierzu bereits seit Langem ausgereift war und nur auf die Umsetzung wartete.

Erst im Jahr 1989 begannen die Dänen mit ihrem zu dieser Zeit größten nationalen Projekt: Die Storebæltsbro (dt.: Großer-Belt-Brücke) sollte Jütland und Fünen mit Seeland (und damit auch mit Lolland und Falster) zusammenführen und auf diese Weise eine gesamtdänische Verkehrseinheit bilden. Die riesige Brückenkonstruktion besteht aus drei Teilen, einem Eisenbahntunnel zwischen Seeland und der kleinen Insel Sprogø (»Østtunnel«, dt.: Osttunnel, 8,02 km), einer Autobahnbrücke für dieselbe Strecke (»Østbroen«, dt.: Ostbrücke, 6,79 km) und einer kombinierten Autobahn-/Eisenbahnbrücke zwischen Sprogø und Fünen (»Vestbroen«, dt.: Westbrücke, 6,6 km lang)[3]. Die gesamte Strecke inklusive Ost- und Westteil sowie einem circa 2,5 Kilometer langen Stück auf Sprogø beträgt cirka 17 Kilometer. Bereits direkt nach der Eröffnung übertraf die Brücke sämtliche Erwartungen. Die massive Nutzung der neuen Verkehrsanbindung stellte sich deutlich höher dar als die im Vorfeld berechneten Prognosen, ein Zeichen dafür, wie notwendig die Storebæltsbro bereits zu diesem Zeitpunkt für die dänische Infrastruktur gewesen war.

Noch während der Bauphase der Storebæltsbro nahm Dänemark das nächste ehrgeizige Projekt in Angriff und verhandelte mit Schweden über eine Brücke, die sowohl Autos als auch Züge über den Øresund führen und Dänemark mit Schweden verbinden sollte. 1994 begannen die Bauarbeiten für die Øresundsbro (dt.: Öresundbrücke), 2000 wurde sie eröffnet.

Dank jahrhundertelanger Übung zeigt die Brückenbaukunst der Dänen heute Weltklasseniveau. Über die ganze Welt verstreut finden Sie Brücken mit dänischer Herkunft. Darüber hinaus können sich dänische Brückenbauer auch mit dem ein oder anderen Rekord rühmen: z.B. ist die Öresundbrücke mit einer Länge von 7,84 Kilometern die längste Schrägseilbrücke der Welt für den kombinierten Straßen- und Eisenbahnverkehr.

Die Ostbrücke der Storebæltsbro war in der Bauphase ebenfalls ein rekordverdächtiges Projekt. Sie sollte ursprünglich die Hängebrücke mit der weltweit längsten Mittelspannweite[4] werden (1,6 km). Dieser Rekord wurde jedoch zu guter Letzt den Japanern zuteil, die nicht nur plötzlich den Bau einer Brücke mit einer 1,99 Kilometer langen Mittelspannweite planten, sondern diese auch noch vor Abschluss des dänischen Bauprojektes fertigstellten. Die Storebæltsbro liegt somit heute weltweit auf dem 3. Platz in der genannten Kategorie, stellt aber die längste Hängebrücke Europas dar. Die Dänen können sich außerdem auch damit trösten, dass die Westbrücke der Storebæltsverbindung zu den längsten kombinierten Straßen- und Eisenbahnbrücken Europas zählt, genauso wie auch die Öresundbrücke und die Storstrømsbro. An Rekorden mangelt es in diesem Bereich also definitiv nicht.

4. Grund

Weil Dänemark auch vor gigantischen Tunneln nicht haltmacht

Nichtsdestotrotz scheinen die Dänen von rekordverdächtigen Bauprojekten längst nicht genug zu haben: Nachdem der Auto- und Zugverkehr zwischen Dänemark und Schweden zwischenzeitlich zufriedenstellend ins Rollen gekommen ist, forciert Dänemark das nächste internationale Projekt. Diesmal steht Deutschland auf dem Anbindungsplan. Im Fehmarnbelt zwischen Dänemark und Deutschland soll der größte Absenktunnel der Welt entstehen! Die Dänen liebäugeln schon lange mit dieser Anbindung – nun geht es an die Umsetzung des gigantischen Bauvorhabens, das Dänemark und Deutschland (noch) näher zusammenrücken wird. Beide Länder unterzeichneten im Jahr 2008 den »Vertrag zwischen der Bundesrepublik Deutschland und dem Königreich Dänemark über eine Feste Fehmarnbeltquerung[5]« zwischen der deutschen Ostseeinsel Fehmarn und der dänischen Insel Lolland.

Ein Tunnel mit einer Rekordlänge von nicht weniger als 19 Kilometern soll künftig eine vierspurige Autobahn sowie eine zweispurige Bahnlinie unter der Ostsee hindurchführen! Von Baustart bis Eröffnung werden nach Expertenschätzungen etwa acht Jahre vergehen. Der Tunnel wird die beiden Länder rund um die Uhr miteinander verbinden. Im Gegensatz zur existierenden Fährverbindung werden damit Wetterverhältnisse oder Saisonzeiten keinerlei Einfluss mehr auf Reise- bzw. Transportzeiten haben. Die Reisezeiten sollen sich ebenfalls drastisch verkürzen: Autofahrer erreichen die jeweils andere Seite der Ostsee in nur noch zehn Minuten, während sie heute dafür circa eine Dreiviertelstunde benötigen. Zugreisende von Hamburg nach Kopenhagen, deren Zugverbindung heute mit einer Fährüberfahrt kombiniert wird, müssen bei Nutzung des Tunnels anstelle von mindestens viereinhalb Stunden nur noch zweieinhalb Stunden für ihre Reise einplanen. Dank der Tunnelverbindung entfallen darüber hinaus für den Güterverkehr zwischen Mittel- und Nordeuropa lange Umwege. Die dänische Firma Femern A/S, Bauverantwortliche und künftige Betreiberin des Fehmarnbelttunnels, rechnet fest damit, dass nach Eröffnung des Tunnels viele Güter, die heute noch über das Straßennetz transportiert werden, auf Schienentransport überwechseln werden.

Femern A/S ist – wie auch die Betreiberfirmen der Storebæltsbro und der Øresundsbro – Teil der dänischen Firma Sund & Bælt

Holding A/S, eines staatlichen Unternehmens unter dem Dach des dänischen Verkehrsministeriums.

Die Fehmarnbeltquerung ist für Europa von hoher Bedeutung: Sie wird die Nord-Süd-Achse zwischen Mitteleuropa und Skandinavien vollenden. Die Dänen haben bei diesem gigantischen Projekt sicherlich auch im Auge, dass die Hauptstadt Kopenhagen keine unbedeutende Rolle im sogenannten »Skandinavisch-Mediterranen Korridor des Transeuropäischen Verkehrsnetzes« spielen wird.

Vom Fehmarnbelttunnel erhoffen sich sowohl Dänemark als auch Deutschland viele Vorteile für den Tourismus, die Wirtschaft, für die Arbeitsmärkte beider Länder u.v.m. Dänemark prescht hierbei voran und übernimmt die finanzielle Verantwortung für das Projekt. Das kleine Land wird die Errichtung des Tunnels übernehmen und die Kosten in Höhe von etwa 8,7 Milliarden Euro tragen. Im Anschluss daran wird Dänemark die Strecke auch betreiben. Die Hauptfinanzierung des Tunnels werden die späteren Nutzer tragen, über Nutzungsgebühren, die laut Femern A/S in etwa einem Fährticket entsprechen werden. Da das Milliardenprojekt laut EU ein »wichtiges Vorhaben von gemeinsamem europäischen Interesse«[6] darstellt, genehmigte die EU-Kommission zwischenzeitlich die staatliche Finanzierung des Bauvorhabens sowie Fördergelder. Der Tunnel wurde als ein vorrangiges Projekt im Rahmen des transeuropäischen Verkehrsnetzes definiert.

Die Genehmigung der EU-Kommission zur staatlichen Finanzierung des Projekts führte allerdings bei der Reederei Scandlines zu Unmut, die u.a. die Fähren auf dem Fehmarnbelt zwischen Rødby und Puttgarden betreibt. Scandlines sieht aufgrund des Eingreifens der EU den freien Wettbewerb gefährdet und beschritt daraufhin den Rechtsweg, um eine Entscheidung vor dem Gerichtshof der Europäischen Union zu erzielen. Damit verzögert sich der Startschuss der Bauphase, der ursprünglich für das Jahr 2016 vorgesehen war. Langeweile kommt bei diesem Projekt also nicht auf.

Interessant ist auch, wie unterschiedlich die beiden vom Tunnel betroffenen Länder mit dem Mammut-Projekt umgehen. Laut FAZ umfasst der dänische Bauantrag für die Fehmarnbeltquerung circa 1.600 Seiten[7]. Das deutsche Pendant dazu ist mit 11.000 Seiten ungleich umfangreicher. Auch die Anzahl der Eingaben lässt bereits den ein oder anderen Mentalitätsunterschied zwischen Deutschland und Dänemark erkennen: Auf dänischer Seite kam es während der Anhörungsfrist zu ganzen 40 Eingaben von kritischen Bürgern. In Deutschland wurden 8.300 Eingaben gezählt!

Das Thema »Fehmarnbeltquerung« bleibt spannend. Bis tatsächlich die ersten Autos und Züge unter der Ostsee rollen, muss wohl noch etwas Wasser den Fehmarnbelt entlangfließen …

5. Grund

Weil die Entfernungen so schön überschaubar sind

Dänemark ist mit knapp 43.000 Quadratkilometern Landesfläche ein sehr kleines Land und hat damit einen entscheidenden Vorteil: überschaubare Entfernungen. Jeder Ort im Lande ist vom eigenen Wohnort aus relativ schnell zu erreichen, zumindest aus Sicht von Bewohnern wie mir, die aus Ländern mit weitaus größeren Dimensionen stammen. Dänemark lässt sich sowohl von Norden nach Süden als auch von Osten nach Westen in wenigen Stunden durchkreuzen.

Der nördlichste Punkt Dänemarks liegt auf der Halbinsel Jütland, in der Nähe des Ortes Skagen. Es handelt sich beim nördlichsten Punkt entgegen der landläufigen Meinung allerdings nicht um das beliebte touristische Ausflugsziel »Skagens Gren«, eine der längsten Landzungen der Welt, an dem die beiden Meere Skagerrak und Kattegat zusammentreffen und bisweilen mörderische Strömungen verursachen. Denn der »Skagen Nordstrand«, circa zweieinhalb Kilometer westlich von Skagens Gren, liegt etwa 700 Meter nördlicher.

Den südlichsten Punkt Dänemarks (und damit gleichzeitig den südlichsten Punkt Skandinaviens) stellt die Steilküste »Gedser Odde« auf der Insel Falster dar. Der Ort Gedser ist aufgrund der Fährverbindung zu Deutschland (Gedser–Rostock) bekannt.

Die Luftlinie zwischen dem nördlichsten und südlichsten Punkt in Dänemark beträgt nur circa 356 Kilometer[8]. Zum Vergleich: Die Luftlinie zwischen dem nördlichsten und südlichsten bewohnten Ort in Deutschland ist etwa 870 Kilometer[9] lang. Fährt man mit dem Auto von Gedser nach Skagen (oder umgekehrt), legt man circa 442 Kilometer zurück und muss eine Fahrtzeit von etwas über fünf Stunden einplanen. Für das Durchfahren eines ganzen Landes ein Katzensprung!

Nun zur Ost-West-Achse. Der am westlichsten gelegene Ort Dänemarks ist Blåvands Huk, die Landspitze bei Blåvand, ebenfalls ein populäres Touristenziel. Der östlichste Punkt Dänemarks liegt etwas außergewöhnlich, auf Christiansø, einer kleinen Insel in der Inselgruppe Ertholmene südlich von Schweden in der Ostsee und damit weit abgelegen vom Rest des Landes. Christiansø und Blåvands Huk sind circa 453 Kilometer voneinander entfernt.

Lässt man die dänischen Inseln vor Südschweden jedoch außen vor, sind es vom Osten des Landes bis zum Westen nur etwa 324 Kilometer. Mit dem Auto dauert die Fahrt von Kopenhagen im Osten zur Landspitze bei Blåvand im Westen nur dreieinhalb Stunden. Zum Vergleich: Die Luftlinie zwischen dem westlichsten und östlichsten bewohnten Ort Deutschlands misst circa 640 Kilometer.

Dänemark ist also klein, kompakt und fast überall von Wasser umgeben. Ganz egal, in welche Richtung Sie fahren und von welchem Ort des Landes Sie auch starten: Innerhalb von wenigen Stunden erreichen Sie das andere Ende des Landes und stehen vor einer Küste (oder vor der deutschen Grenze). Die Dänen leben über das ganze Land hinweg verstreut und trotzdem dicht beieinander.

Jede Region Dänemarks kann in einer überschaubaren Zeitspanne bequem erreicht werden. Das stärkt das Zusammengehörigkeitsgefühl der Menschen untereinander und macht das Land irgendwie gemütlich.

6. Grund

Weil den Dänen trotzdem alles ungemein weit vorkommt

Die Entfernungen im Lande Dänemark sind also überschaubar. Zumindest in den Augen einer Eingewanderten. Hört man Dänen über inländische Entfernungen sprechen, gewinnt man schnell den Eindruck, man habe es in Dänemark mit einem ganzen Universum zu tun.

Die Empfindung der Dänen bezüglich Entfernungen sind … nun ja, »anders«. Dies stellte ich gleich am ersten Dänen fest, den ich kennenlernte, dem »Auslöser« für meine Auswanderung, meinem heutigen Ehemann. Seine Familie besaß zum Zeitpunkt meines Umzugs in den Norden ein Sommerhaus an der Küste, auf der Insel Falster. Wie viele Dänen frönten sie der dänischen Sommerhauskultur und genossen in regelmäßigen Abständen ein paar Tage am Meer.

Eines Tages schlug »mein Däne« also vor, das kommende Wochenende an die Küste zu fahren, einmal raus aus unseren eigenen vier Wänden, um eine andere Gegend in Dänemark zu erkunden. Die Aussicht auf ein paar Tage am Meer genügte, um mich in pure Begeisterung zu versetzen.

»Wann fahren wir los?«, fragte ich und überlegte im Geiste bereits, was ich alles einpacken würde.

»Freitagmittag, so früh wie möglich. Das Haus liegt auf Falster.«

Falster? Das sagte mir als blutiger Dänemarkanfängerin nichts.

»Das liegt weit entfernt!«, fügte mein Däne schließlich hinzu. »Es lohnt sich gerade so für einen Wochenendtrip.«

Ich nickte langsam, sah uns mindestens vier bis fünf Stunden im Auto sitzen. Das Haus befand sich sicherlich am anderen Ende Dänemarks.

»Wie lange müssen wir fahren?«, erkundigte ich mich vorsichtig.

»Eineinhalb Stunden«, lautete die prompte Antwort.

Ich grinste und sah meinen Freund an. Das war sicher eine jener trockenen, sarkastischen Bemerkungen, die die Dänen so gerne an den Mann (und die Frau) brachten, und die ich bislang einfach nicht durchschaute. Geduldig wartete ich darauf, dass er den kleinen Witz enttarnen würde. Fehlanzeige. Mein Freund lächelte arglos zurück. Mir wurde klar: Er meinte es völlig ernst. Für ihn waren eineinhalb Stunden im Auto eine lange Angelegenheit.

Was ich zu Beginn noch als Einzelfall abtat, sollte sich mit meiner zunehmenden Integration ins Land als Mentalitätsunterschied zwischen Dänen und Deutschen herausstellen. In einer Mittagspause unterhielten sich beispielsweise meine (dänischen) Kollegen angeregt über die optimale Gegend für ein Sommerhaus, für Leute mit Erstwohnsitz in und um Kopenhagen. Es fielen Worte wie »schönste Küstenlage«, »erschwingliche Immobilienpreise« und »natürlich nicht zu weit weg«. Das Sommerhaus meiner dänischen Familie war zu meinem Leidwesen längst verkauft worden, doch immer noch die herrlichsten Erinnerungen an diese schöne Gegend im Hinterkopf, wollte ich meine persönliche Empfehlung zu diesem Thema unbedingt einbringen.

»Marielyst!«, rief ich eifrig. »Ich würde sofort ein Ferienhaus auf Falster kaufen!«

Meine (dänischen) Kollegen blickten mich an. Stille senkte sich über den Raum.

»Das ist weit!«, sagte eine Kollegin schließlich.

Mir war, als hätte ich ein Déjà-vu …

»Eineinhalb Stunden mit dem Auto«, entgegnete ich.

Die Kollegin, die das Schweigen gebrochen hatte, nickte. »Genau das meinte ich. Damit *das* sich überhaupt lohnt, muss man mindestens den Freitag frei nehmen und Donnerstagabend schon losfahren.«

Sie grübelte kurz. »Mittwochabend wäre natürlich noch besser!«

Die Größe eines Landes scheint das Entfernungsempfinden seiner Bewohner stark zu beeinflussen. Viele Dänen sind z.B. mangels Gewöhnung nicht sonderlich begeistert davon, mit dem Auto stundenlange Strecken zurückzulegen. Ein mir gut bekannter älterer dänischer Familienvater, ein weit gereister Mann, der schon in vielen entfernten Ländern dieser Welt gearbeitet hat, plante vor vielen, vielen Jahren einen Urlaub mit seiner Frau und den zwei Schulkindern. Das Ziel: der Harz in Deutschland. Von Kopenhagen aus dauert die Fahrt mit dem Auto und der Fähre etwa sechs bis sieben Stunden: zwei Stunden bis zur Fähre Rødby-Puttgarden, eine Dreiviertelstunde Fährüberfahrt und danach vier Stunden auf deutschen Autobahnen. Alles in allem eine kurzweilige Reise dank der verschiedenen Etappen.

Die ersten beiden Etappen verliefen auch ganz nach Plan. Guter Dinge verließ die Familie die Fähre und tuckerte durch Norddeutschland. Nach einer weiteren Stunde steuerte das Familienoberhaupt ganz plötzlich auf einen Parkplatz zu und hielt an. Verwundert sahen die restlichen Familienmitglieder ihm dabei zu, wie er den Fahrersitz umklappte. Die Kinder kicherten.

»Pssssst«, zischte ihr Vater, »ich muss jetzt schlafen. Die Fahrerei ist sehr anstrengend. Ich bin zu müde, um weiterfahren zu können! Und eure Mutter kann ja kein Auto fahren.«

Mit diesen Worten legte er sich bequem auf dem Sitz zurecht und schloss die Augen. Das Kichern verstummte. Drei Münder standen offen. Bald mischte sich leises Schnarchen unter das Geräusch vorbeirasender Autos. Die Familie sah aus dem Fenster und wartete geduldig. Es war ein herrlicher Tag. Die Sonne strahlte vom Himmel herab.

Nach einer Stunde waren die Batterien des Fahrers wieder aufgeladen, und das Fahrzeug mit dem dänischen Kennzeichen reihte sich wieder in den Strom der Autos gen Süden ein.

Weite Strecken erfordern eben ausgiebige Pausen! Und »weit« ist ja immer relativ.

7. Grund

Weil jeder Einwohner seinen Strand hat

Dänemark ist ein Land mit endlos weiten Stränden und Küsten. Wer ungestört das Meer genießen möchte, ist hier genau richtig. Auch in der Hochsaison und in touristischen Hochburgen reicht meist ein kurzer Spaziergang am Wasser entlang, schon haben Sie Ihre Ruhe. In der Nebensaison begegnen Sie sogar auf ausgedehnten Strandspaziergängen nur ganz vereinzelt anderen Menschen.

Dänemarks Küste erstreckt sich nach offiziellen Angaben über 7.314 Kilometer, eine beachtliche Zahl für solch ein kleines Land mit einer Gesamtfläche von nur knapp 43.000 Quadratkilometern. Jeder einzelne Quadratkilometer bietet statistisch gesehen 170 Meter Küste. Zum Vergleich: Deutschlands Küste ist circa 2.390 Kilometer[10] lang, auf die gesamte Landesfläche bezogen weist ein deutscher Quadratkilometer somit nur 6,9 Meter Küste auf. Frankreich liegt ebenfalls nur bei 7,2 Küstenmetern pro Quadratkilometer Landesfläche. Eine Besonderheit Dänemarks ist also die beeindruckende Küstenlänge im Vergleich zur Gesamtgröße.

In Dänemark leben 5,66 Millionen Menschen. Statistisch gesehen verfügt jeder einzelne von ihnen über 1,30 Meter Küste. In Deutschland muss sich jeder Einwohner auf circa drei *Zentimeter* Küste beschränken. Auch die Franzosen müssen sich mit ganzen 7,3 *Zentimetern* Küste begnügen. Während also ein Däne auf seinem persönlichen Strandabschnitt genüsslich sein Handtuch ausbreiten könnte, gestaltet sich dieses Unterfangen für Deutsche und Franzosen ungleich schwerer.

Im europäischen Vergleich liegt Dänemark mit diesen Daten weit oben auf der Rangliste. Die korrekte Angabe der Küstenkilometer stellt dabei – wie bereits erwähnt – eine besondere Herausforderung dar. Die Gezeiten verschieben die Küstenlinie insbesondere an der Westküste regelmäßig um mehrere Kilometer, gleichzeitig zerrt das Meer an der Küste und verändert ständig ihre Gestalt. Dazu kommt, dass auch wir Menschen in die natürlichen Gegebenheiten eingreifen, mit Maßnahmen zur Landgewinnung und zum Küstenschutz.

2014 schlugen die Wogen in der dänischen Medienlandschaft hoch, als die dänische Geodatenbehörde »Geodatastyrelsen« eine ganz neue Zahl in Umlauf brachte: Eine aktuelle Berechnung der Küstenlänge hatte anstelle der offiziell bekannten Zahl 7.314 plötzlich 8.750 Kilometer[11] ergeben. Die Ursache der signifikant höheren Zahl war nicht etwa die Entdeckung einiger neuer Inseln oder die Eroberung eines zusätzlichen Landstrichs, nein, die neue Küstenlänge lag lediglich rechnerisch in einem exakteren Maßstab begründet! Statt wie bislang Kartenmaterial mit dem Maßstab 1:100.000 zu nutzen, verwendete die neueste Berechnung Karten mit dem Maßstab 1:10.000. Exakteres Kartenmaterial ergibt exaktere Messungen, und mit einem Schlag war die dänische Küste 1.436 Kilometer länger.

Der »Privatstrand« eines jeden Einwohners erweitert sich damit von 1,30 auf 1,55 Meter. Nichtsdestotrotz wurde die neue Zahl mit Skepsis betrachtet, der Behörde wurde Willkür bei der Berechnung vorgeworfen. Es existieren jedoch offenbar keine internationalen Richtlinien zur Messung einer Küstenlänge. Die Verantwortlichen der dänischen Geodatenbehörde räumten ein, dass mit der Wahl des Maßstabs die Küstenlänge beliebig verändert werden kann. Nimmt man einen Schulatlas zur Hand und misst mit dessen Hilfe die dänische Küste, wird wohl kaum ein Däne noch sein Handtuch vollständig ausbreiten können. Geht man jedoch zu Fuß akribisch die Küste entlang, ein Lineal in der Hand, steigert sich die Küstenlänge immens. Das Fazit der Behörde: In der heutigen Zeit sind Karten mit dem Maßstab 1:10.000 angemessen, und dies führe eben zu einer neuen Zahl.

Aktuell wird die Küstenlänge Dänemarks jedoch fast überall noch mit 7.314 Kilometern angegeben. Auch die CIA arbeitet offensichtlich noch mit dieser Zahl. Es wird also noch etwas dauern, bis sich die 8.750 Küstenkilometer durchsetzen. Ob bis dahin bereits eine neue Zahl im Raum steht?

Ob 7.314 oder 8.750 – die Länge der dänischen Küsten ist so oder so beachtlich! Auch bei der Qualität seiner Küsten muss Dänemark sich nicht verstecken. Das kleine Land durfte im Sommer 2016 ganze 262 »Blaue Flaggen«[12] hissen. Die »Blaue Flagge« kennzeichnet Strände und Häfen, die ihren Besuchern sauberes Wasser, Sicherheit und generell ein gutes Erlebnis bieten. Diese Bedingungen wurden von 224 dänischen Stränden und 38 dänischen Häfen erfüllt, womit Dänemark das Land mit der weltweit höchsten Anzahl an »Blauen Flaggen« pro Einwohner darstellt.

Für viele Dänemark-Liebhaber sind es ganz besonders die endlosen Strände und Küsten, die ungestörten Spaziergänge am Meer, die das Land so reizvoll machen!

8. Grund

Weil das Meer Balsam für die Seele ist

Dänemark ist fast überall von Wasser umgeben. Aufgrund der beeindruckenden Küstenlänge sind es von jedem Ort in Dänemark maximal 50 Kilometer bis zum Meer[13]. Das Meer, die vielen Strände, Küsten, Fjorde und Klippen sind das Markenzeichen des Landes. Zahlreiche Dänemark-Urlauber nehmen lange Anreisen auf sich, um diese genießen zu können. Doch nicht nur Touristen, auch viele Landesbewohner machen sich regelmäßig auf den Weg zur nächstgelegenen Küste. Denn das Meer hat auf viele Menschen einfach eine ganz spezielle Wirkung!

Dabei ist es ganz egal, von welcher Seite sich das skandinavische Wetter gerade zeigt – ein Ausflug an die Küste zahlt sich immer aus. Wer durch die sanfte Dünenlandschaft zum Meer wandert, die letzte Anhöhe hinaufklettert, den Blick voller Vorfreude auf den mit jedem Schritt größer werdenden blaugrauen Streifen am Horizont gerichtet, dem wird es den Atem verschlagen, wenn er schließlich oben auf der letzten Düne angekommen ist, erhaben über alle Dinge, vor sich Küste und Meer, so weit das Auge reicht. Mit einem Schlag sind jeglicher Ärger und Kummer vergessen. Obwohl ich in den vielen Jahren, die ich bereits hier lebe, das Meer schon oft gesehen habe, ist dessen Wirkung auf mich unverändert: Der erste Anblick hinterlässt mich geradezu sprachlos. Egal ob auf der Düne, auf einer Klippe oder unten am Strand: Die Weite des Meeres scheint unendlich zu sein. Hier, so nah am Meer, übernimmt die Natur die Führung!

Strahlt die Sonne vom wolkenfreien Himmel, muten die breiten weißen Sandstrände Dänemarks nahezu karibisch an, mit feinem Sand, Muscheln und türkisfarbenem Wasser, das im Sonnenlicht glitzert. Gerne zeigt sich das dänische Wetter jedoch auch von seiner rauen Seite, mit dramatisch-dunklen Wolkenfronten, die mit beeindruckender Geschwindigkeit über kilometerlange Strände und Dünenreihen ziehen. Der Wind peitscht Wellen ans Land und lässt die Schaumkronen über den Sand hinweg fliegen, bis hin zur Dünenkante. Das Tosen der Wellen klingt wie kräftige Atemzüge der Natur, der Wind zerzaust das Haar, lässt die Kleidung um den Körper flattern. Oben auf der Düne, das Meer zu Füßen, gaukelt der Wind Ihnen vor: Nur ein kleiner Sprung, und Sie können fliegen. Das Meer riecht salzig, die klare Luft dringt bis in den letzten Winkel der Lunge und erfrischt Körper und Seele von innen heraus.

Wie klein und unwichtig wir Menschen doch sind, vor dieser fantastischen Kulisse, in Anbetracht der Naturgewalten, die dies alles erschaffen haben! Am Meer lassen sich negative Gedanken und Stress abladen. Der Wind pustet den Kopf frei, zurück bleiben Ruhe und Gelassenheit. Ein ausgedehnter Spaziergang am Meer schafft Platz für positive, konstruktive Gedanken. Sie kommen zurück im Einklang mit sich selbst und voller neuer Energie.

Zeit am Meer, ob bei Sonnenschein, Wind, Regen oder klirrender Kälte: Balsam für die Seele!

9. Grund

Weil die Dänen ihr Königshaus lieben

Das Königreich Dänemark besteht aus drei Reichsteilen: Dänemark, Färöer-Inseln und Grönland. Gemäß dem dänischen Grundgesetz (»grundloven«) ist das Verfassungssystem Dänemarks eine konstitutionelle Monarchie, in der Praxis aufgrund der Anerkennung des parlamentarischen Prinzips eine parlamentarische Monarchie. Die dänische Monarchie lässt sich bis ins Jahr 958 n. Chr. zurückverfolgen und gehört damit zu den ältesten Monarchien der Welt!

Staatsoberhaupt ist seit über 40 Jahren Königin Margrethe II. von Dänemark. Die Königin wurde im Jahr 1940 geboren. Zu dieser Zeit sah das Thronfolgegesetz ausschließlich männliche Thronfolger vor. Ihr Vater, König Frederik IX., hatte neben Margrethe II. noch zwei weitere Töchter, einen männlichen Nachkommen gab es nicht. Aus diesem Grunde wurde 1953 das Thronfolgegesetz geändert und damit nach über 500 Jahren wieder der Weg für eine weibliche Regentin geebnet. Margrethe II. wurde als Erstgeborene der königlichen Familie nach der neuen Gesetzesänderung Thronfolgerin.

Nach dem Tod ihres Vaters wurde sie im Januar 1972 schließlich zur Königin gekrönt. Nach über 500 Jahren saß damit erstmals wieder eine Regentin auf dem Thron. Königin Margrethe II. von Dänemark ist nach Margrethe I. (die im Jahr 1353 geboren wurde und 1412 verstarb) die zweite Königin Dänemarks.

Margrethe II. von Dänemark wird als volksnahe und bodenständige Königin geschätzt. Im April 2015 wurde sie 75 Jahre alt. Ihr Ehrentag wurde in Dänemark tagelang ausgiebig gefeiert. Seit 1967 ist Margrethe II. mit Prinz Henrik von Dänemark verheiratet, einem Diplomaten aus Frankreich, der seinen französischen Namen »Henri Graf de Laborde de Monpezat« aufgrund der Hochzeit mit der dänischen Thronfolgerin in die dänische Variante »Prinz Henrik« abändern musste. Das Paar hat zwei Kinder, den Thronfolger Prinz Frederik sowie Prinz Joachim. Beide Prinzen sind ebenfalls verheiratet, Prinz Frederik mit der Australierin Mary und Prinz Joachim mit der Französin Marie, und haben mehrere Kinder. Die dänische Königsfamilie hat somit nicht nur die nächste Generation des Königshauses gesichert, sondern auch ihre Popularität, sowohl im In- und als auch im Ausland.

Die Dänen verfolgen das Leben ihrer Royals mit großem Interesse. Die dänische Zeitung *Berlingske* hatte zu diesem Thema im Jahr 2013 beim Analyseinstitut Gallup eine Meinungsumfrage[14] in Auftrag gegeben. Das Institut befragte die Teilnehmer, ob die Monarchie abgeschafft werden sollte. 83 Prozent antworteten mit einem klaren Nein! 82 Prozent der Befragten waren sich darüber hinaus auch sicher, dass Dänemark einen Nutzen aus seinem Königshaus ziehe. 64 Prozent verneinten die Frage, ob das dänische Königshaus zu weit vom dänischen Volke entfernt sei. 64 Prozent glaubten sogar daran, dass das Königshaus auch in 50 Jahren noch bestehe. Mit einer derart positiven Stimmung gegenüber ihren Royals stellen die Dänen eines der königstreuesten Völker in Europa dar. Experten schreiben dies dem dänischen Königshaus zu, dem es offenbar gelungen ist, sich an die heutigen Zeiten anzupassen.

So modern die Dänen auch sind, auf ihre Monarchie lassen sie offenbar nichts kommen!

10. GRUND

Weil Grönland zum Königreich Dänemark zählt

Auch wenn man überall vom »kleinen Dänemark« liest: So klein ist Dänemark eigentlich gar nicht! Zumindest nicht, sofern man das gesamte Königreich Dänemark betrachtet, zu dessen Staatsgebiet neben Dänemark auch Grönland und die Färöer-Inseln zählen. Insbesondere Grönland steuert zum gesamten Landesareal des Königreiches einen wesentlichen Teil bei: Während Dänemarks Gesamtfläche bei knapp 43.000 Quadratkilometern liegt, stellt Grönland mit 2.166.000 Quadratkilometern[15] die größte Insel der Welt dar!

In grönländischer Sprache heißt Grönland »Kalaallit Nunaat«, das »Land der Menschen«. Der Name Grönland leitet sich von *grøn* (= grün) und *land* (=Land) ab. Grünes Land. Die Namensgeber hatten damals also entweder einen eigenartigen Humor oder waren vor langer, langer Zeit an einem derjenigen wenigen Gebiete an Land gelangt, die grün und üppig sind, ohne Schnee und Eis. Etwa 80 Prozent des Landes[16] sind von einer 3–3,5 Kilometer dicken Eisschicht bedeckt. Bewohnbare Flächen ohne Eis findet man nur an einigen Küsten. Bei den grönländischen Küsten handelt es sich um Schären mit unzähligen kleinen Inseln und Felsen.

Grönland liegt in der Arktis, nur 740 Kilometer südlich vom Nordpol und mit seiner Küste im Nordwesten nur 26 Kilometer von Ellesmere Island in Kanada entfernt. Geografisch zählt Grönland zu Nordamerika, politisch zu Europa. Aufgrund der geografischen Zugehörigkeit Grönlands zu Nordamerika kann sich das Königreich Dänemark als »interkontinentalen Staat« bezeichnen.

In Grönland leben nur knapp 56.000 Einwohner[17] auf 2,17 Millionen Quadratkilometern Landesfläche. Zum Vergleich: In Deutschland leben 81,2 Millionen Menschen[18] auf nur circa 357.000 Quadratkilometern! Grönland ist damit – abgesehen von der Antarktis – die Region mit der weltweit geringsten Bevölkerungsdichte.

Trotz seiner geografischen Nähe zu Nordamerika ist Grönland seit Jahrhunderten politisch mit dem dänischen Königreich verbunden. Walfänger aus dem skandinavischen Großreich »Dänemark-Norwegen«, einem Staatenbund unter dänischer Vorherrschaft, reisten im 17. Jahrhundert nach Grönland und gründeten dort Handelsstützpunkte. Aufgrund der klimatischen Bedingungen in der Arktis waren diese von Beginn an vom Heimatreich abhängig. Als 1814 der Staatenbund Dänemark-Norwegen aufgelöst wurde, fiel Grönland an Dänemark und wurde zu einer dänischen Kolonie. Am 5.6.1953 wurde der Koloniestatus Grönlands wieder aufgehoben, und die eisige Insel wurde zu einem dänischen Amtsbezirk. Grönland strebte seit jeher eine höhere Selbstverwaltung an und ist heute eine demokratische Nation innerhalb des Königreiches Dänemark, mit Selbstverwaltung, Parlament und eigener Regierung. Formelles Oberhaupt ist jedoch Königin Margrethe II. von Dänemark. Das Land ist heute innenpolitisch weitgehend unabhängig von Dänemark. Dänemark obliegt jedoch nach wie vor die Verantwortung für die Außenpolitik und u.a. für Bereiche wie Verteidigung, Sicherheit und Rechtssystem. Darüber hinaus ist Grönland nach wie vor auf die finanziellen Zuschüsse von Dänemark angewiesen. Aufgrund seiner Zugehörigkeit zum Königreich Dänemark war Grönland zunächst auch Mitglied der Europäischen Gemeinschaft, trat nach einer offiziellen Volksabstimmung im Jahr 1985 jedoch wieder aus.

Die größte Einnahmequelle Grönlands stellt die Fischindustrie dar, die circa 90 Prozent des gesamten Exports ausmacht. Die Grönländer warten nach wie vor auf bahnbrechende Entdeckungen von Öl und Bodenschätzen, die unter ihrem Landesgebiet vermutet werden. Diese könnten die endgültige Abnabelung von Dänemark ermöglichen.

Das Klima in Grönland ist arktisch, aufgrund der immensen Größe des Landes jedoch von Ort zu Ort sehr unterschiedlich, abhängig von der Lage. Generell kommen Temperaturen über zehn

Grad sehr selten vor. Wer nach Grönland reist, wird mit etwas Glück mit atemberaubenden Anblicken belohnt: ein vom Polarlicht gefärbter Himmel, der weitläufige Eislandschaften und Gletscher in grünlichen Farbnuancen schillern lässt.

Leider weist dieses außergewöhnliche Land mit seiner ganz besonderen Natur und Lage auch einige Schattenseiten auf. Viele Einheimische zeigten Probleme mit der Entwurzelung von ihrer traditionellen Jagdkultur, die im 19. Jahrhundert abrupt von der Industrialisierung abgelöst wurde. Dem isoliert gelegenen Land wurde ein europäischer Stempel aufgedrückt, der den einheimischen Lebensrhythmus und -stil immens veränderte. Massive soziale Probleme waren die Folge. Kindesmissbrauch, Alkoholismus, Selbstmordquoten, die zehnmal höher sind als dänische Quoten, viele Suizide davon bereits im Kindesalter, eheliche Untreue, Spielsucht, niedrige Lebenserwartung: Grönland ist mit immensen Herausforderungen konfrontiert. Die negativen Statistiken sind teilweise um ein Vielfaches höher im Vergleich zu anderen Ländern.

Die beiden offiziellen Sprachen auf Grönland sind Grönländisch und Dänisch. Es wird hauptsächlich Grönländisch gesprochen, das eng mit der Inuitsprache in Kanada verwandt ist und das mit der dänischen Sprache kaum Gemeinsamkeiten aufweist. Grönländer und Dänen können sich somit auf ihren jeweiligen Landessprachen kaum miteinander verständigen, nur ganz vereinzelt sind gemeinsame Wörter zu erkennen.

Grönland ist bekannt für die typischen westgrönländischen Siedlungen mit farbigen Holzhäusern in kräftigem Rot, Blau, Grün und Gelb. Aufgrund des langen, eisigen Winters, der das Land fast komplett mit dicken Schichten aus Schnee und Eis bedeckt, machen Straßen nur innerhalb der Dörfer und Siedlungen Sinn. Wer also von einem Teil des Landes in einen anderen reisen möchte, tut dies per Schiff oder Flugzeug. Die Hauptstadt Grönlands ist Nuuk. Hier befinden sich auch die einzigen Ampeln des Landes, deren Zahl auch dann noch an einer Hand abgezählt werden kann, wenn Sie die Fußgängerampeln mitzählen.

11. GRUND

Weil auch die Färöer-Inseln dazugehören

Neben Grönland existiert eine weitere Nation, die unmittelbar nicht direkt mit Dänemark verbunden wird, die jedoch ebenfalls zum dänischen Königreich zählt: die Färöer-Inseln (»Schafsinseln«), eine Inselgruppe im Nordatlantik zwischen Norwegen, Island und Großbritannien. Die aus 18 bewohnten Inseln sowie einer Vielzahl von Schären bestehende Inselnation liegt etwa 430 Kilometer von Island, 600 Kilometer von Norwegen und 300 Kilometer von Schottland entfernt. Zur dänischen Hauptstadt Kopenhagen dagegen sind es volle 1.300 Kilometer.[19] Dennoch gehören auch die Färöer-Inseln dazu!

Auf einer Gesamtfläche von circa 1.400 Quadratmetern leben hier circa 49.000 Menschen[20], die das Meer fast alle direkt vor der Haustür haben. Denn jeder Ort auf den Färöern liegt maximal fünf Kilometer vom Meer entfernt. Die Ortschaften liegen jeweils geschützt in Fjorden und Buchten.

Die Bevölkerung dieser nordischen Inselnation stammt von den norwegischen Wikingern ab. Die offiziellen Sprachen sind Färöisch und Dänisch. Hauptsächlich wird die färöische Sprache gesprochen, die mit Isländisch, Norwegisch, Dänisch und Schwedisch verwandt ist. Die Färöer verstehen Dänisch und können es auch schreiben.

Der Weg der Färöer-Inseln ins Königreich Dänemark ähnelt dem Weg der Grönländer. Seit 1380 zählten die Inseln zum Großreich Dänemark-Norwegen. Nach dessen Auflösung fielen sie schließlich unter die dänische Krone. Die Färöer strebten wie Grönland auch stets nach Autonomie, sodass sie heute unter der Hoheitsgewalt des

Königreich Dänemarks politisch weitgehend selbstständig sind, mit Parlament und eigener Regierung. Sowohl Grönland als auch die Färöer-Inseln entsenden je zwei Abgeordnete ins dänische Parlament »Folketinget«. Das färöische Parlament beschließt darüber hinaus innenpolitische Themen selbst, z.B. Fischerei, Wohnraum, Schulsystem, Handel uvm. Die Außen- und Sicherheitspolitik ist nach wie vor der dänischen Gesetzgebung untergeordnet. Auch die Färöer sind auf die finanzielle Unterstützung Dänemarks angewiesen. Die Färöer sind kein Mitglied der EU.

Wichtigste Einnahmequelle der Färöer-Inseln sind Fischerei und Fischzucht. Der Anteil der Fischprodukte am Exportvolumen beträgt 97 Prozent[21]. Bis zum 19. Jahrhundert lebten die Färöer noch hauptsächlich von der Schafzucht und dem Export von Wollprodukten. Es bestehen realistische Aussichten, im Landesgebiet auf Öl- oder Gasvorkommen zu stoßen, allerdings stellt sich bereits die Suche als sehr riskant dar. Das norwegische Unternehmen Statoil[22] hat bereits hohe Summen in den färöischen Traum vom Öl investiert.

Die Färöer leben bei extrem wechselhaftem Wetter: Sonne, Regen, Wolken und Nebel, alles an einem Tag und mehrmals hintereinander, sind nicht ungewöhnlich. Hierbei kann sich das Wetter auf einer der Inseln völlig anders zeigen als auf der nächsten. Dank Golfstrom ist das Wetter jedoch trotz nördlicher Lage eher mild: Die Durchschnittstemperatur im Winter liegt zwischen drei und vier Grad, im Sommer zwischen zehn und elf Grad.

Die Färöer fallen durch niedrige Scheidungs-, Suizid- und Abtreibungsraten sowie durch eine geringe Arbeitslosigkeit stets sehr positiv auf und erzielten in manchen Jahren gar mehrere Rekorde auf einmal. Beispielsweise ist die Fertilitätsquote mit im Schnitt 2,5 Kindern[23] pro Frau europaweit die höchste[24].

Weil Dänemark eine eigene Sonneninsel besitzt

Dänemark ist – wie Sie in Grund 18: »Weil die Wettergötter ein Tauziehen über Dänemark veranstalten« noch genauer erfahren werden – nicht gerade für einen blauen Himmel und strahlenden Sonnenschein bekannt. Vielmehr hat die Sonne oftmals ihre liebe Mühe, durch die massiven Wolkendecken über dänischen Gefilden hindurchzudringen.

Auf *einer* der vielen Inseln ist dies jedoch anders!

Bornholm, auch Dänemarks »Sonneninsel« genannt, liegt circa 150 Kilometer östlich von der dänischen Hauptstadt, in der Ostsee zwischen Schweden und Polen. Zur südschwedischen Küste sind es nur 40 Kilometer, nach Rügen 80 Kilometer. Diese »Perle der Ostsee« bietet aufgrund ihrer Lage die meisten Sonnenstunden im Vergleich zum Rest Dänemarks. Außerdem zeichnet sich Bornholm durch ein sehr klares, ganz spezielles Licht aus, das schon immer viele Künstler auf die Insel gezogen hat[25].

Bornholm wird auch gerne als »Miniaturausgabe Skandinaviens« bezeichnet. Die Nord- und Südküste der Insel erstreckt sich über nur circa 40 Kilometer, die Ost- und Westküste über 30 Kilometer hinweg. Auf der sich hierbei ergebenden Fläche von 588 Quadratkilometern finden Sie dennoch fast alles, was Skandinavien ausmacht: Im Norden raue Steilküsten, in der Mitte der Insel dichter Wald und hügeliges Ackerland, im Süden feine, weiße Sandstrände und Dünenlandschaften. Bornholm ist die einzige Region Dänemarks, auf der Sie Granitklippen finden können. Daher liest man manchmal auch von der »Klippeninsel Bornholm«. Der Strand Dueodde an der Südküste mit seinem ganz besonders feinen Sand ist einer der schönsten Strände in ganz Dänemark.

Bornholm hat eine bewegte Vergangenheit hinter sich. Die Insel gehörte bereits vor 1.000 n. Chr. zu Dänemark, war jedoch unter anderem das Ziel von Plündereien der deutschen Hanse während der Dänisch-Hanseatischen Kriege. Dänemark musste im Schwedischen Unabhängigkeitskrieg eine Niederlage einstecken, woraufhin Bornholm 1525 an die Hansestadt Lübeck verpfändet wurde. Nach einer harten Zeit für die Inselbewohner mit Unterdrückung, Steuern, Abgaben und Zwangsarbeit endete diese Verpfändung im Jahr 1576. Auch Schweden zeigte mehrmals Interesse an der direkt vor der Haustür gelegenen Insel und besetzte sie mehrfach. Seit 1658 zählt Bornholm jedoch endgültig zu Dänemark. Im Zweiten Weltkrieg schrieb die »Klippeninsel« Geschichte als Umschlagplatz für jüdische Flüchtlinge, die von Dänemark ins neutrale Schweden geschmuggelt werden sollten und die zeitweise von den Bornholmer Bauern versteckt wurden. Umgekehrt gelangten über Bornholm auch Waffen an die Widerstandsbewegung im von Nazideutschland besetzten Dänemark. (s. Grund 81: Weil mutige Dänen ein kleines Licht in der Finsternis des Holocaust entzündeten)

Auf der Insel leben heute circa 40.000 Menschen[26]. Die Bevölkerung spricht den dänischen Dialekt »Bornholmsk«, der die Nähe zu Schweden verrät. Dazu können die meisten Bornholmer auch etwas Deutsch.

Wer »ganz Skandinavien in einer Nuss-Schale« erleben und dabei nicht auf die Sonne verzichten möchte, der sollte nach Bornholm reisen. Aufgrund der abgelegenen Lage ist die Insel auch ein toller Tipp für denjenigen, der dem Massentourismus am liebsten entgehen möchte.

13. Grund

Weil Kopenhagen eine Hauptstadt mit ganz besonderem Flair ist

Viele Auswanderer wählen ihre neue Heimat ganz bewusst. Manche haben sich vielleicht in eine bestimmte Gegend oder gleich in ein ganzes Land verliebt, manche rechnen sich an einem neuen Ort bessere Jobchancen aus, und wieder andere fühlen sich in einer anderen Mentalität besser aufgehoben, glauben fest daran, dass die neue Heimat besser zu ihnen passen wird, dass sie sich im neuen Land wohler fühlen werden als bisher.

Dann gibt es diejenigen »Auswanderer«, die es ganz plötzlich und unerwartet in die Fremde verschlägt, ohne Vorwarnung. Ich zähle zur letzteren Gruppe. Eines Tages lernte ich einen netten Dänen kennen, wenig später lebte ich in der Nähe von Kopenhagen. Doch obwohl ich mich für die dänische Hauptstadt nicht bewusst entschieden hatte, war es zwischen Kopenhagen und mir Liebe auf den ersten Blick. Ich erinnere mich noch heute an das überwältigende Gefühl, als ich das erste Mal über die »Strøget« schlenderte, eine der längsten Einkaufsstraßen Europas. 1,1 Kilometer dicht an dicht aneinandergereihte Geschäfte und Boutiquen im Herzen der Stadt, eines schicker als das andere, lassen besonders das weibliche Shopping-Herz höher schlagen und zögern das Ende des Beutezugs auf angenehme Weise hinaus. Die Atmosphäre ist entspannt, hier flaniert ein buntes Völkchen, Jung und Alt, Einheimische und Touristen, Menschen aus aller Herren Länder. Es ist schwer zu sagen, wer in Kopenhagen lebt und wer hier nur auf der Durchreise ist. Die relaxte Stimmung der Stadt färbt nämlich auf alle ab, die sich hier aufhalten. Die Dänen sagen zu allen »Du« – so fühlt sich jeder auf Anhieb willkommen in diesem Land.

Kopenhagen ist im Vergleich zu Hauptstädten wie Berlin oder London nicht sonderlich groß. In der gesamten Region rund um die dänische Hauptstadt leben zwar circa 1,76 Millionen[27] Menschen, in der »Kopenhagen Kommune« jedoch nur etwas über 580.000[28]. Die überschaubare Größe macht die Stadt gemütlich, »hyggelig«, wie der Däne sagen würde (s. Grund 33: Weil Sie »Hygge« selbst erleben müssen).

Kopenhagen ist eine ansehnliche und stilvolle Stadt, sauber und gepflegt. Alte Gebäude, mit Liebe zum Detail renoviert, prägen das Stadtbild, das seinen historischen Charakter bewahrte. Die Stadt hatte in beiden Weltkriegen kaum Zerstörung zu verzeichnen. Ein Spaziergang durch die vielen kleinen Gassen ist immer wieder ein Erlebnis, jedes Mal sind neue Ecken mit spannender Architektur zu entdecken. Viele der Gebäude sind ein Kunstwerk für sich.

Die dänische Hauptstadt ist wunderbar für Sightseeing geeignet. Im Herzen der Stadt lassen sich zahlreiche interessante Attraktionen zu Fuß entdecken. Sehr zu empfehlen ist beispielsweise die Hafenrundfahrt. Die kleinen Touristen-Schiffe schippern bei jedem Wetter vom »Nyhavn« aus durch die Kanäle in Kopenhagen, charmante Hausboote zu beiden Seiten, vorbei an den weltbekannten bunten Häuserfassaden des Nyhavn, unter niedrigen stuckverzierten Brücken hindurch, bis Sie in einer guten Stunde ganz Kopenhagen durchkreuzt haben. Auf diese Weise lässt sich bequem eine Sehenswürdigkeit nach der anderen abklappern wie z.B. der Hafenkai »Langelinie« mit den riesigen Schiffen, die hier vor Anker liegen, die berühmte kleine Meerjungfrau aus dem Märchen von Hans Christian Andersen und der alternative Freistaat »Christiania«. Nach der Hafenrundfahrt stehen mindestens noch auf dem Programm: das Kastell von Kopenhagen, die Schlösser der dänischen Königsfamilie inklusive Wachablösung, das dänische Parlament Christiansborg, die Oper, das Königliche Theater, die Königliche Bibliothek, die aufgrund der Architektur auch »Der schwarze Diamant« genannt wird, die ausgedehnten Parkanlagen und Gärten, der Tivoli, einer der ältesten Vergnügungsparks der

Welt, und die zahlreichen prächtigen Kirchen. Um nur einige Höhepunkte zu nennen.

Zur Sightseeingtour durch Kopenhagen gehört unbedingt auch eine Fahrt in der fahrerlosen, vollautomatischen Hightech-Metro. Setzen Sie sich auf einen der vorderen Plätze und genießen Sie das surreale Feeling, wenn die Metro in Hochgeschwindigkeit durch die unterirdischen Tunnels rast, nur mit Ihnen als »Chauffeur«.

Zu den Highlights in Kopenhagen zählen auch die vielen Gourmetrestaurants, die Grünflächen und Parks sowie der saubere Hafen, in dem Sie im Sommer baden können. Auch die gut ausgebauten Fahrradwege, die sich konsequent durch die Stadt hindurchziehen, und die dazugehörigen vorbeiradelnden Massen prägen das typische Stadtbild Kopenhagens.

Kopenhagen liegt direkt am Meer. Oft ist es windig, manchmal richtig stürmisch. Die Einheimischen lassen sich keinesfalls vom Wetter davon abhalten, das Leben zu genießen. In Jahreszeiten, in denen man in südlicheren Gefilden noch lange nicht draußen sitzt (oder schon längst nicht mehr), laden vor den Cafés und Restaurants in der dänischen Hauptstadt Tische und Stühle zum Verweilen ein. Die Dänen trotzen den Temperaturen, sitzen bei einem Glas Wein oder einer Tasse Kaffee draußen und genießen die frische Seeluft, die etwas Verfroreneren unter uns dick in die hierfür bereitgelegten Wolldecken eingewickelt, ganz nach dem Motto: Das Leben ist wunderbar – egal bei welchem Wetter!

Kopenhagen ist eine Stadt mit Flair. Kopenhagen ist modern, offen und freiheitsliebend. Insbesondere ist Kopenhagen aber eines: ein Grund mehr, Dänemark zu lieben!

14. GRUND

Weil das Fahrrad ein ernst zu nehmendes Verkehrsmittel ist

Sollte der vorangegangene Grund Sie in Reisestimmung versetzt haben: Kommen Sie doch mal nach Kopenhagen! Schlendern Sie durch die »hyggelige« Hauptstadt Dänemarks. Ich verspreche Ihnen, Sie werden es nicht bereuen. Doch seien Sie auf der Hut! Denn neben Pkw und unzähligen Fußgängern existiert im Kopenhagener Straßenverkehr eine weitere, überaus ernst zu nehmende Größe: die Fahrradfahrer! Kopenhagen ist mit Fahrradwegen, Fahrradampeln und separaten Fahrradspuren, die die Radfahrer sicher über riesige, unüberschaubare Kreuzungen führen, gepflastert. Derart gut ausgerüstet, beherrschen die Radfahrer das Stadtbild. In der Innenstadt sind Fahrräder oft deutlich schneller unterwegs als der motorisierte Verkehr, der sich in den Stoßzeiten im Stop & Go mühsam voranquälen muss.

Wer nicht gewohnt ist, dass zwischen Gehweg und Straße ein weiterer Verkehrsweg existiert, der Fahrradfahrern ein rasantes Tempo ermöglicht, der lebt gefährlich … Wie ich, kurz nach meinem Umzug in den Norden, die aus einem Bus ausstieg und vollkommen vergaß, dass zwischen Straße und rettendem Bushäuschen Menschen auf zwei Rädern entlangschießen, als gäbe es kein Morgen. Diese rasenden Menschen sind vor dem Überqueren des Fahrradweges unbedingt zu beachten! Auch staunte ich nicht schlecht über die hohe Anzahl der Fahrräder im dänischen Straßenverkehr. Morgens und nach Feierabend findet hier eine Völkerwanderung auf zwei Rädern statt, und dies in hohem Tempo! Unzählige Kinder, Jugendliche und Erwachsene radeln munter neben- und hintereinander zu ihren jeweiligen Bestimmungsorten oder wieder heimwärts. Eltern transportieren ihre Kleinkinder mit Fahrradanhängern oder sogenannten »Christiania-Rädern«, den weltbekannten Lastendreirädern mit Ladefläche, die als Familientransporter fungieren. Männer in Anzügen, Schnürschuhen und mit wehender Krawatte strampeln sich ab, bei Wind und Wetter, begleitet von Anfeuerungsrufen der Sprösslinge im Fahrradanhänger. Schicke Frauen in Rock, Bluse und Stöckelschuhen gleiten majestätisch vorbei. Überall dazwischen sportlich gekleidete Radrennfahrer.

Die Dänen lieben ihre Fahrräder! Das Fahrradnetz in Kopenhagen umfasst 390 Kilometer[29], das des ganzen Landes etwa 11.000[30]. Kopenhagen stellt eine der wenigen Städte dar, in denen Fahrradampeln den Radverkehr separat regeln. Darüber hinaus arbeitet Dänemark seit einigen Jahren am Konzept der sogenannten »Super-Fahrradwege«, in den Medien »Fahrrad-Autobahnen«[31] genannt. Hierbei handelt es sich um extra breite, komfortable Radwege, die sternenförmig aus dem Zentrum Kopenhagens in die Vorstädte im Umland herausführen und die auch die weit entfernt lebenden Bewohner zum Pendeln mit dem Drahtesel einladen.

Kopenhagen radelt täglich 1,2 Millionen Kilometer[32]! Viele Familien der Mittelklasse, die in der Stadt leben, besitzen ganz bewusst kein Auto und wickeln ihre täglichen Wege mit den Rädern ab. Der Fahrradboom macht auch vor den Spitzenpolitikern nicht halt: Laut Denmark.dk sollen tatsächlich 63 Prozent[33] (!) der Abgeordneten ins Parlament Christiansborg radeln, das im Stadtzentrum liegt!

Aufgrund der systematischen Förderung des Fahrradverkehrs heimste Kopenhagen inzwischen Titel wie »die fahrradfreundlichste Großstadt der Welt« oder »Bike City« ein und steht damit weltweit Modell für Stadtplaner, die ihre Stadt fahrradfreundlicher gestalten wollen. Diese Tätigkeit erhielt inzwischen sogar den Namen: »to copenhagenize«. Gemeint ist der ambitionierte Versuch einer Stadt, mehr Fokus auf den Fahrradverkehr zu legen. Mittlerweile haben sich in diesem Bereich auch große Städte von Kopenhagen inspirieren lassen, wie beispielsweise New York. Das Radfahren ist in Dänemark also eine äußerst wichtige Verkehrsform! Für unbedarfte Fußgänger bedeutet das: Ist Ihnen Ihr Leben lieb, halten Sie sich vom Radweg fern.

Im Übrigen: Sollten Sie die vielen Radfahrer, die vor Ihnen die Hand heben und Ihnen zuwinken, verwirren: Winken Sie nicht zurück! Das ist lediglich das Zeichen, dass sie demnächst anhalten.

15. GRUND

Weil Kopenhagen eine »Grüne Hauptstadt Europas« ist

Vor 20 Jahren gründeten ein paar Einwohner Kopenhagens eine Gruppe und setzten sich ein ehrgeiziges Ziel: Der Stadthafen sollte zum Baden genutzt werden können. Zu diesem Zeitpunkt war das Wasser im Hafen stark verschmutzt, sodass diese Idee alles andere als ein einfaches Unterfangen darstellte. Die Kopenhagener Politiker standen dem Ziel jedoch offen gegenüber und veranlassten erste Analysen. Daraufhin wurde ein Gewässersanierungsplan erstellt. Zehn Jahre später öffnete das erste »Hafenbad«, der Anfang einer Reihe von vielen weiteren Hafenbädern und Stadtstränden.

Diese kleine Anekdote ist mit ein Grund dafür, dass Kopenhagen zur »Grünen Hauptstadt Europas 2014«[34] gekürt wurde. Die Europäische Kommission verleiht den Titel »Grüne Hauptstadt« jedes Jahr an eine europäische Stadt, die sich in Sachen Nachhaltigkeit innovativ zeigt und die mit einem systematischen Einbezug des Umweltschutzes die Lebensqualität ihrer Bewohner erhöht. Ziel der Titelverleihung ist es, den Fokus auf umweltfreundliche Städte zu richten. Denn bereits heute leben zwei Drittel der europäischen Bevölkerung in Städten, mit steigender Tendenz. Damit entsteht die Notwendigkeit für neue Ansätze und Lösungen zu Themen wie Transport, Schaffung von neuem Wohnraum, Umgang mit Abfall, Energie- und Wasserversorgung usw. Die »Grünen Städte Europas« gehen in diesen Bereichen mit besonders gutem Beispiel voran.

In Dänemark ist der Umweltschutz bereits seit vier Jahrzehnten ein offizielles politisches Thema. Schon im Jahr 1971 führte Dänemark ein Umweltministerium ein. Zwei Jahre darauf existierte im Land eine Umweltgesetzgebung[35], die erste Umweltgesetzgebung der Welt! Die Hauptstadt Kopenhagen arbeitet also bereits seit Jahren an »Grünen Themen«, fokussiert auf innovative und nachhaltige Lösungen. Das ehrgeizige Ziel: Kopenhagen soll bis zum Jahr 2025 die erste »grüne, intelligente und CO_2-neutrale Großstadt«[36] der Welt werden! Die Dänen wollen beweisen, dass es durchaus möglich ist, trotz Wachstum den CO_2-Ausstoß zu senken und die bestehenden Umweltherausforderungen zu bewältigen. Dieses Ziel ist in Europa einzigartig und macht Kopenhagen zum Vorbild.

Bisher scheinen die äußerst ehrgeizigen Klimapläne auch aufzugehen: Die dänische Hauptstadt hatte den CO_2-Ausstoß bereits im Jahr 2012 um 24 Prozent gegenüber dem Niveau von 2005 gesenkt und damit das für 2015 gesteckte Ziel früher erreicht als geplant.

In Dänemark wurden zudem bereits im Jahr 2014 circa 31 Prozent des Energieverbrauches durch Windenergie abgedeckt – mit diesem Resultat liegt das Land weltweit an der Spitze. Bis 2020 sollen es 50 Prozent sein.

Die Hauptstadt selbst zeichnet sich neben dem CO_2-Ausstoß durch eine Reihe weiterer klimafreundlicher Bereiche aus. Hierzu zählt das bereits erwähnte saubere Hafenwasser sowie das vorbildlich ausgebaute Fahrradwegenetz, das weltweit seinesgleichen sucht. Bis 2025 sollen 75 Prozent aller Wege entweder zu Fuß, per Fahrrad oder mit den öffentlichen Verkehrsmitteln zurückgelegt werden. Die Hälfte aller Wege zu Ausbildung, Schule oder Arbeit sollen dabei per Fahrrad bewältigt werden. Der öffentliche Verkehr steht ebenfalls im Fokus und wird derzeit mit ehrgeizigen Maßnahmen wie einem äußerst aufwendigen Ausbau des Metro-Netzes stark ausgeweitet und optimiert.

Darüber hinaus nutzen schon heute 98 Prozent aller Kopenhagener Haushalte Fernwärme. 90 Prozent des Bauabfalls werden recycelt. 96 Prozent der Einwohner wohnen maximal 15 Minuten Fußweg von einem Naherholungsgebiet entfernt. Die Kopenhagener kaufen zudem so viele Bio-Lebensmittel ein wie keine andere Hauptstadt.

Mit diesen erfreulichen Ergebnissen setzte sich Kopenhagen bei der Verleihung des Titels »Grüne Hauptstadt Europas 2014« gegen Frankfurt und Bristol in Großbritannien durch. Damit reiht sich die Hauptstadt Dänemarks in die Liste der »Grünen Städte Europas« ein: Stockholm (2010), Hamburg (2011), Vitoria-Gasteiz (Spanien, 2012), Nantes (Frankreich, 2013), Bristol (2015) und Ljubljana (2016). 2017 wird Essen »Grüne Stadt Europas«.

16. Grund

Weil das dänische Fahrradfahrer-Gen beneidenswert ist

»Du wohnst in Lyngby, wie praktisch!« Der Kundenservice-Chef blätterte in meinen Bewerbungsunterlagen und sah mich schließlich freundlich an. »Du könntest künftig mit dem Fahrrad zur Arbeit kommen! Wir essen hier nämlich ständig Kuchen!« Er zwinkerte. Ich lächelte schwach. Mit dem Fahrrad? Das Büro des Ferienhausanbieters, bei dem ich mich beworben hatte, lag in Østerbro, einem ansehnlichen Vorort Kopenhagens, etwa acht Kilometer von meinem Wohnort in Dänemark entfernt. Acht Kilometer einfache Strecke, das ergab 16 Kilometer hin und zurück, mit Gegenwind gefühlte 32 Kilometer. Und Gegenwind war in Dänemark Standard, diese Erfahrung hatte ich in meinem ersten halben Jahr »hier oben« bereits ausgiebig gemacht.

16 Kilometer – Strecken dieser Art war ich in Deutschland sowieso nicht geradelt, im ganzen Jahr zusammengelegt nicht. Mit leicht angestrengtem Gesichtsausdruck nickte ich dem netten Chef zu und kreuzte heimlich zwei Finger hinter dem Rücken.

Ich bekam den Job! Und fuhr in sieben Jahren kein einziges Mal mit dem Fahrrad zur Arbeit, im Gegensatz zu all den anderen Dänen, die ich von meinem gemütlichen Fensterplatz im Bus dabei beobachtete, wie sie von den nördlichen Vororten der dänischen Hauptstadt ins Zentrum hinein pendelten und wieder zurück. 50 Prozent der Kopenhagener[37] fahren täglich mit dem Fahrrad zur Arbeit oder zur Ausbildung. Einige von ihnen legen täglich Strecken zurück, die mir persönlich gar mit dem Auto zu lang wären. Firmen melden Teams bei Wettbewerben wie »Vi cykler på arbejde« (dt.: wir radeln auf die Arbeit) oder »Cykelbattle« (dt.: Fahrradwettkampf) und halten ihre Mitarbeiter dazu an, für die jeweilige Kampagne tägliche Kilometer zu sammeln, um einen der vorderen Plätze zu belegen. Das grüne Pendeln ist gesund für den Mitarbeiter und damit auch von Vorteil für dessen Arbeitgeber. Ganz nebenbei entlastet das Ganze auch noch die Umwelt.

Den Dänen scheint dieses Fahrradfahrer-Gen angeboren zu sein. Bei Wind und Wetter, oft noch mit Nachwuchs im Gepäck, trotzen sie jeglichen Anstrengungen und legen lange Arbeitswege auf zwei Rädern zurück, ohne mit der Wimper zu zucken. Beeindruckend! Und sehr beneidenswert!

Es sollte Jahre dauern, bis mich das dänische Fahrradfieber wenigstens kurzzeitig ansteckte. Ich hatte die Hoffnung darauf längst aufgegeben. Eines Tages jedoch – ich hatte mittlerweile sowohl Wohnort als auch Job im Kopenhagener Raum gewechselt – war es so weit: Ich beschloss, mich künftig etwas dänischer zu präsentieren. Ab Morgen würde ich meine in der Zwischenzeit produzierten Nachkommen mithilfe von Fahrrad und Anhänger in die Krippe bugsieren, danach mit dem Fahrrad-Waggon der S-Bahn in den Vorort fahren, in dem sich mein neuer Arbeitsplatz befand, und die lächerlichen zwei Kilometer ins Büro radeln. Bisher hatte ich mein Auto zwar ganz bequem fast direkt vor dem Schreibtisch geparkt, aber es wäre doch gelacht, wenn ich genanntes Fahrrad-Programm nicht auch als autoverwöhnte Deutsche bewältigen können würde.

Gesagt, getan. Voller Elan scheuchte ich am nächsten Morgen zwei kleine Menschen aus dem Bett. Ich sorgte dafür, dass sie etwas Nahrhaftes im Magen hatten, und zog sie einigermaßen sauber an. Daraufhin packte ich sie in wetterfeste Klamotten, schob sie vor die Haustür und schleppte das Gepäck zum Fahrradanhänger: meine Handtasche, die Kindergartentasche mit Pausenbroten und Obstmahlzeiten, die zweite Kindergartentasche mit Regen- und Thermoklamotten sowie eine Tasche mit Butter, Käse und Aufschnitt für das Firmenfrühstück, das ich ausgerechnet heute ausrichten musste. Nun ja, die Dänen meisterten derartige geballte Herausforderungen ja schließlich auch, dachte ich tapfer, während ich Kinder sowie Gepäck rund um Anhänger und Fahrrad drapierte. Stirnrunzelnd begutachtete ich mein Kunstwerk und setzte mich schließlich aufs Fahrrad. Im Schneckentempo setzte sich unser kleiner, voll beladener Zug in Bewegung.

Dänemark ist ein flaches Land. Der höchste Punkt misst nicht mal ganz 171 Meter. Richtige Berge sind nicht existent. Kleine und noch kleinere Hügel zieren hier und da die Landschaft. Wenn überhaupt. Leider liegt exakt um unseren Wohnort herum ein ganzer Schwung dieser seltenen Hügel, einer davon genau 200 Meter von unserem Haus entfernt, genau in Richtung Kindergarten und S-Bahn. Was eben noch ein kleiner Hügel war, wird mit 25 Kilogramm Kleinkind und zehn Kilogramm Zusatzgepäck urplötzlich zu einem alpenähnlichen Anstieg.

Dennoch radelte ich voller Elan auf den (kleinen) Hang zu. Die Dänen fuhren schließlich auch solche Hügel hinauf. Kein Problem! Nach den ersten zehn Metern wurden meine Beine müde. Hektisch schaltete ich einen Gang herunter. Ich biss die Zähne zusammen und strampelte weiter. Zehn Meter danach schaltete ich einen weiteren Gang herunter. Mein Atem ging schneller, die Beine brannten. Fahrradanhänger und Inhalt schienen mindestens eine Tonne zu wiegen. Ich schielte zur Gangschaltung und versuchte, mich über die vorhandenen sieben Gänge zu freuen. Bis vor wenigen Wochen hatte ich noch ein Fahrrad mit nur drei Gängen besessen. Wer brauchte auch mehr, Dänemark war ein flaches Land.

Die nächsten zehn Meter. Warum zum Henker hatte ich mir kein Fahrrad mit 83 Gängen zugelegt? Dänemark und flach? Welch Lüge!

Ich beschloss, meinen Joker einzusetzen.

»Anfeuern!«, brüllte ich zwischen zwei abgehackten Atemzügen. Die Kinder schienen auf das Kommando nur gewartet zu haben. Voller Enthusiasmus riefen sie Anfeuerungslaute in die morgendliche Dunkelheit hinein. Es war 7.05 Uhr. Zeit zum Aufstehen für die zahlreichen Rentner unseres Wohngebietes.

Dank verbaler Unterstützung aus dem Fahrradanhänger fühlten sich die nächsten zehn Meter ein klein wenig flacher an.

Kurz darauf schickten sich meine Beine an, den Dienst zu versagen. Schweißperlen erschienen auf meiner Stirn. Auf keinen Fall vor der Arbeit schon schwitzen, versuchte ich es mit mentaler Beherrschung. An Wechselklamotten hatte ich nun wirklich nicht gedacht. Meine Nerven lagen blank. Diese verflixten Dänen! Wie schafften sie es nur, sich bereits vor ihrem gewöhnlichen Tagewerk derart zu verausgaben?

Ich warf einen Blick nach vorne. 30 Meter noch, dann hatten wir es geschafft.

Ich keuchte verzweifelt und stand auf, um mit voller Kraft in die Pedale treten zu können.

20 Meter. Könnten Beinmuskeln schreien, hätten sie spätestens jetzt damit begonnen. Und wahrscheinlich nie wieder aufgehört.

Ich verfluchte Dänemark und alle Dänen mitsamt ihrem Fahrrad-Gen!

Zehn Meter.

Ich warf den Insassen des entgegenkommenden Fahrzeugs einen tödlichen Blick zu.

Fünf Meter.

Ein euphorisches Gefühl machte sich in mir breit. Ich würde es schaffen! Was war ich doch für ein zähes Persönchen, bei Wind,

Wetter und Dunkelheit mitsamt Fahrrad, Anhänger, zwei kleinen Kindern, Gepäck und Firmenfrühstück durch die Gegend zu radeln. Dänisches Fahrrad-Gen hin oder her.

Schwer atmend erreichte ich schließlich die Kuppe des Hügels. Ich hielt an und wischte mir den Schweiß aus den Augen. Irgendwo in meiner Schreibtischschublade im Büro lag mein altes Deo. Solche Tricks nutzten die Dänen sicherlich auch. Ich warf einen triumphierenden Blick über die Schulter. Die Kinder sahen mich an. Sie waren ganz still.

»Hab ich das nicht toll gemacht?«, strahlte ich sie an. Fishing for compliments war in solchen Fällen wohl erlaubt.

»Hm ... ja«, erwiderte meine Tochter gedehnt und sah zu Boden. Nach einer kurzen Pause blickte sie mich an. »Aber morgen, Mama, da nehmen wir wieder dein Auto! Mit Papas Fahrrad funktioniert das viel besser, wenn er uns mittags nach Hause fährt ...«

Ich seufzte tief.

Tja, Papa. Der ist ja auch Däne. Mit Fahrrad-Gen!

17. GRUND

Weil in Kopenhagen eine der weltweit besten Metros fährt

Die dänische Hauptstadt Kopenhagen, mit den vielen Kanälen, Seen, Hafenbädern und Stränden auch »Venedig des Nordens« genannt, ist wunderbar zum Sightseeing geeignet. Die skandinavische Hafenstadt, die gleichzeitig historisch-traditionell und modern ist, bietet für jeden Geschmack etwas. Ein Großteil der interessantesten Sehenswürdigkeiten kann bequem zu Fuß erreicht werden. Sollten Ihre Beine aber dennoch einmal den Dienst versagen, steigen Sie einfach die Treppen der nächsten Metro-Haltestelle hinab und warten auf die nächste Abfahrt, die stets innerhalb von wenigen Minuten erfolgt. Sobald Sie in der Metro Platz genommen haben und der

Zug sich in Bewegung setzt, können Sie ganz bequem eine weitere »Sehenswürdigkeit« Kopenhagens genießen: eine der modernsten Metros der Welt, vollautomatisch und mit führerlosem System!

Setzen Sie sich in die erste Reihe und erleben Sie die Fahrt aus Sicht eines Zugführers, ein ganz besonderes Erlebnis, besonders, wenn sich die in den Außenbezirken überirdische Metro der Innenstadt nähert, plötzlich in einen Tunnel abtaucht und danach durch die erleuchteten, unterirdischen Röhren rast. Das Achterbahnfeeling ist garantiert.

Die Planung der Kopenhagener Metro begann im Jahr 1995[38], der erste Abschnitt wurde 2002 in Betrieb genommen. Seither sausen die modernen Züge vollautomatisch unter Kopenhagen hindurch, um ihre Fahrgäste ans gewünschte Ziel zu bringen. 2007 wurde der letzte Teilbereich des ersten Bauplans vollendet und der Kopenhagener Flughafen auf der Insel Amager mit der Innenstadt verbunden. Diese Fahrt dauert nur 14 Minuten.

Die Metro fährt rund um die Uhr. Auf den wichtigsten Strecken und in der Hauptverkehrszeit verkehren die Züge alle zwei Minuten. Dabei verlaufen die 13.000 täglichen Abfahrten fast alle pünktlich. Der Fahrplan der Metro ist einfach: Anstelle eines festen Minutenplans existiert pro Zeitraum und Strecke lediglich ein Abfahrtsintervall[39], z.B. zwei Minuten bis zur nächsten Metro, drei Minuten, vier Minuten usw. Die kürzeste Frequenz beträgt zwei Minuten, die längste 20 Minuten (für den nächtlichen Zeitraum von null bis fünf Uhr an Werktagen).

Aufgrund ihrer Zuverlässigkeit sowie der hohen Passagierzufriedenheit wurde die Metro im Jahr 2008 von Verkehrsexperten auf der ganzen Welt zur »besten Metro der Welt[40]« gekürt. 2011 erhielt sie den Titel »beste führerlose Metro weltweit[41]«!

Die Kopenhagener Metro bietet 22 Stationen, neun davon befinden sich unter der Erde. Das gesamte Schienennetz hat eine Länge von 21 Kilometern. In den nächsten Jahren werden sich diese Zahlen jedoch drastisch ändern. Denn längst sind neue Bauabschnitte in Angriff genommen worden. Metro-Baustellen schossen in den letzten Jahren wie Pilze aus dem Boden, nicht immer zur Begeisterung der Anwohner und Touristen, denn die vielen Baustellen prägen derzeit natürlich auch das Stadtbild.

Doch die Stadt- und Verkehrsplaner stellten ehrgeizige Pläne für den öffentlichen Verkehr in Kopenhagen auf. Im Sommer 2019 soll der neue »Cityring[42]« fertiggestellt sein, eine 15,5 Kilometer lange Tunnelstrecke mit nicht weniger als 17 nagelneuen Stationen! Diese neue Metro-Linie soll über zwei Stationen mit dem existierenden Metro-Netz verbunden werden.

Nach dem Cityring soll Ende 2019 schließlich die »Nordhavnslinje« folgen und 2023 die »Sydhavnslinje«.

Mit diesen gigantischen Projekten erweitert die Stadt Kopenhagen in den nächsten Jahren den öffentlichen Verkehr massiv. Nach der Eröffnung des Cityrings werden 85 Prozent der Bewohner Kopenhagens nur noch maximal 600 Meter bis zur nächsten Metro-Station gehen müssen, woraufhin sich nach Einschätzung der Verkehrsplaner das Busnetz deutlich reduzieren wird. Für 2019 werden jährlich 130 Millionen Metro-Passagiere[43] prognostiziert. Der Metro-Cityring stellt das größte Projekt der dänischen Hauptstadt seit 400 Jahren dar.

2. KAPITEL

WIND & WETTER

18. Grund

Weil die Wettergötter ein Tauziehen über Dänemark veranstalten

Weit oben am Himmel, hoch über Dänemark, findet ein Tauziehen gewaltiger Mächte statt! Vier Wettergötter aus dem Norden, Süden, Osten und Westen kämpfen erbittert darum, wer in der nächsten Stunde die Herrschaft über das Land übernehmen darf. Sobald sich einer der Wettergötter für eine kurze Zeit durchgesetzt hat, zerren die anderen drei schon wieder mit vereinten Kräften das Tau in eine andere Richtung. Resultat: chaotisches, wechselhaftes Wetter.

Ein Beispiel: Im Morgengrauen Sturzregen, als hätte der Himmel sämtliche Schleusen geöffnet. Bereits die zehn Meter von der Haustür zum in der nahen Einfahrt geparkten Auto werden eine Herausforderung darstellen, sodass Ihre morgendliche Kleiderwahl auf Regenmantel und Gummistiefel fällt. Kaum sitzen Sie endlich im Auto, trotz vernünftiger Kleiderwahl leicht durchnässt, hört der Regen urplötzlich auf. Sie fahren los, steuern das Fahrzeug vorsichtig durch tiefe Pfützen. Einen Kilometer weiter blitzt ein Sonnenstrahl zwischen den grauen Wolken hindurch. Wenig später blendet die Sonne Sie so stark, dass Sie kaum noch die Fahrbahn sehen können. Sie fluchen zwischen zusammengebissenen Zähnen vor sich hin, weil die Sonnenbrille (wieder einmal) auf der Kommode neben der Eingangstür liegt und (wieder einmal) vergeblich auf ihren Einsatz wartet. Im regnerischen Grau des Morgens haben Sie daran (wieder einmal) nicht gedacht. Mit zusammengekniffenen Augen fahren Sie durch die grelle Welt und entdecken einen farbenfrohen Regenbogen.

Die Temperaturen steigen. Eigentlich keine üble Sache, denken Sie, doch Ihre Füße beginnen, in den Gummistiefeln entsetzlich zu schwitzen. Sie versuchen, sich noch während der Fahrt aus dem feuchten Regenmantel zu schälen, und sind hinterher schweißgebadet.

Keine zwei Stunden später macht sich die Sonne bereits wieder aus dem Staub. Es beginnt zu nieseln, ein heftiger Wind kommt auf. Fast freuen Sie sich darüber, dass das Wetter wieder schlechter wird. Denn nun sind Sie wenigstens wieder passend gekleidet. Wenn auch nur für die nächste Stunde …

Das tägliche Wetter in Dänemark ist wie der April. Es weiß nicht, was es will! Das heißt, eigentlich will es alles und das an einem Tag! Das am meisten genutzte Wettersymbol in den dänischen Wettervorhersagen stellt daher das kleine Motiv mit den Regenwolken dar, über denen auch gleichzeitig eine Sonne eingezeichnet ist. Mit diesem Symbol können die Meteorologen hierzulande eigentlich nie ganz falsch liegen.

Die Wetterexperten des Dänischen Meteorologischen Dienstes DMI stehen ohnehin vor einer ganz besonderen Herausforderung. Dänemark befindet sich exakt im Zentrum von vier Wetterströmungen: Aus dem Norden strömt Kälte ins Land und trifft dort auf die warme Luft aus den südlicheren Gefilden.

Gleichzeitig kommt trockene Luft aus dem Osten und vermischt sich mit der Luftfeuchtigkeit vom Atlantik im Westen. Im Vergleich zu den umliegenden Ländern erlebt Dänemark damit eine sehr spezielle Wettersituation. Meteorologen umschreiben das Phänomen mit dem Begriff »dänisches Wetterkreuz[44]«.

Dänemark-Kenner sind an das wechselhafte Wetter gewöhnt und disponieren ihre Ausflugspläne nicht um, wenn der Wettermann im Fernsehen mal wieder Regen ankündigt. Ganz oft handelt es sich beim dänischen Regen sowieso um eine Art Nieselregen, der Sie nicht so schnell durchnässt. Und wo Regen ist, kann die Sonne nicht weit sein. Im Ausflugsgepäck sollten daher weder Sonnenbrille noch Regenklamotten fehlen. Auch die Zwiebeltechnik ist hier stets empfehlenswert. Was Sie getrost zu Hause lassen können, ist der Regenschirm. Hierzu im nächsten Grund mehr.

Abschließend noch ein paar Worte zu den Temperaturen: In Dänemark stellen sich die Sommertemperaturen eher gemäßigt dar, die Mitteltemperatur liegt bei 16 Grad[45]. Da DMI nur solche Tage offiziell als »Sommertage« definiert, an denen ein Thermometer im Land über die 25-Grad-Marke geklettert ist, halten sich die Sommertage in Grenzen. Mit mehr als zehn Tagen sollte nicht gerechnet werden, auch wenn es hin und wieder Ausnahmejahre gibt. Mein dänisches Umfeld löst das »Problem« des kurzen Sommers eigenhändig, indem es schon Temperaturen ab 20 Grad zum »fantastischen Sommerwetter« erklärt, woraufhin sich die somit entstehende Sommerstatistik schon etwas vorzeigbarer präsentiert.

Wer in Anbetracht des gemäßigten Sommers auf um so kältere Winter schließt, liegt falsch. So gemäßigt und wechselhaft sich das dänische Wetter im Sommer zeigt, so stellt es sich auch im Winter dar: Die mittlere Temperatur dänischer Winter liegt um den Nullpunkt. Schnee gibt es selten, und wenn er mal vom Himmel fällt, dann ist er meist nur auf Durchreise ... Denn die Wettergötter veranstalten besagtes Tauziehen auch im Winter ...

19. Grund

Weil Windstille hier ein Fremdwort ist

Als ich noch in Südhessen lebte, hatte ich vom Wetter im Norden in etwa folgende Vorstellung: Die Temperaturen sind übers ganze Jahr hinweg kälter als in Mitteldeutschland, und im Winter liegt meterhoher Schnee. Für das restliche Skandinavien mag das möglicherweise auch zutreffen – Norwegen und Schweden erstrecken sich schließlich bis hin zum Polarkreis. In Bezug auf Dänemark lag ich jedoch völlig falsch. Denn die dänischen Temperaturen weichen gar nicht so stark von denen Mitteldeutschlands ab, mal von den Hitzewellen abgesehen, gegen die sich die dänischen Wettergötter hartnäckig sträuben. Und Schnee? Der ist in Dänemark – wie bereits erwähnt – ein unbeständiger Gast.

Es sind also weder die Temperaturen noch der Schneefall, der das dänische Wetter vom deutschen unterscheidet, nein, es ist ein ganz anderer Faktor, an den sich so mancher Dänemark-Urlauber oder Auswanderer erst gewöhnen muss:

Der Wind, der Wind, das himmlische Kind!
(aus »Hänsel & Gretel«, Gebr. Grimm)

Der Wind pfeift das liebe lange Jahr durchs Land, kreuz und quer, und schert sich dabei nur wenig um die jeweilige Jahreszeit. Ob Frühling, Sommer, Herbst oder Winter – Windstille? Fehlanzeige! Nur circa zwei Prozent aller Tage[46] sind Schätzungen zufolge tatsächlich als windstill zu kategorisieren.

Jeden Tag zerrt also der Wind von allen Seiten an Klamotten und Frisur, findet mit beeindruckender Präzision jede Schwachstelle in der angelegten Montur und bestraft tapfere Einwohner und Urlauber für jede einzelne Stelle am Körper, die nicht sorgfältig mit einem Kleidungsstück bedeckt ist. Wer in Dänemark lebt, kämpft insbesondere im Winter gegen diese Naturgewalt. Dicke Wollmützen, meterlange Schals, windabweisende Jacken und Mäntel, die im Optimalfall bis hinunter zu den Knien reichen, als weibliche Person hohe Stiefel dazu – und dennoch findet der Wind mit Garantie noch eine Ritze, in die er hineinwehen kann.

Der dänische Wind scheint übernatürliche Fähigkeiten zu besitzen. Fahren Sie morgens mit dem Fahrrad in eine bestimmte Richtung und fluchen über den heftigen Gegenwind, können Sie beim Rückweg nicht auf Rückenwind als logische Folge (und Belohnung für die erlittenen Strapazen) setzen. Höchstwahrscheinlich schimpfen Sie nämlich auch auf dem Rückweg wieder über Gegenwind. Das Wetterkreuz, Sie erinnern sich. Der Wind in Dänemark macht sich einen Spaß daraus, Radfahrer zu ärgern. Insbesondere die nicht-dänischen.

Wer wie ich mit langer Haarpracht nach Dänemark kommt, lernt sehr schnell, die Frisur dem Wind anzupassen. Das Haar offen tragen? Nur wenn Sie sich ständig Haarsträhnen aus Mund und

Nase entfernen wollen. Das Haar mit Haarspray chic fixieren? Ein 10-Wetter-Taft wurde noch nicht erfunden. Der geschickteste Weg ist und bleibt es, die Haare in einer unkomplizierten Frisur unter die Mütze zu stecken und sich am windstillen Zielort nachzustylen, sofern gewünscht.

Ganz besonders ungünstig ist die Kombination aus dänischem Wind und Regen. Denn im stürmischen Dänemark regnet es nicht ordnungsgemäß von oben nach unten, so wie Sie das möglicherweise gewohnt sind. Hier peitscht Ihnen der Regen gerne aus mehreren Angriffsrichtungen ins ungeschützte Gesicht. An dieser Stelle outet sich auch der Nicht-Däne, der bei plötzlich auftretendem Regen wohlvorbereitet seinen »Knirps« aus der Handtasche hervorzieht, den überaus praktischen Taschenregenschirm im Kleinformat. Dieser kann jedoch wenige Windstöße später mit gebrochenen Speichen und zerrissenem Stoff getrost entsorgt werden. Knirpse sind nicht fürs dänische Klima gemacht.

In besonders stürmischen Nächten verursacht der Wind eine derartige Geräuschkulisse, dass Sie misstrauisch aus dem Fenster blicken und Ausschau nach diesem ominösen Gefährt mit laufendem Motor halten, das irgendwo auf der Straße stehen muss und einen Höllenlärm veranstaltet.

Ich habe es mir nach mehreren Jahren im Lande zwischenzeitlich auch abgewöhnt, bei verschwundenen Gartenmöbeln Diebstahl zu vermuten. Meist findet man die Möbel nach kurzer Suche einfach an anderer Stelle im Garten wieder. Der Wind bringt auch nicht nur Gartenmöbel aus dem Gleichgewicht. Eine mittelstarke Windböe kann zierliche Persönchen ganz plötzlich mehrere Schritte in eine unerwünschte Richtung bewegen. Kräftige Windböen, die mit den im Winter regelmäßig auftretenden Stürmen einhergehen, wehen sogar gestandene Menschen mit hohem Schutzgewicht von der Straße.

Der Wind ist also ein weiteres Markenzeichen Dänemarks. Ich persönlich liebe den launischen dänischen Wind, der um die

Häuser pfeift und Regentropfen gegen das Fenster peitscht. Was wäre Dänemark ohne Wind? Gleichzeitig ist bei den Einheimischen in den vergangenen Jahren nach mehreren heftigen Stürmen sowie einer zerstörerischen Jahrhundertflut der Respekt vor dieser Naturgewalt gestiegen. Die Meteorologen gehen davon aus, dass der Treibhauseffekt und die damit verbundenen steigenden Temperaturunterschiede zwischen den Polen und dem Äquator künftig zu noch höheren Windstärken[47] führen werden …

Im dänischen Wind stellen Sie schnell fest: Der Mensch ist im Vergleich zur Natur eben klein.

Klitzeklein.

20. GRUND

Weil die Sonne im Sommer einfach nicht untergehen will

Kopenhagen liegt nur circa 900 Kilometer von meiner »alten« Heimat entfernt. Dennoch führt die nördliche Lage zu deutlichen Unterschieden bei der »gefühlten Tageslänge«.

Beginnen wir mit dem Sommer. Auf dem Papier erscheint der Unterschied zwischen der Länge eines Tages in Frankfurt und in Kopenhagen nicht sonderlich hoch. Während am 21. Juni, dem längsten Tag im Jahr, die Sonne in Frankfurt um 21.35 Uhr[48] untergeht, ist dies in Kopenhagen nicht viel später der Fall, nämlich um 22 Uhr[49].

Diese offiziellen Sonnenaufgangs- und Sonnenuntergangszeiten stellen jedoch nur die halbe Wahrheit dar. Die reellen Unterschiede in der Wahrnehmung der Tageslänge liegen in den unterschiedlichen Dämmerungsverläufen beider Orte.

Man differenziert bei der Morgen- und Abenddämmerung in bürgerliche/zivile, nautische und astronomische Dämmerung.

Bei der bürgerlichen Dämmerung ist noch genügend Licht vorhanden, um unter freiem Himmel draußen lesen zu können. Während der nautischen Dämmerung ist der Horizont gerade noch erkennbar, und es glitzern bei wolkenlosem Himmel die ersten Sterne. Nach der astronomischen Dämmerung folgt tiefdunkle Nacht.

Nimmt man also diese verschiedenen Dämmerungsphasen in Frankfurt und Kopenhagen genauer unter die Lupe, wird der Unterschied sehr schnell deutlich. Am 21.6. können Sie in Kopenhagen dank ziviler Abenddämmerung bis 23 Uhr draußen lesen (sofern Sie sich warm einpacken). Wollen Sie dasselbe in Frankfurt tun, benötigen Sie ab 22.20 Uhr eine Taschenlampe. Nicht viel später leitet die astronomische Dämmerung in Frankfurt die stockdunkle Nacht ein. Auf diesen Teil der Nacht warten Sie in Kopenhagen jedoch vergeblich. Hier fällt die astronomische Dämmerung im Sommer einfach komplett aus, sodass die Nächte nie wirklich dunkel, sondern maximal grau sind. Im Gegensatz zur Region Frankfurt bleibt auch der Horizont nachts stets sichtbar.

Die nautische Abenddämmerung geht nach dem Ausbleiben der astronomischen Dämmerung in Kopenhagen schließlich nahtlos in eine nautische Morgendämmerung über, und ab 3.24 Uhr zur zivilen Morgendämmerung. Ab diesem Zeitpunkt könnten Sie sich theoretisch wieder (mit einer warmen Decke) auf die Terrasse setzen und lesen. Offiziell geht die Sonne in Kopenhagen um 4:25 Uhr auf. In Frankfurt können Sie nach stockdunkler Nacht ohne Taschenlampe erst ab 4.30 Uhr im Garten lesen, und die Sonne geht erst ab 5.15 Uhr auf.

Über das Phänomen der »hellen Nächte« im Norden singt die dänische Sängerin Alberte Windings in ihrem Song *lyse naetter*:

Nu kommer fuglene igen,
og lyset vælter pludselig ind.
Det kommer gennem alle sprækker,
lyse nætter er tilbage.

Frei übersetzt:
Nun kommen die Vögel wieder,
und plötzlich strömt das Licht hinein.
Es dringt durch alle Ritzen,
die hellen Nächte sind zurück.

In den »hellen Nächten« fällt also die astronomische Dämmerung einfach weg. In dieser Jahreszeit sinkt die Sonne aufgrund der Konstellation von Sonne und Erde nicht weit genug unter den Horizont hinab, sodass sie nachts weiter den Himmel erhellt. Die genaue Definition einer »hellen Nacht«: Die Sonne sinkt weniger als 18 Grad unter den Horizont. Am »Sankt-Hans-Aften«, der dänischen Mittsommernacht, liegt die Sonne beispielsweise nur elf Grad unter dem Horizont. In Kopenhagen beginnt der Zeitraum der hellen Nächte[50] um den 5. Mai herum und endet am 8. August. In Gedser, dem südlichsten Punkt Dänemarks, müssen die Menschen ein paar Tage länger auf die hellen Nächte warten und sich umgekehrt auch bereits ein paar Tage früher wieder von ihnen verabschieden. In Skagen, dem nördlichsten Punkt in Dänemark, kommen die Bewohner bereits Ende April in den Genuss der hellen Nächte und müssen sich erst ab Mitte August wieder auf nächtliche Dunkelheit einstellen.

Die »hellen Nächte« stellen ein interessantes Phänomen des Nordens dar. Wieso allerdings die Gebäude eines Landes, in dem die Sommernächte wochenlang keine richtige Dunkelheit mit sich bringen und in dem die grelle Sonne bereits frühmorgens um 4:25 Uhr die Nasen der selig schlummernden Bevölkerung kitzelt, nicht standardmäßig mit ordentlichen Rollläden ausgestattet sind, hat sich mir bis heute nicht ganz erschlossen. Wenn ein Land blickdichte Rollläden bitter nötig hätte, dann Dänemark! Es sei denn, Sie planen, jeden Tag um 4:25 Uhr aufzustehen. Dem Körper scheint die Zahl auf dem Wecker nämlich relativ gleichgültig zu sein. Mit zunehmendem Licht steigt das Energieniveau. Die Dänen »lösen« das Helligkeitsproblem zu nachtschlafenden Zeiten entweder mithilfe von Rollos in bunten, gerne hellen (!), Farben oder einfach – gar nicht! Eine blickdichte Abdunkelung scheint bei der einheimischen Bevölkerung keine Grundvoraussetzung für guten Schlaf darzustellen.

Nun ja, es heißt ja auch:

Det kommer gennem alle sprækker, lyse nætter er tilbage …

Es dringt durch alle Ritzen, die hellen Nächte sind zurück …

Andernfalls müsste Alberte Windings sich für ihren Song wohl auch eine neue Zeile einfallen lassen.

21. Grund

Weil der Winter zum Winterschlaf einlädt

Es existiert so etwas wie eine ausgleichende Gerechtigkeit, zumindest in der Natur. Die Stunden mit Tageslicht, die der Norden im Sommer im Vergleich zu anderen Ländern zusätzlich genießt, muss er im Winter wieder abgeben. So hell und lang die skandinavischen Sommertage, so dunkel und vereinnahmend der Winter im hohen Norden.

Mein Umzug nach Dänemark fand an einem Samstagabend im Oktober statt, einem Monat, in dem Dänemark mit großen Schritten auf die dunkle Jahreszeit zueilte. Nach wenigen Tagen am neuen Wohnort wurde ich von einer bleiernen Müdigkeit überfallen, die ich zunächst auf den Bürokratiewahn der letzten Wochen schob. Die Abmeldung aus Deutschland hatte Zeit, Geduld und Nerven gekostet. Geduldig wartete ich darauf, dass ich mich hiervon akklimatisierte. Doch die Müdigkeit ließ einfach nicht nach. Im Gegenteil. Sie wurde schlimmer. Um mich herum gingen alle Dänen scheinbar ohne jegliche Einschränkungen ihrem Tagesprogramm nach, während ich im Dezember endgültig bereit für einen tiefen Winterschlaf war, hätte man mich nur gelassen. Nach einigen Wochen hatte ich schließlich den Übeltäter entlarvt: die Dunkelheit. Ich litt schlicht und ergreifend unter dem ungewohnten Lichtmangel.

Während am längsten Tag des Jahres die Sonne in Kopenhagen volle 17,5 Stunden am Himmel steht, und dies ohne die ebenfalls noch recht helle bürgerliche Dämmerung, beträgt die offizielle Zeitspanne zwischen Sonnenauf- und -untergang im Winter, am kürzesten Tag des Jahres, gerade mal sieben Stunden![51] Bei der Wintersonnenwende am 21.12. geht die Sonne nämlich erst um 8:37 Uhr auf, überlässt jedoch bereits um 15.38 Uhr der zivilen Abenddämmerung das Feld. Je nach vorhandener Wolkendecke kann es kurz darauf schon stockdunkel sein, auch wenn offiziell noch irgendwelche Abenddämmerungen am Werk sind.

Am Tag der Wintersonnenwende fehlen damit über zehn »Tageslichtstunden« im Vergleich zum längsten Tag des Jahres im Sommer. Allein diese Zahlen lassen bereits den gewaltigen Unterschied erkennen. Es kommt jedoch noch etwas anderes hinzu: Auf dem Papier mag die Sonne durchaus »aufgegangen« sein, de facto kann sie jedoch am wolkenverhangenen Himmel oft tage- und wochenlang gar nicht gesichtet werden.

Der Winter im Norden ist von Dunkelheit und Lichtmangel bestimmt, je nördlicher, desto schlimmer. Kaum eine Stunde, in der man auch tagsüber ohne elektrisches Licht auskommen könnte. Schalte ich das Licht im Büro mal aus und versuche störrisch, wenigstens um die Mittagszeit herum mit dem vorhandenen Tageslicht auszukommen, dauert es unter Garantie keine drei Minuten, bis ein Kollege hereinkommt und fragt: »Warum sitzt ihr im Dunkeln?«

Dänemark tappt im Winter also im Dunkeln. Die Natur informiert den menschlichen Körper spätestens ab 15:38 Uhr, dass es stark auf die Nacht zugeht. Da die Lichtquelle vor 15:38 Uhr ebenfalls keine nennenswerte darstellt, ist der Körper meistens schon ein paar Stunden früher hierüber im Bilde, und an besonders trüben Tagen, an denen man das schmutzige Grau zwischen 8:37 und 15:38

Uhr lediglich mangels Alternativen als »Tageslicht« bezeichnen kann, hat der Körper das Signal »aufwachen« eigentlich gar nicht erst erhalten.

Die Konsequenz, insbesondere für Ungeübte: bleierne Müdigkeit. Das Melatonin lässt grüßen.

Mit den Jahren im Norden gewöhnt man sich an die Dunkelheit, nach und nach, und schafft irgendwann auch das Tagespensum wieder ohne Winterschlafanwandlungen. Bekommen wir jedoch in den Wintermonaten Besuch aus südlicher gelegenen Regionen, verschwindet dieser mit schöner Regelmäßigkeit spätestens um 21 Uhr ins Gästezimmer und kuschelt sich völlig erschlagen ins Bett.

Für Eltern von Kleinkindern bietet der dunkle skandinavische Winter allerdings auch Vorteile. Sollten diese Eltern mal einen nervenschonenden Abend bitter nötig haben, verkaufen sie ihrem Nachwuchs die durchdringende Dunkelheit draußen einfach als reguläre Bettzeit. Dass es erst 17 oder 18 Uhr ist, weiß der Nachwuchs, der glücklicherweise die Uhr noch nicht beherrscht, ja nicht. Zähneputzen, Gutenachtgeschichte, Licht aus, stockdunkel – und mit etwas Glück kehrt bereits kurz darauf Ruhe im Kinderzimmer ein.

Melatonin und dänischer Winter – bei ganz kleinen Menschen manchmal eine äußerst praktische Kombination.

22. Grund

Weil es guttut, sich den Jahreszeiten anzupassen

Im Sommer Tage, die niemals zu Ende gehen. Im Winter Dunkelheit, die alles zu verschlucken scheint.

Die unterschiedlichen Jahreszeiten im Norden laden dazu ein, den Lebensrhythmus an die äußeren Begebenheiten anzupassen. Wer sich auf den Rhythmus der Jahreszeiten einlässt, macht es sich im Winter bereits früh am Abend mit einer warmen Decke auf dem Sofa gemütlich, geht rechtzeitig ins Bett und tankt Schlaf. Viel Schlaf. So füllt sich nach und nach das Energiedepot für den Sommer, für die hellen, langen Sommernächte, die man am liebsten draußen verbringen wird, auf der Terrasse, im Garten, in der Stadt oder mitten in der freien Natur, an der frischen Luft und gerne in netter Gesellschaft.

Der Winter in Dänemark ist von Dunkelheit, Wind und niedrigen Temperaturen geprägt. Die vielen dunklen Stunden führen zur Bildung von Melatonin, der Körper wird öfter und schneller müde. Wer dem nachgibt, reduziert Verpflichtungen und Aktivitäten auf das Notwendigste und passt sich dem niedrigeren Energieniveau einfach an. Das Ganze bestenfalls ohne schlechtes Gewissen, denn ändern lassen sich die externen Bedingungen, unter denen man hier im Norden lebt, sowieso nicht.

In der dunklen Jahreszeit ist also »Winterschlaf« angesagt. Zeit für »Hygge«, wie der Däne sagt. Gemütliche Abende zu Hause, in den eigenen vier Wänden, gemeinsam mit der Familie oder auch in bester Gesellschaft mit sich selbst, ein spannender Film im Fernsehen, entspannende Musik, eine flauschige Decke auf dem Sofa, ein interessantes Buch auf dem Schoß. Im Kamin prasselt ein Feuer. Die Seele baumelt. Spätestens an dieser Stelle dauert es nicht lange, und das Bett ruft. Laut und deutlich. Ein Blick auf die Uhr an der Wand, deren Zeiger sich träge auf die Ziffer 9 zubewegt. Wie – jetzt schon ins Bett gehen? Ja. Warum eigentlich nicht.

Der dunkle Winter in Dänemark – eine Zeit, ein paar Gänge herunterzuschalten, innezuhalten. Zeit zur Regeneration. Warum sollte das nur für Tiere und Pflanzen gelten? Warum nicht auch für uns Menschen?

Der nächste Sommer kommt schließlich ganz gewiss, und schon ist wieder alles anders. Plötzlich wirft die Natur großzügig, geradezu verschwenderisch mit dem Licht um sich. Der Körper trumpft auf, schöpft aus dem Vollen. Die Batterien sind aufgeladen, das Schlafhormon Melatonin kommt kaum noch zum Zuge. Ins Bett gehen? Später! Oder morgen wieder! Die Menschen wuseln herum, als hätte es nie einen Winter gegeben, als wäre nicht die Dunkelheit bereits nachmittags über sie hereingebrochen und hätte den Körper mit bleierner Müdigkeit gelähmt.

Im strahlenden Sonnenlicht sieht die Welt gleich viel erfreulicher aus. Aktivitäten und Erledigungen gehen leichter von der Hand, Altes wird abgeschlossen, Neues ins Rollen gebracht und am besten alles gleichzeitig in die Hand genommen. Die Menschen sind unermüdlich im Einsatz, voller Energie und Lebenslust.

Sommer in Dänemark – eine Zeit der Dynamik und der Geselligkeit, eine Zeit des Aufbruchs und des Tatendrangs. Zeit für endlose Nächte und Inspiration.

Die Jahreszeiten sind ein Ur-Rhythmus, den wir in unserem Alltag oft gar nicht mehr wahrnehmen, geschweige denn, dass wir ihm folgen würden. Hier im Norden unterscheiden sich die Jahreszeiten deutlich voneinander, insbesondere die gefühlte Tageslänge könnte unterschiedlicher nicht sein. Dies drängt die hiesigen Bewohner sanft, aber bestimmt dazu, ihren Lebensrhythmus an die natürlichen Bedingungen der Jahreszeit, an die vorliegenden Lichtverhältnisse und ans Klima anzupassen.

Wer sich dem hingibt, wird feststellen, wie gut es tut, im Einklang mit den Jahreszeiten zu leben, wie angenehm es ist, nach einer leistungsstarken, schöpferischen Sommerzeit wieder in eine ruhige, regenerative Phase abzutauchen. Der Norden mit seinem sehr hellen Sommer und seinem sehr dunklen Winter zwingt die hier lebenden Menschen einfach etwas mehr dazu, sich an die Natur anzupassen. Und das ist gut so.

Weil das Wetter kein Hindernis ist

Sicherlich kennen Sie folgendes Zitat: *There is no such thing as bad weather, only unsuitable clothing.* (Alfred Wainwright, englischer Autor und Illustrator)

Auf Dänisch: *Der findes intet der hedder dårligt vejr, kun dårlig påklædning.*

Auf Deutsch: *Es gibt kein schlechtes Wetter, nur schlechte Kleidung …*

Dieses Leitmotiv ist in Dänemark ein Muss. Fast jeden zweiten Tag regnet oder schneit es. Oft nur ein bisschen, aber Niederschlag ist Niederschlag. Laut statistischem Jahrbuch *Statistisk Årbog 2015* ist in Dänemark durchschnittlich an 171 von 365 Tagen[52] pro Jahr mit Niederschlag zu rechnen. Schnee ist dabei an je sieben Tagen im Dezember, Januar und Februar zu erwarten, an fünf Tagen im März und an drei Tagen im April. An den anderen Niederschlagstagen öffnet der Himmel die Schleusen und schenkt dem Land Regen. Und Regen. Und Regen.

Bedeckter Himmel und undurchlässige Wolkendecken sind in Dänemark Alltag. Über das Jahr hinweg betrachtet sind zwei Drittel des Himmels von Wolken bedeckt. In den Sommermonaten sinkt diese Zahl auf 60 Prozent ab. Die Sonne zeigt sich hier also relativ selten im Vergleich zu südlicher gelegenen Ländern.

Dennoch hört man die Dänen nur selten über das Wetter jammern, ganz im Gegenteil. Sobald die Sonne doch einmal zwischen einer dunklen Wolkenfront hervorblitzt, wird das Wetter gelobt, und zwar gleich über den grünen Klee:

»Fantastisches Wetter heute, findest du nicht auch?«

»Ist das nicht wunderbar, wie die Sonne heute scheint?«

»Das Wetter ist perfekt. So gut wie kein Wind, ist dir das aufgefallen?«

Ich persönlich bemerke meist erst anhand der großzügig lobenden dänischen Bevölkerung, dass sich das Wetter am jeweiligen Tag tatsächlich ein klitzekleines bisschen besser darstellt als sonst. Kleinste positive Abweichungen von der Wetternorm werden überschwänglich hervorgehoben.

Die dänische Bescheidenheit beeindruckt mich an dieser Stelle immer wieder von Neuem. Wetterbeschwerden waren in meiner »alten« Heimat gang und gäbe, und das trotz einer wesentlich besseren Ausgangssituation. Es scheint, als würden die dänischen Wettergötter von den Einheimischen nicht für ihre Untaten gerügt, sondern ausschließlich für ihre Wohltaten gelobt werden. Positive Motivation statt Schelte. Andererseits bleibt der dänischen Bevölkerung bei den vorliegenden Wetterstatistiken auch nichts anderes übrig, als in diesem Bereich eine ordentliche Portion Bescheidenheit (und Gelassenheit) an den Tag zu legen.

Wer das dänische Wetter von Kindesbeinen an gewohnt ist, dem geht notgedrungen eine wichtige Lebensweisheit in Fleisch und Blut über: Das Wetter ist nie ein Hindernis! Wind und Regen sind Standard, ergo gehören Gummistiefel, Anorak und Regenhosen eben zur Standardausrüstung. Derart eingepackt, ist das Wetter unerheblich. Die einheimische Bevölkerung geht mit dieser Einstellung ihren Tagesplänen nach, ungerührt, als würde der Begriff »schlechtes Wetter« gar nicht existieren.

Schlechtes Wetter wird ignoriert, positives zelebriert. Die Dänen sitzen nicht nur im Sommer draußen vor den Cafés, nein, auch im frühesten Frühjahr und spätesten Herbst wird leckeres Essen und nette Gesellschaft an der frischen Luft genossen, oft mit Wolldecken zur tatkräftigen Unterstützung des kühlen Vorhabens. Einige Cafés und Restaurants helfen dem ungetrübten Outdoor-Erlebnis zusätzlich noch mit Heizpilzen auf die Sprünge.

Ja, das Wetter in Dänemark ist oft launisch und derb. Die Dänen machen es aber nicht zum Problem, und schon ist es auch keines. Dazu gehört allerdings die richtige Einstellung. Und – werfen wir nochmals einen Blick auf Mr. Wainwrights Zitat – die richtige Kleidung!

24. Grund

Weil Babys bei Wind und Wetter draußen schlafen

Haben Sie in Dänemark schon einmal auf Kinderwägen geachtet? Ist Ihnen die immense Größe dieser Gefährte aufgefallen?

Nicht weniger als 100 Zentimeter Liegefläche werden hier durch die Gegend geschoben. Zum Vergleich: Die Länge deutscher Kinderwägen bewegt sich zwischen 70 und 80 Zentimetern.

Vor einigen Jahren kündigte sich auch bei uns Kinderwagenbedarf an. Hochinteressiert begutachteten wir die unterschiedlichen Modelle, die der dänische Markt hergab. Staunend und etwas ratlos schritten wir eine lange Reihe voller riesiger Kinderwägen entlang. Eine Freundin, die bereits drei Kinder in diversen Gefährten durch deutsche Straßen kutschiert hatte, brachte es schließlich auf den Punkt: »Meine Güte, das sind ja *Schiffe*! Da passen die Kinder hinein, bis sie drei Jahre alt sind!«

Und genau hier liegt auch des Rätsels Lösung!

Skandinavische Kinder sind allerdings weder fauler als andere, noch lernen sie später laufen, noch kommen sie länger in den Genuss, von ihren Eltern im Kinderwagen geschoben zu werden, obwohl sie längst selbst gehen könnten. Dennoch achten werdende Eltern in Dänemark darauf, dass ihr kommender Nachwuchs in den Kinderwagen hineinpassen wird, bis dieser drei bis vier Jahre alt ist. Und zwar in voller Länge und ausgestreckt. Der kommende Erdenbürger wird hier nämlich künftig jeden Mittag selig schlummern! Draußen. Bei Wind und Wetter.

In Dänemark halten Babys und Kleinkinder ihren Mittagsschlaf grundsätzlich an der frischen Luft. Diese Tradition existiert seit über 100 Jahren und wird bis heute im ganzen Land praktiziert. Die Dänen glauben fest daran, dass Babys und Kleinkinder draußen besser und länger schlafen und dass das Schlafen in allen Wetterlagen das Immunsystem stärkt. Das raue Klima härtet ab. Das gilt bereits für die Kleinsten, die bei kühler Witterung in dicke Kleidung und Decken eingepackt werden. Es gibt sogar extra skandinavische Schlafsäcke zu diesem Zweck. Erst ab minus zehn Grad rät die dänische Gesundheitsbehörde davon ab, Babys und Kleinkinder draußen schlafen zu lassen. Für Neugeborene gelten ebenfalls Einschränkungen.

In dänischen Wohngebieten werden Sie also immer wieder auf Kinderwägen mit schlafendem Inhalt treffen, vor Haustüren, in Gärten, auf Terrassen. In der Stadt stehen die Kinderwägen in Hinterhöfen und auf den Balkonen. Auch vor Cafés, Restaurants und Supermärkten sind Kinderwägen in Reih und Glied keine Seltenheit, der Großteil davon mit einem Babyfon versehen.

Der deutsche Betrachter wundert sich insgeheim darüber, dass sich dänische Eltern offensichtlich kaum vor einer Kindesentführung fürchten. Dänemark ist ja auch ein ziemlich sicheres Pflaster (s. Grund 54: Weil Dänemark ein sicheres Pflaster ist). Nichtsdestotrotz bestaunte ich stets die anderen frischgebackenen Mütter meiner Gegend, die mit größter Selbstverständlichkeit ihren wertvollen Nachwuchs vor den Wohnblöcken geparkt hatten und sich während des gesamten Schläfchens auch noch selbst entspannen konnten und Kraft für die nächsten anstrengenden Stunden mit Baby tankten. Ich dagegen, damals noch wohnhaft im dritten Stock eines hübschen Wohnkomplexes in einer Vorstadt Kopenhagens, sprang alle fünf Minuten auf, stürzte hektisch auf den Balkon und starrte nervös auf das Kinderwagenschiff im Hof hinunter. Gott sei Dank! Noch da! Nicht, dass das Babyfon auch nur einen Mucks von sich gegeben hätte. Theoretisch könnte dieses aber ja genau in dem Moment den Dienst versagen, in dem sich ein Bösewicht über meinen wertvollen Nachwuchs hermachte … Sicher ist sicher! Die Däninnen schienen derartige Gedanken nicht zu kennen.

Viele dänische Familien besitzen für das Outdoor-Schläfchen noch einen Zweitkinderwagen, mit festem Platz auf der Terrasse oder auf dem Balkon. Manche dieser Wägen sind noch nie über die Straßen gerollt, und manchen wurden die Räder sogar direkt abmontiert!

Auch in den dänischen Betreuungseinrichtungen ist das Schlafen an der frischen Luft ein zentrales Thema, denn in Dänemark wird ein Großteil der Kinder circa ab dem ersten Lebensjahr von Tagesmüttern, Krippen oder Kindergärten ganztags betreut. Die kleineren Kinder schlafen daher meistens in kinderwagenähnlichen Verschlägen, die in einem extra für diesen Zweck hergerichteten Anbau bzw. Windfang aufgestellt werden. Dort stehen die schlafenden Kleinen geschützt vor Wind, Regen und Schnee, schlafen aber dennoch an der frischen Luft. Die Tradition wird überall konsequent eingehalten.

Auch ich habe mich bemüht, wenigstens phasenweise der dänischen Tradition zu folgen. Ob es tatsächlich am Mittagsschlaf im skandinavischen Klima liegt, dass meine beiden kleinen Kinder relativ selten kränkeln, bleibt dahingestellt. Denn Untersuchungen, die eine positive Auswirkung regelmäßigen Schlafens an der frischen Luft auf die Immunabwehr belegen, gibt es nicht.

Die Dänen scheinen jedoch bereits seit 100 Jahren keine empirischen Beweise für die Wirksamkeit ihrer Tradition zu benötigen. Lieber sammeln sie eigene Erfahrungen. Oft schlafen die Kleinen an der frischen Luft ja zumindest auch länger. Und die Gesundheit? Glaube versetzt Berge …

Weil nirgendwo der Herbst mehr Ausdauer hat

Gehören Sie zu den Menschen, die den Herbst lieben? Sind die launischen, stürmischen Monate gar Ihre Lieblingsjahreszeit? Dann sind Sie in Dänemark gut aufgehoben! Denn der dänische Herbst ist sehr ausdauernd. Er scheint manchmal nicht enden zu wollen. In drei Worten: Dänemark IST Herbst!

Der dänische Dichter Henrik Nordbrandt (geb. 1945) brachte dies im Jahr 1986 mit seinem Gedicht *Året har 16 måneder* in nur vier Zeilen auf den Punkt:

Året har 16 måneder: November
december, januar, februar, marts, april
maj, juni, juli, august, september
oktober, november, november, november, november.

Die (sehr einfache) Übersetzung:

Das Jahr hat 16 Monate: November
Dezember, Januar, Februar, März, April
Mai, Juni, Juli, August, September
Oktober, November, November, November, November.

Eine tiefer gehende Interpretation des Gedichts spare ich mir an dieser Stelle. Zum besseren Verständnis sollte jedoch nicht unerwähnt bleiben, dass dem dänischen Dichter der trübe, regnerische November ein Gräuel war, der ihn sogar dazu veranlasste, den Lebensmittelpunkt in südliche Länder mit viel Sonne zu verlegen.

Liebhaber der stürmischen Jahreszeit kommen dagegen in Dänemark voll auf ihre Kosten. Draußen regnet und stürmt es. Der Wind heult, weht mit voller Kraft über die Felder, pfeift um die Häuser und zerrt an Türen und Fenstern (Fensterläden gibt es ja keine ...). Wolken hängen schwer über der Landschaft und präsentieren sich in unzähligen verschiedenen Grau-Nuancen. Am frühen Nachmittag senkt sich endgültig Dunkelheit über das Land und dämpft jegliche Aktivitäten. Regentropfen peitschen gegen die auffällig großzügigen Fensterfronten, deren Scheiben nur deswegen so riesig sind, weil sie die in dieser Jahreszeit fast unlösbare Aufgabe haben, jeden noch so kleinen Lichtstrahl in die gute Stube hineinzutransportieren.

Wenn der dänische Herbst alle seine Karten ausspielt, gibt es nichts Besseres, als der aufgewühlten Natur mit einem Spaziergang zu trotzen, um danach ausgekühlt, aber erfrischt in die eigenen vier Wände zurückzukehren. Dort prasselt im Optimalfall ein Feuer im Holzofen, das Körper und Seele wärmt. Sie machen es sich mit einer Decke auf der Couch bequem, vor sich einen Tasse mit dampfendem Kaffee oder Tee, in der Hand ein spannendes Buch, und schließen den November inklusive allem Bösen dieser Welt einfach aus.

Klingt gemütlich? In Dänemark können Sie das haben. Jedes Jahr, fünf November lang!

26. GRUND

Weil Dänemark perfektes Saunawetter hat (wenn auch keine perfekte Saunakultur ...)

Wer gerne sauniert, wird womöglich Dänemark (und generell den Norden) als optimale Gegend zur Ausübung dieses wohltuenden Hobbys ansehen. Denn die meisten Sauna-Fans saunieren bei Regen, Wind, kalten Temperaturen, trübem Licht und Nebel sehr gerne. Nach einem ausgedehnten Strandspaziergang, durchgefroren und zerzaust vom kräftigen Wind, lässt es sich in der Sauna eben besonders gut entspannen.

Sauna und Schmuddelwetter sind eine gemütliche Kombination – und welche Länder bieten hierfür bessere Voraussetzungen als die des hohen Nordens?

Keine.

Die Sache hat allerdings einen klitzekleinen Haken.

Die Saunakultur.

Die Einstellung der Dänen zum Saunieren ist – milde ausgedrückt – alles andere als entspannt, und dies spiegelt sich in ihren Saunalandschaften wider.

Die erste Bekanntschaft mit den Dänen und ihrem Verhältnis zur Sauna durfte ich in meiner (deutschen) Stamm-Sauna machen, in der ich mir auf meinem ersten Heimatbesuch nach der Auswanderung einen schönen Tag machen wollte, zusammen mit meinem Dänen. Über etwaige Kulturunterschiede hatte ich mir im Vorfeld dieses Ereignisses keinerlei Gedanken gemacht. Ob Däne oder Deutscher, was spielte das schon für eine Rolle?

Umso verwunderter war ich, als »mein« Däne beim Packen der Saunatasche plötzlich fragte, ob er in der Badelandschaft eine neue Badehose erwerben konnte. Seine alte hätte nun endgültig den Geist aufgegeben.

»Eine Badehose?«, fragte ich. »Wofür?«

»Für die Sauna«, kam die prompte Antwort. Wir starrten uns mehrere Sekunden lang an.

»Wir brauchen keine Badekleidung«, sagte ich schließlich. »In der Sauna sind wir nackt.«

»N-A-C-K-T?« Mein Däne riss die Augen auf. Kurz darauf stieß er ein hektisches Lachen aus.

»Ach so!« Er klang erleichtert. »Wir gehen also in getrennte Saunen?«

Langsam schüttelte ich den Kopf. Mit großem Interesse beobachtete ich, wie sich die Augen meines Freundes weiteten, wie seine Wangen plötzlich von einer leichten Röte überzogen wurden. Er schluckte, ließ sich jedoch mit etwas gutem Zureden davon überzeugen, dass nichts dabei war, wenn sich Männlein und Weiblein gemeinsam ohne Bekleidung in einer Sauna aufhielten. Schließlich warf man sich direkt nach dem Saunagang und Abduschen wieder in einen flauschigen Bademantel. Tapfer stellte er sich wenig später dieser Herausforderung, und wir brachten erfolgreich den ersten Saunagang hinter uns.

Nach dem Besuch der Orangensauna zog es mich direkt in den Ruheraum. Schließlich ist nach jedem Saunagang Entspannung angesagt. Ich freute mich darauf, meine Füße in Wollsocken zu stecken und die Beine hochzulegen. Mein Däne wollte noch kurz etwas ausprobieren und dann nachkommen. Schläfrig schlurfte ich in den Ruheraum. Die Entspannung konnte beginnen. Durch die riesigen Glasfronten blickte man direkt in den blauen Himmel. Die Sonne schien, kein Wölkchen war zu sehen. Dänisches Schmuddelwetter hätte ich passender gefunden, aber gut – alles konnte man nicht haben … Ich seufzte wohlig und schloss die Augen.

20 Minuten später. Der Däne war immer noch nicht da. Mühsam schälte ich mich aus der ergonomischen Liege und ging auf die Suche. Es dauerte eine Weile, bis ich ihn schließlich ausfindig gemacht hatte. Er saß in einem Whirlpool, wirkte glücklich, wenn auch etwas erschöpft.

»Wo bleibst du denn?«, fragte ich und stemmte die Hände in die Seiten.

»Ich hab hier und da etwas ausprobiert.« Er machte eine ausholende Handbewegung. »Eukalyptus-Sauna, finnische Blocksauna, Aroma-Dampfbad und Caldarium. Danach Solebad, jetzt Whirlpool! Diese Saunalandschaft ist ja riesig! Das müssen wir doch unbedingt alles ausnutzen.« Etwas kurzatmig war er. Kein Wunder, nach diesem Saunawettlauf!

Mir dämmerte langsam: Deutschland und Dänemark mögen nah beieinanderliegen. Hier prallten jedoch zwei Kulturen aufeinander. Die viel gerühmte dänische Gelassenheit schien das Thema Sauna jedenfalls nicht mit einzuschließen.

Daher war ich einige Monate später sehr gespannt auf meinen ersten Besuch einer öffentlichen dänischen Sauna. Aus diesem ersten (und letzten) Saunaerlebnis heraus an dieser Stelle ein paar

Tipps für Sie. Folgendes könnte Ihnen in einer öffentlichen dänischen Sauna passieren:

- Sie blicken auf das Ticket der öffentlichen dänischen Saunalandschaft, das Sie gerade für einen stolzen Preis erworben haben. Sie haben den längstmöglichen Zeitraum gebucht, dennoch müssen Sie in exakt drei Stunden wieder draußen sein. Inklusive Duschen und Umkleiden wohlgemerkt. Die Entspannung muss heute wohl mal etwas schneller gehen … Ihnen wird plötzlich klar, warum es den Dänen in deutschen Saunalandschaften an Ruhe und Gelassenheit mangelt.
- Sie ziehen sich aus, duschen sich und nehmen Kurs auf die erste Sauna. In allerletzter Sekunde entdecken Sie ein Schild: NUR IN BADEKLEIDUNG! Sie hetzen zurück und ziehen die Badekleidung wieder an. Immer noch etwas ungläubig betreten Sie die Sauna, sind jedoch angesichts der Anwesenden in bunten Badeanzügen und Badehosen froh, dass Sie das Schild noch vor Ihrem Eintritt gelesen haben.
- Mit hochgezogenen Augenbrauen beobachten Sie, dass der Großteil der Saunierenden ohne Handtuch auf den Holzbänken verweilt. Etwas verkrampft setzen Sie sich auf den letzten freien Platz der Holzbank und verdrängen die lebhaften Bilder in Ihrem Kopf, wer hier wohl vor Ihnen gesessen hat und wie genau Ihr Vorgänger es mit der generellen Körperhygiene genommen hat. Das bekannte Wohlgefühl, das Sie beim Saunieren üblicherweise fühlen, will sich dieses Mal aus unerfindlichen Gründen einfach nicht einstellen.
- Nach dem Saunagang und einer darauffolgenden eiskalten Dusche gehen Sie dank klatschnasser Badekleidung unter Ihrem flauschigen Bademantel frierend durch die (sehr kleine) »Saunalandschaft«. Sie haben gerade ihr Buch aus der Saunatasche gezogen und sind jetzt auf der Suche nach einem Ruheraum, voller Vorfreude auf eine bequeme Liege und Ihr Buch. Plötzlich fällt Ihnen auf, dass Sie der Einzige sind, der ein Buch unter den Arm

geklemmt hat. Endlich finden Sie eine Art Ruheraum. Sie drücken die Nase an der Glastür platt und entdecken exakt sechs (!) Liegestühle, scheinbar mit Massagefunktion. Alle sechs Stühle sind belegt. Ihr Blick fällt auf die Warteliste, die an der Tür hängt. In genau 1,5 Stunden wäre für Sie ein Platz frei. Für exakt 15 Minuten. Sie hätten Ihre Entspannung eben etwas besser vorplanen müssen …

- Nach ein paar Minuten vergeblicher weiterer Suche fragen Sie an der Information nach, wo die Ruheräume sind. Sie ernten verständnislose Blicke. Dänen scheinen Ruheräume nicht nötig zu haben. Sie aber schon, der letzte Saunagang war intensiv. Notdürftig setzen Sie sich schließlich auf einen harten Holzstuhl im Eingangsbereich und schlagen demonstrativ Ihr Buch auf. Die verwunderten Blicke der Einheimischen ignorieren Sie dabei gekonnt.

Aber das richtige Saunawetter, das haben sie, die Dänen!

27. Grund

Weil jeder Surfer »Cold Hawaii« kennen sollte

An der Westküste Dänemarks, im Norden der Halbinsel Jütland, liegt Klitmøller. Dieser kleine, gemütliche Fischerort ist einer von vielen an der dänischen Nordseeküste. Nichtsdestotrotz ist er in ganz Europa, mittlerweile sogar weltweit, bekannt. Denn Klitmøller ist nicht einfach nur Klitmøller, Klitmøller ist auch die »Hauptstadt von Cold Hawaii«, eines der besten Surfreviere der Welt!

Die fantastischen Surfbedingungen des Gebiets Thy wurden bereits in den 80er-Jahren von Surfern entdeckt. Hohe Wellen, kräftiger Wind, weit und breit kaum eine Menschenseele, mit der man sich den perfekten Surfspot teilen musste – der Geheimtipp sprach sich herum wie ein Lauffeuer, sodass das kleine Fischerdorf

Klitmøller in den 90er-Jahren von Surfern überrollt wurde wie von einer hohen Welle. Die Einheimischen waren von diesem Ansturm anfänglich eher weniger begeistert, da dieser neben einer Unzahl an surfverrückten Menschen auch wildes Zelten und ausufernde Partys in den vormals friedlichen Ort brachte.

Doch Cold Hawaii etablierte sich. Zu optimal waren die Bedingungen für den Surfsport. Generell ist zwar die ganze dänische Westküste sehr gut zum Surfen geeignet, die Region Thy bietet jedoch zusätzlich zu Wind und kilometerlangen Stränden viele Ecken und Kanten und damit die besten Surfbedingungen in Dänemark. Dank eines bis zu fünf Kilometern ins Meer hineinragenden Kalksteinplateaus können sich hier gewaltige Wellen bis zu einer Höhe von sechs Metern aufbauen. Die Surfspots sind hierbei nicht nur für Fortgeschrittene spannend, auch Anfänger kommen voll auf ihre Kosten. Und egal wie sich das Wetter in der Gegend darstellt, egal aus welcher Richtung der Wind weht: An einem der vielen Surfspots findet sich immer eine gute Welle.

Windstille ist in Dänemark ja sowieso ein Fremdwort. Es könnte natürlich wärmer sein, aber – nun ja, die Surfer reisen ja nicht wochenlang die Küsten entlang, um in der Sonne zu braten. Das nordische Surf-Mekka wurde daher ganz passend und liebevoll »Cold Hawaii« getauft.

»Cold Hawaii« umfasst 29 Surfspots an der Westküste. Das Surfrevier bietet Bedingungen, die sonst nur auf Hawaii oder in Australien anzutreffen sind. Zwischenzeitlich kennen Surfer aus aller Welt die Region rund um Vorupør und Klitmøller. Cold Hawaii hat sich somit zur festen Größe in der weltweiten Surfer-Community entwickelt.

Klitmøller ist mittlerweile zu einem richtigen »Surferdorf« geworden, mit einer Vielzahl an Camps und Surf-Shops. Hier an der Küste werden viele bekannte Surf-Events ausgetragen, mit der Besonderheit, dass Besucher den Profisurfern so nahe kommen wie bei keinem anderen Surfwettbewerb der Welt. In »Cold Hawaii«

gibt es keine VIP-Bereiche. Die Zuschauer frösteln bei kühler Witterung gemeinsam mit den Surfern am Strand und genießen die familiäre Atmosphäre. Surfer wie Besucher übernachten außerdem nicht in Luxushotels, wie das bei anderen Surf-Events der Fall sein könnte, vielmehr wohnen sie in gemütlichen Ferienhäusern, die ringsherum in den Dünen verstreut liegen. Nach einem langen Tag am Strand, mit viel Wind und kühlen Temperaturen, wärmen sie sich in der Sauna oder im Whirlpool des Hauses wieder auf und »hyggen« sich danach vor dem Kamin, mit Blick auf die Landschaft rundherum. Ein Surfer-Mekka kombiniert mit dänischer »Hygge«, das ist wohl einzigartig auf dieser Welt!

28. Grund

Weil die Natur genügt. Absolut!

Ohne Zweifel – Dänemark bietet massenweise interessante Sehenswürdigkeiten. Vergnügungsparks, das Legoland, diverse Schlösser und Gärten, Leuchttürme, Zoos, Naturparks, Kirchen, Kreidefelsen, gemütliche Fischerorte und vieles, vieles mehr. Sicherlich hatten Sie bereits mindestens einen der unzähligen existierenden Dänemark-Reiseführer in der Hand, die die vielen Ausflugsziele des Landes vorstellen, übersichtlich kategorisiert nach Region und Thema. Schließlich wollen die meisten Reisenden während ihres Aufenthaltes so viel wie möglich von ihrem Reiseziel »mitnehmen«, was mit einer guten Reisevorbereitung umso effektiver gelingt.

Ich persönlich empfehle Ihnen an dieser Stelle, einmal sämtliche Reiseführer wegzulegen, die zahlreichen Ausflugstipps Ausflugstipps sein zu lassen und sich stattdessen einfach mal zu entspannen. Die Natur genießen, die Landschaft Dänemarks wirken lassen. Die Natur als Selbstzweck. Einmal nichts anderes tun als zu SEIN.

SEIN geht in Dänemark nämlich wunderbar. Raus aus dem Ferienhaus, dem Hotel oder dem Bed & Breakfast, hinein in die vielfältige dänische Natur, ans Meer, an den Fjord, in die Wälder und Felder, an den See. Lassen Sie die Seele baumeln, schalten Sie vom Alltag ab, ohne das Gehirn gleich wieder mit neuem Wissen und Input zu füllen. Sie sind doch im URLAUB!

Für meinen Blog war ich vor einigen Jahren im Auftrag eines Ferienhausanbieters eine Woche in der Gegend von Holmsland Klit. Meine Aufgabe lautete, Einblicke in einen typischen Herbsturlaub an der rauen Nordsee, dem dänischen »Vesterhav« (Westmeer), zu geben. Ich taufte die Blog-Serie »Stress Down in Skandinavien«. Mein Auftraggeber war zufrieden mit den Artikeln, gab mir jedoch gegen Ende den zarten Hinweis, dass ich gerne noch etwas mehr »typische Ausflugsziele« der Gegend hätte einbinden können.

Auf gar keinen Fall, dachte ich bei mir! Wozu gab es denn die zahlreichen Reiseführer? Ich wollte der Leserwelt stattdessen einmal darlegen, wie wunderbar es sich im rauen dänischen Klima entspannen lässt, ganz ohne Termine und Hamsterrad, und ohne die Nervosität, wie sich die gut vorbereiteten Ausflugspläne wohl mit den Launen der dänischen Wettergötter vereinen lassen.

Unsere »Ausflugsziele« waren bislang somit nur das Meer gewesen, der Strand, die Dünen, der Fjord, eine Kirche, über die wir am Fjord eher zufällig stolperten, wieder das Meer, viel Sand, ein Leuchtturm in den Dünen. Und noch ein Strand. Und noch mal das Meer. Der Wind. Regen. Sonne. Und ein Drachen am blauen Himmel inklusive leuchtender Kinderaugen.

Nachdenklich sah ich mein Gegenüber an, der ein paar touristische Ziele der Gegend aufzuzählen begann. Meine Gedanken begannen abzuschweifen.

Hand aufs Herz. Braucht man mehr, um abzuschalten, um den eigenen Gedanken mal wieder in Ruhe zuhören zu können? An den endlosen Stränden Dänemarks, fernab von Heimat und Alltagshektik, klingt nur das Rauschen der Wellen in Ihren Ohren, ruht Ihr

Blick auf dem Horizont in der Ferne. Sie müssen nichts TUN. Sie können SEIN. Sie brauchen keine Uhr, leben Sie in den Tag hinein, folgen Sie dem Weg, der Sie heute am meisten lockt, schauen Sie, wo dieser Sie hinführt, folgen Sie ihm, solange Sie Lust dazu haben. Es ist ganz einfach. Urlaub. Einmal kein Wissen, keinen neuen Input anhäufen, keine Punkte auf der Liste der Sehenswürdigkeiten abklappern, nicht nach »mehr« streben!

Zu Beginn mag sich das durchaus ungewohnt anfühlen. Nach einer Weile werden Ihre Gedanken jedoch zu flüstern beginnen, Ihnen wertvolle Ideen und Informationen tief aus Ihrem Inneren zuspielen. Geben Sie Ihren Gedanken Raum, vertreiben Sie sie nicht mit Zerstreuung, übertönen Sie sie nicht mit neuen Inhalten. Besinnen Sie sich in der Natur doch mal wieder ganz auf sich selbst.

Während mir diese Gedanken im Kopf herumgingen, hörte ich höflich den Vorschlägen meines netten Auftraggebers zu. Als er seine kleine Rede beendet hatte, schüttelte ich sachte den Kopf und entgegnete freundlich:

»Ist es nicht viel wichtiger, den Lesern näherzubringen, dass Dänemark ENTSPANNT?«

Wenig später stieg ich wieder ins Auto und steuerte das nächste »Ausflugsziel« an.

Das Meer.

Ich war bereits gespannt auf das Flüstern meiner Gedanken.

3. KAPITEL

DÄNISCHE MENTALITÄT

Weil die Dänen das glücklichste Volk der Welt sind

Wie glücklich ist die Bevölkerung eines Landes? Mit dieser Frage beschäftigen sich diverse Forscher bereits seit Jahrzehnten. Denn immer mehr Regierungen und Politiker wollten sich bei ihren Strategien und Maßnahmen auch am subjektiven Glücksempfinden ihrer Bevölkerung orientieren. Dieser Bedarf führte zur »Glücksforschung«. Mehrere Institute begannen damit, Daten über das Wohlbefinden verschiedener Bevölkerungen zu sammeln und diese miteinander zu vergleichen. Dass die Messung von Glück dabei alles andere als eine einfache Aufgabe ist, steht außer Frage.

Beim Thema Glück ist insbesondere der *World Happiness Report*[53] in aller Munde. Dieser Bericht, der das Glücksempfinden zahlreicher Nationen weltweit miteinander vergleicht, wird seit dem Jahr 2012 regelmäßig vom Sustainable Development Solutions Network (SDSN) herausgebracht, einem internationalen Netzwerk der Vereinten Nationen. Dieses Institut stellt Forschungen zu nachhaltigen Lösungen und Entwicklungen an, die ein Gleichgewicht zwischen wirtschaftlichen, sozialen und ökologischen Zielen herstellen sollen.

Für den Glücksbericht *World Happiness Report* versuchten die Wissenschaftler im Auftrag der Vereinten Nationen nach allen Regeln der Statistikkunst, das Glück einer Person in Zahlen zu fassen. Sie erfassten zum einen äußere Faktoren wie Einkommen, Job, Gemeinschaft, Regierungsführung, Werte und Religion, zum anderen persönliche Einflussfaktoren auf das subjektive Wohlbefinden, z.B. körperliche und psychische Gesundheit, Familiensituation, Erziehung, Bildungslevel, Geschlecht und Alter. Sämtliche Faktoren wurden wiederum in Bezug zur subjektiven Lebenszufriedenheit der Befragten gesetzt. Auf diese Weise erhielt 2012 jedes Land zum ersten Mal die »Glückszahl« seiner Bevölkerung. Im Anschluss daran wurde die erste wissenschaftlich fundierte Glücksrangliste erstellt. So weit zur Vorgehensweise einer Glücksmessung.

Und in welchem Land lebt es sich nun am glücklichsten? Sie ahnen es schon. Im ersten *World Happiness Report*, der 2012 veröffentlicht wurde, lag Dänemark an der Spitze der Glücksrangliste, gefolgt von Finnland, Norwegen und Holland. Die ganze Welt staunte über das glückliche Nordeuropa.

Der zweite *Happiness Report* erschien bereits im Jahr darauf. Für diesen waren die Auswertungen im Vergleich zur ersten Glücksmessung optimiert, die Bewertungssysteme verfeinert worden. Und die Welt staunte ein weiteres Mal: Erneut waren die Dänen die glücklichsten Menschen der Welt. Dieses Mal gefolgt von Norwegen, der Schweiz, Holland und Schweden.

Beim dritten *World Happiness Report* im April 2015 wurden die »glücklichen Dänen« knapp von den Schweizern und Isländern überholt. Direkt hinter Dänemark folgte erneut Norwegen. Die Glückszahlen der vier weltweit glücklichsten Nationen lagen allerdings sehr nah beieinander, zwischen 7,5 und 7,6 auf einer Skala von 0–10[54], sodass gemäß *World Happiness Report* diese Unterschiede statistisch nicht als signifikant zu bewerten waren.

Im aktuellsten *World Happiness Report* 2016 sind die Dänen wieder ganz oben an der Spitze und führen als »glückliche« Gewinner erneut die Glücksweltrangliste an!

Auch bei anderen internationalen Glücksmessungen ist Dänemark stets ganz vorne mit dabei:[55]

Platz 2: World Database of Happiness (Durchschnitt 2000–2009)
Platz 1: European Social Survey (2008)
Platz 1: Gallup World Poll (2011)
Platz 1: Eurobarometer (2012)
Platz 5: OECD Your Better Life Index (2013)

Dänemark – das Land mit den weltweit glücklichsten Menschen.

30. Grund

Weil es viele Gründe für das dänische Glück gibt

Warum ist Dänemark so glücklich? Die Spitzenplätze bei sämtlichen Glücksranglisten der letzten Jahre weckten natürlich die Neugierde der anderen Länder. Das Leben der Dänen wurde analysiert und eine Reihe diverser Theorien aufgestellt. Warum die Dänen sich in ihrem kleinen Heimatland so wohlfühlen, lässt sich nicht an einem einzigen Faktor festmachen. Gute Gründe für das dänische Glück gibt es wie Sand am Meer. Befragen Sie zehn Dänen, erhalten Sie mindestens 20 unterschiedliche Antworten. Zählen wir die wesentlichen Glückstheorien an dieser Stelle kurz auf:

Dänemark ist ein Land mit hoher Sicherheit, Freiheit, Wohlstand und ausgeprägter sozialer Sicherung[56]. Die Arbeitslosigkeit ist eher als gering einzustufen. Diese Faktoren sind vielversprechend, können jedoch nur einen Teil des dänischen Glücksempfindens erklären, da sie nicht nur auf das kleine Königreich, sondern auf viele Länder zutreffen.

Ein weiterer Erklärungsansatz bezieht sich auf das dänische Erbgut[57]. Mittlerweile konnte offenbar ein Zusammenhang zwischen dem Glücksempfinden der Dänen und ihrer DNA hergestellt werden. Denn auch Menschen anderer Nationen, die mit einem Dänen oder einer Dänin blutsverwandt sind, scheinen signifikant glücklicher zu sein als Menschen ohne dänisches Blut.

Böse Zungen behaupten, das Glück der dänischen (und generell der skandinavischen) Bevölkerung sei wohl kein Wunder, betrachte man einmal die immense Einnahme von »Glückspillen[58]« in Skandinavien …

Fakt ist, dass die Dänen im internationalen Vergleich generell ein höheres Vertrauen[59] in ihre Mitmenschen haben. Vor dem Misstrauen kommt hier das Vertrauen, vor dem Pessimismus der Optimismus. In welchen anderen Ländern finden Sie schon vor

Cafés mitten in der Stadt Kinderwägen in Reih und Glied, und dann auch noch mit Babys gefüllte? Die Dänen scheinen sich vor anderen Menschen nicht zu fürchten, ihnen keine bösen Absichten zu unterstellen.

Darüber hinaus haben die Dänen mehr als andere Völker das starke Gefühl, ihr Leben, ihr eigenes Glücksempfinden selbst beeinflussen zu können. Den Job wechseln? Eine neue Liebe mit Haut und Haar ausleben, an einem anderen Ort leben? Fesseln abstreifen? Das Leben bietet viele Türen und Tore. Die Dänen fühlen sich ihren aktuellen Lebensumständen nicht unbedingt auf Lebenszeit verpflichtet. Man lebt schließlich nur einmal. Und der Weg zum eigenen Glück führt eben manchmal an einschneidenden Veränderungen vorbei.

Eine klassische Theorie für das dänische Glück stellt auch die ausgewogenere Work-Life-Balance dar. Der Job ist wichtig, das Leben um diesen herum jedoch wichtiger. Dieser Zugang zu den Bereichen Arbeit und Freizeit/Familie spiegelt sich oft in flexiblen Arbeitsbedingungen wider, sodass Job und Familie in der Regel ganz gut miteinander vereinbar sind. Letzteres gilt auch in gleichem Maße für Frauen.

Die Rolle der Frau in Dänemark stellt einen weiteren Erklärungsansatz für das Glück der (weiblichen) Dänen dar, denn die Gleichberechtigung ist im Norden vergleichsweise weit vorangeschritten.

Ich persönlich erlebe, dass Dänen im Vergleich zu uns Deutschen oft schneller zufrieden sind, dass sich ihr Glücksempfinden schon bei kleinen positiven Dingen einstellt. Das beginnt bereits mit dem dänischen Wetter, einem Faktor, der beim allergrößten Teil der irdischen Bevölkerung nicht nennenswert zum persönlichen Glücksempfinden beizutragen vermag. Dänen nehmen den permanenten Nieselregen sowie den 27. grau verhangenen Tag in Folge dagegen mit stoischer Ruhe hin. Vorsichtige Beschwerden sind das Maximum an (negativen) Gefühlsäußerungen. Stattdessen wird fatalistisch auf besseres Wetter gewartet. Denn das kommt ja irgendwann. Alles eine Frage der Zeit und der Geduld. Kitzeln dann tatsächlich ein paar zarte Sonnenstrahlen die dänischen Nasen, steigt das Glücksempfinden ihrer Besitzer immens. »Fantastisches Wetter heute!« Dass der Wetterfrosch dabei für den nächsten Tag schon längst wieder neuen Regen vorhergesagt hat, spielt keine Rolle.

Das Glück liegt schließlich im Hier und Jetzt. Und in allen kleinen Dingen.

Der nächste Glücksfaktor: Dänen scheinen weniger Angst davor zu haben, Fehler zu begehen. Wo gehobelt wird, fallen Späne. Fehler gehören dazu. Perfektionismus liegt den Dänen nicht, an dieser Stelle entsteht also erst gar kein Stress. Generell ist bei allem Gelassenheit angesagt. Das Leben ist viel zu kurz, um sich über Unnötiges aufzuregen.

In Dänemark wird darüber hinaus stark auf die Gemeinschaft fokussiert. Die Leistung des Einzelnen ist eher von untergeordneter Bedeutung. Stichwort: »Janteloven« (s. Grund 37: Weil das »Janteloven« die Gemeinschaft stärkt). Ich habe oft das Gefühl, dass die meisten Dänen sehr zufrieden sind mit sich und mit dem, was sie tun, wo sie im Leben stehen. Ganz nach dem Motto: Das Glück liegt längst auf der Hand. Nicht erst dort, wohin man strebt.

Die Dänen sind von Natur aus harmonisch und ein wenig konfliktscheu ... Der zwischenmenschliche Kontakt läuft daher gerne friedlich ab, Konflikte werden nicht gerne offen ausgetragen. Ergo: Alle sind glücklich (wenigstens an der Oberfläche).

Welche dieser Faktoren und Theorien maßgeblich für das dänische Glück verantwortlich sind?

Ich persönlich weiß es es nicht. Ich lebe nur hier. Glücklich.

31. Grund

Weil die dänische Gelassenheit abfärbt

Det skal nok gå! In nur vier Worten verbirgt sich die Lebenseinstellung einer ganzen Nation!

Ins Deutsche übersetzt: »Es wird schon irgendwie gehen!«

Wer in irgendeiner Form mit Dänen zu tun hat, wird diesen Satz unter Garantie zu hören bekommen. Und zwar regelmäßig. Gleichzeitig wird er früher oder später feststellen, dass Dänen sich selten beschweren oder nörgeln. Negative Themen kommen kaum zur Sprache, und wenn doch, dann nicht im Detail. Schert man alle Dänen über einen Kamm, wurde ihnen eine gehörige Portion Gelassenheit in die Wiege gelegt. Darüber hinaus wurden sie mit einem ausgeprägten Harmoniebedürfnis und mit viel Optimismus ausgestattet.

Egal ob Problem oder Problemchen: Det skal nok gå!

Beeindruckend, diese Gelassenheit. Wer sich ein Weilchen in Dänemark aufhält, wird sich dem entspannten Zugang der Einheimischen zum Leben kaum entziehen können. Heimlich, still und leise färbt sie sowohl auf Dänemark-Urlauber als auch auf neue Bewohner des kleinen Landes ab, diese dänische Gelassenheit.

Eine gute Sache, insbesondere für Menschen (wie mich), in deren Wiege ein Übermaß an Hektik und Perfektionismus lag. Als ich nach Dänemark übersiedelte, brachte ich neben meinen wichtigsten Habseligkeiten auch eine gehörige Portion Stress mit. Ein Teil dieses unangenehmen Gepäcks war hierbei durchaus selbst verschuldet.

Beispiel: Ich hatte versucht, meinen deutschen Festnetzanschluss ab dem Tag des Umzugs abzumelden, um auch diesen Punkt auf einer langen, langen Liste voller Auswanderungserledigungen abhaken zu können. Ein deutscher Telefonkonzern (ohne Namensnennung) war wochen- und monatelang nicht dazu imstande, die Abmeldebescheinigung zu senden, die wiederum zur Auflösung einer DSL-Flatrate beim Konkurrenten benötigt wurde. Der Fuchs biss sich also zu meiner großen Verärgerung selbst in den Schwanz.

Dabei hatte ich, Perfektionismus in Person, besagte Kündigung bereits vier Monate vor dem »großen Tag« versendet. Nach mehreren (vergeblichen) Anrufen im Callcenter, darauffolgenden nicht eingehaltenen Versprechungen sowie mehreren Beschwerde-E-Mails, deren Wortlaut sich von Mal zu Mal weniger salonfähig darstellte, war ich allein beim Gedanken an besagten Telefonkonzern dem Nervenzusammenbruch nahe. Wollte ich doch so gerne ohne Altlasten in mein neues Leben fliegen, wollte ich doch bis zu meinem One-Way-Flug nach Kopenhagen sämtliche bürokratische Brücken abbrechen. Doch es war ein Kampf ähnlich dem Davids gegen Goliath. Ich war machtlos.

Unverrichteter Dinge flog ich schließlich nach Kopenhagen.

Zu den Dänen.

Und zu ihrer Gelassenheit.

Vier Wochen später löste sich das Telefonproblem. Goliath hatte es fünf Monate nach der Kündigung endlich geschafft, eine Bestätigung für die Abmeldung zu senden. Daraufhin konnte die DSL-Flat gekündigt werden. Kostenpunkt für den zusätzlichen Monat der ungenutzten DSL-Flat: 25 Euro. Ärgerlich, ja, aber das Problem war mit 25 Euro aus der Welt geschafft worden. Zu diesem Zeitpunkt konnte ich meine Aufregung bereits nur noch zur Hälfte nachvollziehen. Wie viele Stunden, wie viel unnötige Energie hatte ich nur damit verschwendet, mich maßlos über eine Situation zu ärgern, die ich doch nicht beeinflussen konnte?

Det skal nok gå!

Ein paar Wochen in Dänemark, einige Gespräche mit Einheimischen, und die Welt dreht sich anders. Für den Dänen ist die Welt voller Herausforderungen, nicht voller Probleme. Das Ganze kombiniert mit einem gesunden Fatalismus. Fehler – eigene und die der anderen – gehören eben dazu. Sich über Dinge aufregen, die nicht in den eigenen Händen liegen? Zeit- und Energieverschwendung!

Die gute Laune leidet unnötig. Außerdem ist nichts so schlecht, als dass es nicht auch für irgendetwas gut wäre …

Det skal nok gå.

Passend zu dieser Grundeinstellung bringen die Dänen auch die zugehörige Geduld mit. Lange Warteschlangen im Supermarkt, Staus, Wartezeiten auf zugigen Gleisen aufgrund einer ausgefallenen S-Bahn – das nordische Volk wartet in aller Ruhe, bis es weitergeht. Was sind schon fünf oder zehn Minuten hier und da gegen ein zukünftiges Magengeschwür?

Keep calm. Das Leben ist zu kurz, um sich zu ärgern.

Genauer: Das Leben ist zu kurz, um den Ärger *in Worte zu fassen …*

Denn natürlich sind auch Dänen nicht davor gefeit, sich zu ärgern. Sie tun dies jedoch offenbar eher im stillen Kämmerlein. Wirklich geäußert wird der Ärger selten, und noch seltener gegenüber dem »Schuldigen« des Ärgernisses, sofern vorhanden. Höflichkeit und Harmonie sind oberstes Gebot. Konflikte werden – sofern vorhanden – lieber unter den Teppich gekehrt, solange dies möglich ist.

Fragen Sie einen Dänen danach, wie es ihm geht, und er wird Ihnen antworten: »Fint!« Gut!

Fragen Sie einen Dänen, von dem Sie wissen, dass es ihm *nicht* gut geht, nach seinem Wohlbefinden, hören Sie wahrscheinlich dieselbe Antwort.

Fint.

Was nicht laut ausgesprochen wird, existiert nicht.

Über diese Vogel-Strauß-Technik lässt sich definitiv streiten. Fakt ist: Die dänische Lebenseinstellung steckt nach einer gewissen Zeit an. Ich persönlich scheine gänzlich verlernt zu haben, mich über Kleinigkeiten aufzuregen, Negatives zu bemerken oder darauf zu fokussieren.

Das Leben ist zu kurz, um Energie für Ärgernisse zu verschwenden. Es ist zu schön, um sich von Telefonkonzernen hiervon ablenken zu lassen. Nehmen wir die Dinge hin, die wir nicht ändern können, und fokussieren auf das Positive.

Gehirnwäsche?

Möglich. Aber seien wir doch mal ehrlich: Meistens geht es uns ganz schön gut.

Und falls mal nicht:

Det skal nok gå!

32. Grund

Weil nicht alles perfekt sein muss

Det skal nok gå! Dieser eine Satz, der die durchaus liebenswerte Gelassenheit der Dänen widerspiegelt, kann für Nicht-Dänen hin und wieder eine echte Herausforderung darstellen. Konsequent wird er auf all das angewendet, was besser hätte laufen können, sollen oder müssen.

Det skal nok gå, sagt der Däne entspannt, wenn ein Fehler begangen wurde, und winkt beschwichtigend ab. Nur kein Drama. Mit dieser Grundeinstellung im Gepäck ist es kaum verwunderlich, dass es in Dänemark in vielen Bereichen einfach etwas weniger perfekt zugeht.

Diese Tatsache wurde mir erstmals bewusst, als ich meinen ersten Job in Dänemark antrat. Wenige Wochen nach dem Antritt der neuen Stellung stolperte ich über mehrere Rechtschreibfehler im Katalogmaterial und informierte pflichtbewusst den zuständigen Vorgesetzten. Dessen Reaktion überraschte mich: »Die Häuser werden sich deswegen nicht schlechter verkaufen ...« Danach Zögern. Und schließlich: »Ihr Deutschen seid ja immer so korrekt. Ordnung muss sein, nicht wahr?«

Ja natürlich!!

Oder etwa nicht? Grübelnd zog ich davon.

Mehrere Wochen später entdeckte ich in einer kleinen Statistik einige fehlerhafte Zahlen. Die Statistik war in dieser Form regelmäßig an vereinzelte Geschäftspartner versendet worden. Als ich fragte, wie wir die plötzlichen Korrekturen den Kunden am geschicktesten mitteilten, hieß es nur: »Du schickst das kommentarlos. Wer etwas bemerkt, wird uns die alten Zahlen schon verzeihen. Fehler gehören schließlich dazu, nicht wahr?«

Mein Gegenüber bemerkte meinen erstaunten Gesichtsausdruck und machte eine wegwerfende Handbewegung.

»Det skal nok gå!«, sagte er.

Natürlich. Kopfschüttelnd zog ich von dannen.

Das dänische Arbeitsklima ist bekannt dafür, locker und entspannt zu sein. Kein Wunder. Ohne die Angst im Nacken, für einen Fehler offen kritisiert oder zur Rechenschaft gezogen zu werden, arbeitet es sich tatsächlich wesentlich entspannter.

Einige Mitarbeiter ruhen sich auf dieser Tatsache sicherlich auch aus, worunter die Arbeitsqualität leidet. Dies ist jedoch nicht die Regel. Es arbeitet sich angenehmer ohne Druck. Es fühlt sich gut an, zu wissen, dass scheinbar keine Perfektion erwartet wird. Viele Mitarbeiter blühen im lockeren Arbeitsklima auf und bringen ganz freiwillig und mit Freude gute Leistung.

Nichts muss perfekt sein! Manches nicht mal ordentlich … Direkt nach meinem Umzug in den Norden zogen wir in ein »andelsbolig«, eine Genossenschaftswohnung. Der Wohnkomplex, in dem die Wohnung lag, war rundherum begehrt. Wir waren nur mit viel Glück über die Warteliste an die Wohnung herangekommen. Die Wohnung war durchaus hell und geräumig, mit relativ neuer Küche und großzügiger Raumaufteilung. Mein dänischer Freund war zudem vom baulichen Zustand der Wohnung haltlos begeistert – zu meiner Verwunderung. Ich mochte die Wohnung durchaus, auf meiner eigenen (deutschen?) Begeisterungsskala hätte sie für den Renovierungszustand jedoch nicht unbedingt einen Spitzenwert erhalten. Schmale Wasserrohre zogen sich in mehreren

Räumen sichtbar an den Wänden entlang. Andere Länder, andere Sitten. Immerhin waren die Rohre in der Farbe der Wände gestrichen, wenn auch die Farbe an einigen Stellen mittlerweile etwas abblätterte. In diversen Ecken entdeckte ich den ein oder anderen Riss in der Wand. Die gesamte Verarbeitung war ein klein wenig »unordentlicher«, als ich das aus Deutschland gewohnt war. Eben etwas weniger perfekt.

Sicherlich hatten die Handwerker durchaus ihr Bestes gegeben, gefolgt vom Kommentar ihres Meisters:

»Det skal nok gå!«

In den ersten Monaten blieb mein Blick hin und wieder an Rohren und Rissen hängen. Fieberhaft überlegte ich, wie ich den Anblick durch geschickte Dekoration optimieren konnte. Nach und nach gewöhnte ich mich jedoch an diese Kleinigkeiten, konzentrierte mich auf wichtigere Dinge im Leben als sichtbare Rohre und kleine Risse. Kurz darauf sah ich weder Rohre noch Risse.

In Dänemark geht es eben manchmal etwas weniger perfekt zu.

Auf Dauer äußerst entspannend.

33. Grund

Weil Sie »Hygge« selbst erleben müssen

»Hygge«. Ein Wort, an dem Sie in Dänemark nicht vorbeikommen. Ein Wort, das Dänemark, den dänischen Lebensstil und die Mentalität der Landesbewohner charakterisiert. Dänemarks Wahrzeichen.

Dänemark in einem Wort.

»Hygge«.

Das skandinavische Wort ist weit über die Landesgrenzen hinaus bekannt. Versuchen Sie im deutschsprachigen Raum, dem Begriff näherzukommen, finden Sie zahlreiche Interpretations- und Übersetzungsversuche, denen eines gemein ist: der abschließende

Hinweis, dass sich »hygge« nicht zu 100 Prozent mit einem Wort übersetzen lässt.

Wikipedia Dänemark definiert »hygge« ganz pragmatisch als einen Zustand, »in dem alle psychischen Bedürfnisse in der Balance sind[60]. Die am häufigsten anzutreffenden Übersetzungen in die deutsche Sprache lauten Gemütlichkeit, Behaglichkeit, sich wohlfühlen. Diese Definitionen kommen der »hygge« auch schon recht nah.

Das Wort »hygge« enthält jedoch noch weitere Facetten, die nur mit einem einzigen deutschen Begriff nicht abgedeckt werden können. Denn »hygge« kann schon grammatikalisch mehr als seine deutschen Pendants.

»Hygge« ist einerseits ein Substantiv, wie auch »Gemütlichkeit«, andererseits – und hier kommen wir zur Herausforderung aller Übersetzungsexperimente – kann es gleichzeitig auch ein Gefühl, eine Stimmung und insbesondere auch eine Handlung darstellen. Spätestens an letzterer Stelle scheitern die Übersetzungsversuche in nur ein einziges Wort, und es müssen mehrere Wörter zur Umschreibung des skandinavischen Konstrukts herangezogen werden.

Der Däne kann aktiv »hyggen«, d.h. etwas tun, womit er das Gefühl, die Stimmung der »hygge« erreicht. Das deutsche Verb »sich wohlfühlen« ist an dieser Stelle zu passiv. »Ich gemütliche jetzt mal« käme der »hygge« als Verb schon wieder ein gutes Stück näher, existiert im Deutschen aber nicht.

Zu guter Letzt gibt es die »hygge« in abgewandelter Form auch noch als Adjektiv. Hyggelig. Hyggelige Dänen, hyggeliges Dänemark.

So weit zur grammatikalischen Sicht auf die dänische Hygge. Fazit: Die Dänen besitzen ein charakteristisches Wort, das sich nicht mit nur einem Wort übersetzen lässt.

Dann versuchen wir es doch einfach mit mehreren:

Hygge ist für jeden Dänen etwas anderes.

Hygge gilt es, für sich persönlich zu definieren und dann das eigene Leben so weit wie möglich darauf auszurichten.

Hygge ist der dänische Lifestyle, die dänische Gelassenheit. Hygge sind lange, dunkle Winterabende. Hygge ist ein prasselndes Kaminfeuer und eine flauschige Wolldecke auf dem Sofa. Hygge ist ein gutes Buch in der Hand. Hygge ist Kerzenschein, Hygge ist ein leckeres Menü und guter Wein, gemeinsam mit netten Freunden genossen. Hygge sind spannende Unterhaltungen bei Tisch. Hygge ist das klare skandinavische Design.

Hygge ist das Bekannte, Hygge ist die Geborgenheit, die persönliche Komfortzone, wie diese auch immer für den Einzelnen aussehen mag. Hygge ist ein Spaziergang am Meer, Hygge ist Muscheln und Bernstein am Strand suchen, Hygge ist der Wind, der am Anorak zerrt, während Möwen am Himmel kreisen. Hygge sind Lippen, die von der Gischt salzig schmecken. Hygge ist, spätestens um 16 Uhr den Hammer fallen zu lassen, nach Hause zur Familie zu fahren und die Arbeit bis zum nächsten Tag Arbeit sein zu lassen.

Hygge ist Gemeinsamkeit. Hygge ist Zweisamkeit. Hygge ist Alleinsein und sich dabei in bester Gesellschaft fühlen. Hygge sind Wellen, die mit voller Wucht an den Strand schmettern. Hygge ist das Meer.

Hygge ist Entspannung. Hygge ist innere Balance. Hygge ist Entschleunigung, Hygge ist Geduld mit sich selbst und mit anderen. Hygge ist Toleranz. Hygge ist, Zeit zu haben. Hygge ist, auf das persönliche Wohlbefinden zu achten. Hygge ist, aktiv etwas dafür zu tun, sich wohlzufühlen. Hygge ist eine angenehme Atmosphäre. Hygge ist die Kunst, sich nicht über Kleinigkeiten aufzuregen. Hygge ist die Kunst, das Glück in kleinen Dingen wahrzunehmen. Hygge ist der Wind, der um die Häuser pfeift und der die Fenster erzittern lässt. Hygge ist der Nebel, der über den Feldern liegt. Hygge ist das skandinavische raue Klima.

Hygge findet in Ihrem Körper, Ihrem Geist und in Ihrer Seele statt.

Es gibt natürlich auch in den wärmeren, hellen Jahreszeiten Hygge. Ganz besonders wichtig ist Hygge jedoch im langen skandinavischen Herbst und Winter.

Ist Hygge nur eine mentale Einstellung, die die Bewohner des Nordens über die unendlich langen dunklen Jahreszeiten bringt?

Möglich.

Hygge ist in jedem von uns.

Sie müssen sie lediglich in Ihrem Inneren finden und ausgraben, sie fühlen und erleben.

Um sie anschließend ein Leben lang zu zelebrieren!

34. Grund

Weil Dänen ihren Stolz auf das Land bei jeder Gelegenheit zeigen

Fliegen Sie doch einmal nach Kopenhagen. Steigen Sie aus dem Flugzeug, fischen Sie Ihren Koffer vom Paketband und folgen Sie der grünen Spur mit der Aufschrift »nichts zu verzollen«. Diese wird Sie aus dem Gepäckbereich des Flughafens direkt in die Wartehalle führen. Betreten Sie diese!

Sehen Sie, wie Ihnen unzählige Augenpaare entgegenstarren? Sie begutachten Sie, wägen in Sekundenschnelle ab, ob Sie der oder die Richtige sind, für den sich die ganze Warterei lohnt. Gleichzeitig wedeln die vielen Menschen hinter den Absperrungen links und rechts von Ihnen eifrig mit rot-weißen Plastikfähnchen, in allen möglichen Größen. Sie sind überwältigt ob dieses Empfangs. Wie ein Popstar schreiten Sie durch die rot-weiß wogende Menge und halten Ausschau nach einem roten Läufer. Sind Sie hier wirklich richtig? Verwirrt sehen Sie sich die Papierfähnchen genauer an. Gekreuzte weiße Linien auf rotem Grund. Plötzlich geht Ihnen ein Licht auf. Die Nationalflagge Dänemarks! Sie atmen auf. Sie sind tatsächlich richtig. Das kleine Königreich heißt Sie lediglich willkommen!

Dies ist nur eine der unzähligen Gelegenheiten, bei denen die Dänen ihre Nationalfahne verwenden. Denn Dänen sind stolz auf ihr Land und nutzen ihre Fahne mit größter Natürlichkeit, um Freude und Verbundenheit mit ihrer Heimat auszudrücken.

Der Dannebrog, wie die Flagge offiziell heißt, gilt als eine der ältesten Nationalflaggen der Welt, möglicherweise sogar als die älteste. Hier sind sich Historiker nicht ganz einig. In jedem Falle stellt der Dannebrog die *weltweit am längsten ohne Unterbrechung eingesetzte Nationalflagge* dar. Nach einer Legende fiel sie am 15. Juni 1219[61] vom Himmel, bei der Schlacht von König Valdemar in Lyndanisse, Estland. Gleichzeitig verkündete eine Stimme aus dem Nichts, dass die Dänen auf ewig siegen werden, wenn diese Flagge erhoben werde. Die dänischen Kämpfer, von den Gegnern bereits stark in die Enge getrieben, entwickelten neuen Kampfgeist und entschieden dank ihres neu erwachten Siegeswillens die Schlacht schließlich für sich, mit wehenden Fahnen, bzw. wehendem Dannebrog.

Auf historischen Abbildungen wurde der Dannebrog erst circa 150 Jahre später entdeckt. Falls er tatsächlich zu diesem Zeitpunkt erst entstanden wäre, wären die englische und die österreichische Flagge noch älter. Ob älteste Nationalflagge der Welt oder nicht, der 15. Juni heißt seither Valdemarstag, und die Dänen sind stolz auf ihren Dannebrog. So oder so.

An Nationalfeiertagen und an allen Ehrentagen der dänischen Königsfamilie schmücken kleine Dänemark-Flaggen die Busse im ganzen Land und flattern zur Feier des Tages fröhlich im Wind. In Städten und Ortschaften werden Ihnen zahlreiche Fahnenmaste in den Gärten auffallen, mit gehisster rot-weißer Flagge. Hier und da entdecken Sie auch ganz plötzlich eine ganze Ansammlung auffälliger Plastikfähnchen, in einem Blumenkübel im Vorgarten, an einer Hecke, am Gartentor. Dahinter säumen weitere Fahnen den

Weg zum Hauseingang. Hier zeigt der Dannebrog Ihnen den Weg zu einem Fest! Folgen Sie den kleinen Fähnchen, treffen Sie auf ein Geburtstagskind, auf eine Hochzeitsgesellschaft, auf fröhliche Abiturienten, auf eine Taufgesellschaft oder einfach auf ein paar feierlustige Dänen.

Lassen Sie dort Ihren Blick durch die Räumlichkeiten schweifen, stechen Ihnen mit Sicherheit weitere rot-weiße Farben ins Auge. Je nach Lust und Laune und persönlichem Geschmack sind der rot-weißen Dekorationswut keine Grenzen gesetzt. Im Supermarkt können Sie Pappteller, Becher, Kuchenfähnchen, Servietten und vieles mehr mit kleinen dänischen Flaggenmotiven erwerben.

Gerne wird die Flagge auch als exklusives Geschenk genutzt. Zur Taufe unserer deutsch-dänischen Kinder erhielten wir beispielsweise eine hochwertige Tischflagge von der dänischen Familie.

Zugegebenermaßen empfand ich es in der Anfangszeit in Dänemark als etwas befremdlich, wenn mir wieder einmal von überallher die Landesflagge meiner neuen Heimat entgegenleuchtete. Schließlich standen auf deutschen Kuchentischen weder Fahnen, noch waren die Muffins in irgendeiner Form »deutsch« verziert. Und Servietten mit schwarz-rot-goldenem Emblem hatte ich ebenfalls noch nirgendwo gesehen.

Heute mag ich jedoch den natürlichen Umgang der Dänen mit ihrer Nationalflagge. Und ihr Nationalstolz ist ansteckend: Ich flagge zwischenzeitlich mit größter Selbstverständlichkeit! Unsere diversen Papierfähnchen und die feinen Tischflaggen kommen regelmäßig zum Einsatz. Nur im Garten haben wir bis jetzt noch keinen Dannebrog.

Was nicht ist, kann jedoch noch werden …

Weil hier nur die Königin gesiezt wird

Stellen Sie sich vor, Sie sind auf einem Fest. Die Atmosphäre ist ungezwungen. Plötzlich steht jemand vor Ihnen, etwa in Ihrer Altersklasse, und stellt sich Ihnen vor. Sie siezen sich, so wie sich das gehört. Prinzipiell finden Sie das Siezen hier unnötig und steif, wissen aber nicht so genau, ob Sie Ihrem Gegenüber einfach so das Du anbieten sollen, können oder dürfen. Schließlich drücken Sie sich den ganzen Abend mehr schlecht als recht um die direkte Ansprache herum.

Anderes Beispiel. Einer Ihrer Kollegen, den Sie im Arbeitsalltag nur alle Schaltjahre mal zu Gesicht bekommen, bietet Ihnen auf einem Betriebsfest plötzlich das Du an. Sie sind etwas überrumpelt, nicken jedoch automatisch. Einige Zeit später laufen Sie dem Kollegen im Büro über den Weg. Er beginnt ein Gespräch. Sie stottern, mühen sich ab, das ungewohnte »Du« herauszubringen. Irgendwie will es Ihnen einfach nicht über die Lippen kommen. Den Vornamen Ihres Gegenübers haben Sie sowieso längst vergessen. Am liebsten würden Sie wieder zum Sie zurückkehren, um die bisherige Distanz zu wahren. Sie wissen jedoch sehr gut, dass Duzen eine Einbahnstraße ist. Einmal Du, immer Du. Außer natürlich, Sie wollen den Kollegen vor den Kopf stoßen … Sie quälen sich durch das Gespräch und verwünschen das Betriebsfest.

Oder: Sie treffen zufällig jemanden aus Ihrer Vergangenheit, an den sie jahrelang nicht mal mehr gedacht haben. Zu Ihrer eigenen Verlegenheit können Sie sich nicht erinnern, ob Sie damals gegen Ende Ihrer Bekanntschaft eigentlich zum Du übergegangen oder beim Sie verblieben waren. Wieder versuchen Sie angestrengt, die direkte Ansprache zu vermeiden, und holpern durchs Gespräch, in der Hoffnung, dieses möge beendet sein, bevor sich eventuelle Peinlichkeiten einschleichen.

All diese Probleme sind Sie in Dänemark mit einem Schlag los. Hier duzen sich alle, kreuz und quer durch alle Hierarchien und Altersunterschiede. Ausländer werden ebenfalls sofort geduzt, auch wenn dies für manche durchaus etwas befremdlich ist. Der Umgangston im Land ist informell und dank einheitlicher Vorgehensweise unkompliziert.

Obwohl sich in Dänemark alle Menschen querbeet duzen, wird dennoch der Respekt vor dem Gegenüber sowie eine etwaige Distanz zwischen zwei Gesprächspartnern, etwa aufgrund unterschiedlicher Stellung innerhalb einer Hierarchie, gewahrt. Dennoch führt das Du zu einem angenehmen und partnerschaftlichen Miteinander, zu einer Konversation auf Augenhöhe. Etwas, was das steife Sie niemals gewährleisten kann. Darüber hinaus erleichtert die eindeutige Definition der Anrede den Alltag. Sie machen sich keine Gedanken darüber, welche Anrede Sie in welcher Situation, bei welchem Alter und bei welchem Status Ihres Gesprächspartners anwenden müssen. Sie sprechen mit Ihrem Gegenüber und konzentrieren sich dabei auf das Wesentliche, nämlich auf den Inhalt Ihrer Kommunikation.

Dabei ist das flächendeckende Duzen in Dänemark noch gar nicht so alt. Bis zu den 1970er-Jahren wurde auch hier noch fleißig gesiezt. Erst Anfang der 70er-Jahre drängte das Duzen das Siezen in den Hintergrund und entwickelte sich zur gängigen Ansprache. Die distanzierte Ansprache »Sie« und »Ihnen« ist jedoch nicht vollständig von der Bildfläche verschwunden, bei einigen seltenen Gelegenheiten wird nach wie vor gesiezt, beispielsweise gegenüber sehr alten Menschen oder gegenüber Personen mit einem Status, der dem eigenen weit überlegen ist. Auch in offiziellen Briefen von Behörden, Firmen oder Anwälten sowie auf älteren Schildern ist hin und wieder noch die Sie-Form zu lesen.

Ganz besonders wichtig: Die Königsfamilie muss nach wie vor gesiezt werden! Unbedingt. Obwohl sich die dänischen Royals recht volksnah zeigen, muss die Etikette gewahrt werden. Dies bekam vor nicht allzu langer Zeit auf einer Pressekonferenz anlässlich des 75. Geburtstages von Königin Margrethe II. ein junger Journalist zu spüren[62].

»Ich möchte gerne noch mal auf dein Interview in der *Berlingske Tidende* zurückkommen«, begann der Journalist seine Ansprache und vergaß dabei in aller Aufregung die gebotene Höflichkeitsform gegenüber dem dänischen Staatsoberhaupt. Man trifft ja auch nicht alle Tage eine Königin ...

Noch bevor er den zweiten Satz zu Ende bringen konnte, unterbrach die Königin von Dänemark resolut seinen Redestrom.

»Entschuldigung, ich möchte ja nicht allzu zimperlich sein, aber soweit ich weiß, sind wir nicht zusammen in die Schule gegangen. Ich glaube also nicht, dass wir per Du sind.« Mit einem schelmischen Grinsen schloss sie ihre Zurechtweisung und erlaubte dem Journalisten dann, seine Frage erneut zu stellen. Diesmal mit korrekter Anrede. So informell die Dänen auch sind, bei der Königsfamilie hört das Duzen auf!

36. Grund

Weil es nirgendwo so gerecht zugeht wie in Dänemark

Dänemark ist ein gerechtes Land. Eine aktuelle Analyse der OECD (Organisation for Economic Co-operation and Development), der Organisation für wirtschaftliche Zusammenarbeit und Entwicklung, kürte Dänemark im Jahr 2015 zum Land mit der weltweit geringsten Ungerechtigkeit!

Konkret bedeutet der Spitzenplatz auf dieser OECD-Rangliste[63] der Länder mit der geringsten sozialen Ungerechtigkeit, dass in Dänemark die wirtschaftlichen Unterschiede zwischen Arm und Reich am kleinsten sind. Damit verdrängte Dänemark Länder wie

Island, Norwegen und Slowenien von ihren jeweiligen Spitzenplätzen bei vergangenen Analysen der OECD.

Das kleine Land schaffte es in den letzten Jahren, die Kluft zwischen Arm und Reich zu reduzieren – eine gegensätzliche Entwicklung im Vergleich zu den anderen westlichen Ländern, in denen sich die Unterschiede zwischen Arm und Reich vergrößerten. Denn die Globalisierung und die relativ hohe Arbeitslosigkeit polarisieren: Sie schaffen auf der einen Seite viele Gewinner, auf der anderen Seite jedoch auch viele Verlierer.

In Dänemark beträgt der Anteil der Armen nur 4,7 Prozent[64]! Der OECD-Durchschnitt liegt bei 9,5 Prozent! Als »arm« werden hierbei diejenigen Einwohner eines Landes definiert, deren Einkommen sich niedriger als die Hälfte des Durchschnittseinkommens im jeweiligen Land darstellt.

Auch die Reichen spielen in Dänemark eine geringere Rolle, als dies in anderen Ländern der Fall ist. Betrachtet man, wie viel die reichsten zehn Prozent der Bevölkerung bezogen auf den Gesamtverdienst eines Landes verdienen, liegt der OECD-Durchschnitt bei 24,6 Prozent. Das Einkommen der dänischen »Reichen« bewegt sich jedoch nur bei einem Anteil von 20,8 Prozent des dänischen Gesamteinkommens.

Dänemark liegt somit auf der OECD-Rangliste der sozialen Gerechtigkeit auf Platz 1, gefolgt von Slowenien, Slowakei, Island und Norwegen. Die Deutschen belegen einen Platz im Mittelfeld. Die soziale Ungerechtigkeit ist am größten in Ländern wie Chile, Türkei, Mexico und USA[65].

In Dänemark lebt es sich also relativ gerecht. Ob dies für ein Land auf Dauer von Vorteil ist, darüber scheiden sich die Geister. Das Für und Wider sozialer Gerechtigkeit wird gerne kontrovers diskutiert. Manche behaupten, ein Zuviel an Gerechtigkeit und Gleichheit in einem Land schade auf Dauer der Motivation dessen Einwohner, zu arbeiten und nach Höherem zu streben. Stattdessen ruhen sich die Menschen auf ihren Lorbeeren aus und richten sich bequem in ihrem Leben ein, mit negativen Folgen für das Wirtschaftswachstum des Landes. Neuere Studien scheinen jedoch einen engen Zusammenhang zwischen sozialer Gerechtigkeit und Wirtschaftswachstum zu belegen. Gleichmäßige Wohlstandsverteilung und Wirtschaftswachstum schließen sich offenbar nicht aus, sondern können voneinander profitieren.

In Dänemark sind die Einwohner untereinander also alle etwas »gleicher«, Arm und Reich liegen dichter zusammen, als dies in anderen Ländern der Fall ist. In diesem Zusammenhang fällt mir stets auf, dass in Dänemark ein gewinnbringender Job, ein hoher Status und persönlicher Reichtum nicht an die große Glocke gehängt werden. In Dänemark steht eher die Gemeinschaft im Fokus, und nicht der Status des Einzelnen.

Und schon sind wir beim *Janteloven*.

37. GRUND

Weil das »Janteloven« die Gemeinschaft stärkt

Wer sich für das Leben in Dänemark und Skandinavien interessiert, wird früher oder später auf das »Janteloven« stoßen, das »Jantegesetz«. Dieses wird gerne zur Erklärung diverser skandinavischer Eigenarten herangezogen. So kann man beispielsweise (außerhalb von Skandinavien) lesen, das Janteloven stelle den ursprünglichen Grund für die flachen Hierarchien im Norden dar, für die fehlenden Krawatten, für das Duzen über alle Hierarchien hinweg – mal von der Königsfamilie abgesehen – und für die Begegnungen auf Augenhöhe.[66]

Darüber hinaus erkläre das Janteloven auch das Gemeinschaftsdenken der dänischen Gesellschaft, in der der Fokus nicht auf dem Einzelnen liegt, in der das Hervorheben der eigenen Leistung manchmal sogar verpönt ist.

Das *Janteloven* als eine Art Gleichheitsideologie, als ein Verhaltenskodex sozialer Spielregeln. Zugegebenermaßen hört sich dies zunächst sehr positiv an. Doch was genau ist das *Janteloven*? Geht man dem Begriff einmal auf den Grund, wird man feststellen, dass sich der Inhalt des Jantegesetzes erst einmal alles andere als positiv darstellt.

»Erfinder« des *Jantelovens* ist der dänische Schriftsteller Aksel Sandemose. Er wurde im Jahr 1899 in Nykøbing Mors geboren und verstarb 1965 in Kopenhagen. Im Jahr 1933 veröffentlichte er seinen Roman *En flygtning krydser sit spor* (dt.: *Ein Flüchtling kreuzt seine Spur*) und sorgte damit für Unruhe. Die Geschichte spielt in einer kleinen fiktiven Stadt mit dem Namen »Jante«, die eindeutige Ähnlichkeiten zu Sandemoses Heimatstadt Nykøbing Mors aufweist. Dies brachte die dort ansässigen Bewohner auf die Barrikaden, da sie sich vor aller Welt bloßgestellt fühlten. Denn Jante gab im Roman kein sympathisches Bild ab. Vielmehr beschrieb der dänische Schriftsteller eine kleinbürgerliche, intolerante Gesellschaft, die kein Abweichen von der Dorfgemeinschaft zuließ und die die Individualität und Entfaltungsmöglichkeiten des Einzelnen stark begrenzte.

Der ungeschriebene Moralkodex der Bürger in Jante bestand aus zehn Geboten:

Du skal ikke tro, du er noget. (Du sollst nicht glauben, dass du etwas Besonderes bist.)

Du skal ikke tro, at du er lige så meget som os. (Du sollst nicht glauben, dass du uns ebenbürtig bist.)

Du skal ikke tro, at du er klogere end os. (Du sollst nicht glauben, dass du klüger bist als wir.)

Du skal ikke bilde dig ind, at du er bedre end os. (Du sollst dir nicht einbilden, dass du besser bist als wir.)

Du skal ikke tro, du ved mere end os. (Du sollst nicht glauben, dass du mehr weißt als wir.)

Du skal ikke tro, at du er mere end os. (Du sollst nicht glauben, dass du mehr wert bist als wir.)

Du skal ikke tro, at du duer til noget. (Du sollst nicht glauben, dass du zu etwas taugst.)

Du skal ikke le ad os. (Du sollst nicht über uns lachen.)

Du skal ikke tro, at nogen bryder sig om dig. (Du sollst nicht glauben, dass sich irgendjemand um dich kümmert.)

Du skal ikke tro, at du kan lære os noget. (Du sollst nicht glauben, dass du uns etwas beibringen kannst.)

Lesen Sie sich diese 10 Gebote nicht zu oft vor dem Spiegel vor … Ihr Selbstwertgefühl wird es Ihnen andernfalls übel nehmen.

Aksel Sandemose prangerte mit seinem Roman nicht nur seine Heimatstadt, sondern sämtliche »Jantes« in Dänemark bzw. Skandinavien an, die seiner Auffassung nach von engstirnigen sozialen Mechanismen gekennzeichnet waren. Das Janteloven als Mittel zur moralischen Unterdrückung jener Menschen, die herausragende Leistungen brachten, die nach Höherem strebten als andere um sie herum. Spätestens an dieser Stelle wird klar: Das Jantegesetz hat zwei Seiten. Die in den Geboten gepredigte Bescheidenheit des Einzelnen vermeidet Neid und ist der Gemeinschaft dienlich. Gleichzeitig unterdrückt sie jedoch auch Entfaltungsmöglichkeiten, lässt die Qualitäten einzelner Personen auf immer und ewig im Verborgenen schlummern, wiederum auch zum Nachteil der so stark im Fokus stehenden Gemeinschaft.

Der ein oder andere nutzt (möglicherweise auch heute noch) das Jantegesetz als gute Ausrede dafür, nicht mehr leisten zu müssen … Hinter dem Jantegesetz lässt es sich gut verstecken.

1977 entwickelte der Lehrer und Schriftsteller Poul A. Jørgensen schließlich das sogenannte »positive Janteloven[67]«, als Reaktion auf das ursprüngliche Janteloven. Die umgestalteten Gebote sollten den Selbstwert stärken und positive Beziehungen innerhalb einer Gemeinschaft aufbauen. Das geänderte Janteloven wurde umgehend im dänischen Radio veröffentlicht:

Du skal vide, vi andre regner med dig. (Du sollst wissen, dass wir anderen mit dir rechnen.)

Du må indse, at mindst 4–5 mennesker – dine nærmeste – er helt afhængige af dig. (Du solltest einsehen, dass mindestens 4–5 Menschen – deine Nächsten – vollständig von dir abhängig sind.)

Du skal vide, at vi ved, at der er noget godt og værdifuldt i dig, som vi har brug for. (Du sollst wissen, dass wir wissen, dass du Gutes und Wertvolles in dir hast, das wir brauchen.)

Du skal vide, at du har nogle menneskelige egenskaber, som vi holder af. (Du sollst wissen, du hast menschliche Eigenschaften, die wir schätzen.)

Du skal vide, at vi andre også kender til at føle sig betydningsløs, værdiløs, ensom og mislykket. (Du sollst wissen, dass wir anderen auch das Gefühl kennen, bedeutungslos, wertlos und einsam zu sein sowie zu versagen.)

Du skal vide, at du hører sammen med os. (Du sollst wissen, dass du zu uns gehörst.)

Du skal vide, at vi vil gøre meget for dig. (Du sollst wissen, dass wir viel für dich tun würden.)

Du skal tro, at dit eget liv og vort samfunds beståen er meget afhængige af din indsats. (Du sollst daran glauben, dass dein eigenes Leben sowie der Bestand unserer Gesellschaft sehr abhängig von deinem Einsatz sind.)

Vi – du og jeg – kan løse problemerne i fællesskab. (Wir – du und ich – können die Probleme in Gemeinschaft lösen.)

Diese Version dürfen Sie ganz unbeschadet vor dem Spiegel lesen! Die positive Variante des Jantelovens liefert einen guten Einblick in das Gemeinschaftsdenken im skandinavischen Raum.

Natürlich werden in der heutigen Zeit auch in Skandinavien die Individualität der Menschen, die Entfaltung ihrer außergewöhnlichen Leistungen und Qualitäten gerne gesehen und gesellschaftlich akzeptiert. Dennoch steht das Gemeinschaftsprinzip nach wie vor im Vordergrund.

Heute ist der Roman *En flygtning krydser sit spor* ein Markenzeichen der damals vom Schriftsteller »verunglimpften« dänischen

Kleinstadt Nykøbing Mors und wird von dieser auch gerne zu Werbezwecken genutzt.

38. Grund

Weil die Dänen nicht zimperlich sind

Dänen sind alles andere als zimperlich. Die erste Bekanntschaft mit dieser Tatsache machte ich kurz nach meiner Anstellung bei einer dänischen Firma. Ein Kollege in einer anderen Abteilung war stark erkältet. Am Folgetag meldete er sich krank.

Als ich davon erfuhr, informierte ich meine eigene Abteilung.

»Wundert mich nicht«, schloss ich meinen Bericht, »er war gestern schon ziemlich krank.«

»*Erkältet*«, korrigierte mein Chef und und hackte auf seiner Tastatur weiter, »Du meinst *erkältet.*«

Erstaunt blickte ich ihn an. »Erkältet, ja. Ist das nicht dasselbe?«

Mein Chef unterbrach sein Getippe und sah zu mir auf.

»Nein.«

Irritiert runzelte ich die Stirn.

Der Chef wandte sich wieder dem Computer zu. »Eine Erkältung ist eine Erkältung und keine Krankheit. Ich weiß, ihr Deutschen seht das anders.« Ein spöttisches Lächeln trat auf seine Lippen. »Mit euren unzähligen Apotheken ...«

Ungerührt tippte er weiter.

Unzählige Apotheken?

Verwirrt drehte ich mich um, ging zu meinem Schreibtisch. Langsam setzte ich mich. Verfügte Deutschland etwa über deutlich mehr Apotheken als Dänemark?

Fünf Minuten Recherche im WWW, und ich war klüger. Tatsächlich, die Apothekendichte beider Länder stellte sich höchst unterschiedlich dar! In Deutschland kommen auf 100.000 Einwohner 25 Apotheken, in Dänemark nur sechs! Während statistisch gesehen eine dänische Apotheke demnach 16.666 Menschen versorgt, müssen sich in Deutschland nur 4.000 Einwohner eine Apotheke miteinander teilen.

Derart auf das Thema sensibilisiert, konnte ich fortan weder dänische noch deutsche Städte abschreiten, ohne dass meine Augen automatisch sämtliche verdächtigen Gebäude nach Apotheken abscannten. Ich war erstaunt. In jeder x-beliebigen deutschen Ortschaft, in jeder einzelnen Innenstadt wurde ich früher oder später fündig. Eher früher! In Dänemark dagegen musste ich für dasselbe Resultat deutlich länger suchen. Manchmal suchte ich gar vergeblich. In Deutschland können Sie sich ohne jegliche Gebietskenntnis auf Apothekensuche begeben. In Dänemark empfiehlt es sich, nicht auf eigene Faust loszuziehen, sondern sich mit einer konkreten Apothekenadresse vorzubereiten oder alternativ sofort einen Einheimischen nach dem Weg zu fragen. Außer natürlich Sie haben genügend Zeit.

Wie die unterschiedliche Apothekendichte bereits verrät, nutzen die Dänen ihre Apotheken auch ein wenig anders als wir Deutschen die unseren. Um zu meinem Anfangsbeispiel zurückzukommen, sind beispielsweise Erkältungen für die meisten Dänen kaum ein Anlass, eine Apotheke aufzusuchen, um sich mit diversen Mittelchen einzudecken.

»Apotheke?«, höre ich den Dänen sagen. »Wozu das? Der Körper richtet das doch von selbst. Ausruhen, ein paar Tage ins Bett legen, und alles wird gut.«

Globuli, Nasenspray, Hustensaft, Wick Vaporub, Aspirin plus C?

»Papperlapapp. Oder hast du schon e-i-n-m-a-l einen Virus damit schneller beseitigt?«

Nun ja.

Die Einwohner Dänemarks sind nicht nur bei Erkältungen hart im Nehmen. Ein gutes Beispiel für das wenig zimperliche Dasein der Dänen sind Geburten. Geburten erfolgen hier in der Regel ambulant, und die frischgebackene Mutter geht mitsamt Baby in der Regel wenige Stunden nach der Geburt wieder nach Hause. Für die Nachbetreuung ist dort selbstverständlich gesorgt. Sollte sich die Mutter hierfür nicht wohl genug fühlen, kann sie im Krankenhaus um eine stationäre Aufnahme bitten. Dies nehmen insbesondere Erstgebärende in Anspruch. Mehrfachmütter verschwinden jedoch meist schnellstmöglich nach der Geburt in Richtung Heimat, zu Kind & Kegel, im Gepäck den aktuellsten Nachwuchs. Auch Kaiserschnitt-Mütter halten sich vergleichsweise kurz im Krankenhausbett auf. In der Regel werden nach einem Kaiserschnitt nur zwei Nächte Aufenthalt auf der Geburtenstation veranschlagt. Meine Bettnachbarin verließ sogar bereits 24 Stunden nach ihrem Kaiserschnitt das Krankenhaus!

Auch diverse Routineoperationen werden ambulant durchgeführt. Nach einer Mandeloperation geht ein Patient meist noch am Tag der Operation nach Hause, sofern möglich, während dieser in anderen Ländern noch viele Tage stationär behandelt wird.

Denken Sie jedoch nicht, die Dänen hätten weniger Schmerzen …

Bevor sie das Krankenhaus verlassen, wird ihnen eine Tüte mit Schmerzmitteln in die Hand gedrückt, inklusive einer exakten Anweisung, wann und wie diese einzunehmen sind. Darüber hinaus muss der Patient bei derartigen Operationen in den ersten 24–48 Stunden von einer erwachsenen Begleitperson beaufsichtigt werden, für den (seltenen) Fall von Komplikationen, oder für das Einlösen eines Rezepts, wofür der Däne dann übrigens doch auch mal seine Apotheke in Anspruch nimmt.

Generell lautet die Devise: Zu Hause, in der vertrauten Umgebung, erholt es sich deutlich besser als im Krankenhausbett. Alternativ: Ob im Krankenhaus oder zu Hause: Die Schmerzen müssen ja doch ausgehalten werden!

Das dänische Gesundheitswesen spart an dieser Stelle sicherlich keine geringen Kosten. Die meisten (dänischen) Patienten finden

Dänische Yacht mit Dannebrog

Typische Nordsee-Atmosphäre an der dänischen Westküste

Einer der unzähligen Strände in Dänemark

Dünenlandschaft und Nordsee

Die Öresundbrücke zwischen Dänemark und Schweden

Henne Strand, Wolkenhimmel über den Dünen

Wattenmeer, im Süden Jütlands

Hier treffen zwei Meere aufeinander: Skagens Gren

Segelboot am Strand

Die dänische Hauptstadt Kopenhagen, von oben

Der Leuchtturm von Hirtshals: »Hirtshals Fyr«

Schloss Amalienborg, die Stadtresidenz der dänischen Königsfamilie

Schloss Frederiksborg, Hillerød, auf der Insel Seeland

Königliche Wachen auf dem Schloss Amalienborg

Die dänische Nationalflagge

Links: Statue Lurenbläser (Lurblæserne)
Rechts: Rathausturm (Rådhuspladsen)

Wachablösung auf Schloss Amalienborg

Brunnen vor Schloss Amalienborg

Eine der wichtigsten Sehenswürdigkeiten Kopenhagens: Die bunte Häuserfassade des Hafens »Nyhavn«

Die »Strøget«, eine der längsten Einkaufsmeilen in Europa

Dänemark: führend bei der Windenergie

Einer der zahlreichen Leuchttürme an den Küsten Dänemarks

Die Kreidefelsen »Møns Klint« auf der Insel Møn

Blåvand, am Strand

Stürmische Nordsee, bei Holmsland Klit

die ambulanten Verläufe auch vollkommen in Ordnung. Einerseits kennen sie es nicht anders, andererseits ziehen sie die Regeneration innerhalb der eigenen vier Wänden der Nachbetreuung im Krankenhaus vor.

Mit zwei Geburten, der Mandel-OP meines Gatten sowie einer eigenen kleinen OP habe ich in diesem Bereich zwischenzeitlich auch eigene Erfahrungen sammeln dürfen. Mein Fazit: Es funktioniert tatsächlich wie vorgesehen. Die Genesung funktioniert zu Hause genauso gut, möglicherweise auch schneller. Eines dürfen Sie hierbei jedoch nicht sein: zimperlich!

39. Grund

Weil Dänen nicht so schnell frieren

Dänemark ist alles andere als ein warmes Land. Der permanente Wind sorgt zusätzlich dafür, dass sich die gefühlte Temperatur weit unter derjenigen Temperatur bewegt, die das Thermometer anzeigt. Dänemark-Besucher aus südlicheren Gefilden passen sich gerne mit einer zusätzlichen Kleidungsschicht an die klimatischen Bedingungen des Nordens an.

Die Einheimischen dagegen scheinen das dänische Klima ganz anders wahrzunehmen, als wäre der skandinavischen DNA ein dem Norden angepasster innerer Thermostat beigefügt. Klettert das Thermometer tatsächlich einmal auf 15 Grad, entdecken Sie überall »leicht bekleidete« Dänen, die Damen in leichten Trägertops und kurzen Röcken, die Herren in Shorts und T-Shirts. Dazu stecken die (dänischen) Füße in offenen Schuhen, Sandalen und »Klip Klappern«, auf deutsch: in Flip-Flops. Für Einwanderer wie mich besteht die Anpassung an das geringfügig mildere Wetter zu diesem Zeitpunkt lediglich im Ablegen der dicken Winterjacke.

Klettert die Temperatur nach den kurzen dänischen Sommerfreuden wieder unter die 15-Grad-Marke, nehmen dies die Einheimischen erst mal nicht wahr. Oder wird die Tatsache, dass auch dieser Sommer bereits nach wenigen Wochen vorüber war, einfach ignoriert? Jedenfalls radeln trotz des schon recht kühlen Septembers Dänen wie Däninnen hartnäckig im sommerlichen Outfit weiter. Zu diesem Zeitpunkt holen Einwanderer wie ich die Winterjacke schon wieder aus dem Schrank und hängen diese vorsichtshalber schon einmal an die Garderobe. Sicher ist sicher.

Im Oktober sind immer noch Einheimische in dünner, kurzer Kleidung unterwegs. Im November sehen Sie dies nur noch vereinzelt, nichtsdestotrotz weigern sich auch hier konsequent ein paar besonders Hartnäckige, sich dem Wetter angemessen zu kleiden. Oder wie sonst lässt sich die Einstellung jener aparten Frau erklären, die ich eines regnerischen Novembertages vor dem Kindergarten traf, mit Regenmantel und langer Hose bekleidet, doch die nackten Füße in schicke Sommersandalen gesteckt? Ich bewunderte die rot lackierten Nägel, die gerade in eine zentimetertiefe Pfütze getaucht worden waren.

Oder wie lautete wohl die Devise desjenigen Mannes, der nach einem nächtlichen Schneesturm nur in Pullover, kurzen Hosen und Sportschuhen durch 40 Zentimeter hohen Schnee stapfte, während ich selbst dick eingepackt im Auto an ihm vorbeifuhr und auch im Eskimo-Look noch fror?

Den Dänen scheint jenes Gen zu fehlen, das andere Menschen zum Frösteln und Frieren bringt. Dass sich der skandinavische Thermostat offenbar vererbt, erkenne ich an meinen Kindern. Vom Kindergarten wurde ich in der Anfangszeit mehrfach diskret darauf hingewiesen, dass die beiden morgens mit zu warmer Kleidung am Körper abgeliefert würden. Den Kindern sei viel zu warm. Raten Sie einfach selbst, welches Elternteil innerhalb unserer deutsch-dänischen Familie morgens fürs Anziehen zuständig ist. Der innere Thermostat der Dänen passt sich also offenbar an das kühlere Klima des Nordens an, sodass die Dänen nicht so schnell frieren. Doch wie sieht es aus mit dem Schwitzen?

Im Sommer 2015 kletterte das Thermometer exakt an drei aufeinanderfolgenden Tagen über die 30-Grad-Marke. Drei Tage, an denen ich endlich meine Röcke und Trägershirts aus den Tiefen des Schranks kramen und in Gebrauch nehmen konnte. Volle drei Tage, an denen ich mich auf der Sonnenliege räkeln konnte und keine weiteren Gedanken an einen Windschutz verschwenden musste.

Der Däne in meinem Haushalt jedoch, der litt. Unter halb geschlossenen Augen beobachtete ich von meiner Liege aus, wie er die Terrasse abschliff. Zum x-ten Male wischte er sich den Schweiß von der Stirn. Sein Gesicht war vor Anstrengung krebsrot, die Terrasse um ihn herum feucht.

»Ist es nicht U-N-G-L-A-U-B-L-I-C-H heiß heute?«

Er japste wie ein Fisch auf dem Trockenen.

Interessiert betrachtete ich ihn und fächelte mir dabei mit einer Zeitung frische Luft zu.

»Ja. Einfach herrlich.« Ich lächelte. »Genießen wir den Sommer, solange er in Dänemark weilt. Morgen kann es schon wieder Herbst sein.«

Mein Mann nickte. »Hoffentlich hast du recht.«

Ich runzelte die Stirn. Machte er etwa nach nur drei Tagen Sommer schlapp?

Mit einem Stöhnen richtete sich mein Mann plötzlich auf.

»Diese hohen Temperaturen sind eine Katastrophe. Es ist viel zu warm. Nicht auszuhalten!«, schimpfte er lauthals.

Mit diesen Worten verschwand er im Haus und ward bis zur Dunkelheit nicht mehr draußen gesehen …

Der Thermostat der Dänen ist ganz auf skandinavisches Klima gepolt – im Winter wie im Sommer.

Weil Dänemark einfach unbestechlich ist

Dänemark ist das Land mit der weltweit geringsten Korruption! Dies geht aus den Auswertungen des unabhängigen Instituts »Transparency International« hervor, das sich dem nationalen und internationalen Kampf gegen Korruption verschrieben hat. Das Institut wurde 1993 gegründet und misst regelmäßig die Korruptionswahrnehmung innerhalb einer Nation, den sogenannten Corruption Perceptions Index (CPI). Der Bericht des Corruption Perceptions Index 2015 liefert Daten zu fast 170 Ländern der Welt.

Ganz oben an der Spitze, seit vier Jahren in Folge, steht ein kleines Land. Dänemark.[68]

Auch in den anderen nordischen Ländern geht es offensichtlich wenig korrupt zu. Finnland und Schweden belegen direkt nach Dänemark den zweiten und dritten Platz, Norwegen teilt sich mit den Niederlanden Platz 5. Deutschland liegt im Corruption Perceptions Index 2015 ebenfalls innerhalb der Top 10, auf dem 10. Platz.

Der Corruption Perceptions Index trifft eine Aussage darüber, wie die Korruption eines Landes von Amtsträgern und Politikern wahrgenommen wird. Neun unabhängige Institutionen nehmen verschiedene Untersuchungen und Umfragen vor, aus der ein gesammelter CPI gebildet wird.

Doch was ist Korruption eigentlich genau?

Nach der Definition von Transparency International ist Korruption der »Missbrauch von anvertrauter Macht zum privaten Nutzen oder Vorteil«.[69] Korruption hat hierbei viele Gesichter: Machtmissbrauch, Bestechung, heimliche Vereinbarungen, Schmiergelder, Vetternwirtschaft, Unterschlagung, Dokumentenfälschung und vieles mehr.

Dass ausgerechnet Dänemark die geringste Korruption weltweit aufweist, ist laut Ansicht der dänischen Korruptionsforscherin Mette Frisk Jensen von der Universität in Aarhus kein Zufall.[70] Der Spitzenplatz auf der CPI-Rangliste könnte ihrer Ansicht nach damit zu erklären sein, dass das kleine Königreich bereits seit Jahrhunderten gegen die Korruption kämpft. Gleich zu Beginn des Absolutismus in Dänemark erließ der damalige König Frederik III. im Jahr 1660 harte Strafen für Korruptionsfälle. Da die absolute Macht künftig innerhalb seiner Familie weitervererbt wurde, hatte er ein großes Interesse daran, dass die Staatskassen gefüllt und die Verwaltung korruptionsfrei waren. Ein aufgrund von Korruption Verurteilter verlor daher nicht nur sein Amt, sondern auch seinen Besitz sowie die Ehre. Wer des Betruges überführt war, leistete auf Lebzeiten Zwangsarbeit, wer sich bei der Fälschung von Urkunden erwischen ließ, dem wurde die Hand abgehackt.

Die Dänen wurden somit schon früh und konsequent zur Amtstreue »erzogen«.

Was offenbar bis heute anhält.

41. Grund

Weil Dänemark kinderfreundlich ist

Fragt man überzeugte Dänemark-Urlauber, was sie an ihrem Lieblingsurlaubsland schätzen, hört man immer wieder auch die folgende Antwort: »Dänemark ist so wunderbar kinderfreundlich.«

Als ausgewanderte Deutsche, die in Dänemark vor nicht allzu langer Zeit zwei Kinder in die Welt setzte, kann ich dem zwar zustimmen, doch fehlt mir der direkte Vergleich zu anderen Ländern. Lebt es sich in anderen europäischen Ländern mit Kindern nicht mindestens genauso gut?

Die Hamburger Stiftung für Zukunftsfragen, eine Initiative von British American Tobacco (BAT), hat sich genau diese Frage gestellt und veranlasste hierzu im Jahr 2011 eine repräsentative Studie[71].

15.000 Europäer aus 13 Ländern wurden befragt, wie kinderfreundlich sie ihr Land empfinden.

Zäumen wir das Pferd einmal von hinten auf, um die Spannweite der Ergebnisse zu verdeutlichen. Den letzten Platz belegte Russland. Nur 19 Prozent der russischen Teilnehmer konnten die Frage nach der Kinderfreundlichkeit ihres Landes mit Ja beantworten. Den vorletzten Platz nahmen die Deutschen (!) ein, von denen nur 21 Prozent, also etwas mehr als jeder Fünfte, das Land als kinderfreundlich einstufte. Russland und Deutschland stellten in dieser Befragung demnach die beiden Schlusslichter dar.

Nun zu den vorderen Plätzen. In der Schweiz, in Griechenland und in Frankreich antwortete bereits mehr als jeder Zweite »JA, mein Land ist kinderfreundlich!« Mit einem Ja-Anteil von 53 Prozent, 58 Prozent und 60 Prozent nahmen diese drei Länder die Plätze zwei bis vier ein.

Ganz oben an der Spitze dieser kleinen Rangliste stehen die Dänen, die als einziges skandinavisches Land an der Studie teilgenommen haben. Ganze 86 Prozent (!) der Befragten gaben an, dass sie Dänemark als kinderfreundliches Land definieren. Der Unterschied zu den Franzosen, mit 60 Prozent auf dem 2. Platz, ist damit immens, nicht zu erwähnen der Abstand zum Schlusslicht!

Ein Jahr später wiederholte die BAT Stiftung für Zukunftsfragen die Analyse[72], dieses Mal mit 11.000 Europäern aus zehn Ländern. Wieder war Dänemark Spitzenreiter. Dieses Mal gaben sogar 90 Prozent der befragten Dänen an, Dänemark sei kinderfreundlich. Es folgten Spanien, die Niederlande und Griechenland, wobei in diesen Ländern nicht einmal jeder Zweite sein Land als kinderfreundlich einstufte (49 %, 47 %, 43 %). Deutschland rutschte bei dieser Befragung auf einen Ja-Anteil von 15 Prozent ab und nahm in dieser Studie den letzten Platz ein. (Russland nahm nicht teil.)

Was führt dazu, dass Dänemark (Skandinavien) bei einer Untersuchung zum Thema Kinderfreundlichkeit derart unangefochten an der Spitze steht? Was macht ein Land eigentlich kinderfreundlich?

Gemäß der Stiftung für Zukunftsfragen ist in den westeuropäischen Ländern die Kinderfreundlichkeit sowie die Anzahl der Geburten pro weiblichem Einwohner dort am höchsten, wo die Emanzipation am weitesten fortgeschritten ist, wo das traditionelle Rollenmodell innerhalb der Gesellschaft kaum noch anerkannt ist. In diesen Ländern ist auch die Zahl der Frauen, die sich am Arbeitsmarkt bewegen, am höchsten. Die Frauen müssen sich hier nicht zwischen Job und Familie entscheiden, sie können beides umsetzen. Eine große Rolle bei der Wahrnehmung der Kinderfreundlichkeit spielen auch die hohe Anerkennung der Familie in der Gesellschaft, die Anzahl der Krippen- und Kindergartenplätze sowie die steuerlichen Begünstigungen für Familien mit Kindern[73].

Ich hätte die Frage der BAT Stiftung für Zukunftsfragen, ob Dänemark ein kinderfreundliches Land darstellt, ebenfalls mit Ja beantwortet. Im Norden steht meist die Familie im Vordergrund. Die Gleichberechtigung der Frau ist weit fortgeschritten (wenn auch nicht vollendet). Unsere Familie lebt das gleichberechtigte Rollenmodell, wir steuern beide die Hälfte des Familieneinkommens bei und teilen uns sämtliche Aufgaben an der Familienfront 50/50. Unsere Arbeitgeber respektieren unsere Familie und die zugehörigen Restriktionen, die sich insbesondere mit kleinen Kindern zwangsläufig ergeben (Krankheitstage, begrenzte Möglichkeit zu Überstunden uvm.). Die Kinder besuchen seit ihrem ersten Geburtstag eine Krippe. Die Platzvergabe erfolgt zentral bei der Stadtverwaltung, bequem und komplikationslos für alle Beteiligten. Dasselbe ist der Fall bei Kindergarten, Schule und Nachmittagsbetreuung. Dänemark sorgt damit bereits früh für eine nahtlose, kompetente Betreuung des Nachwuchses, was es beiden Elternteilen ermöglicht, nach der Familienplanung wieder an den Arbeitsmarkt zurückzukehren, ohne hierfür auf Großeltern oder andere helfende Hände zurückgreifen zu müssen.

Darüber hinaus findet man überall im Lande weitere Anhaltspunkte dafür, dass stets auch an Familien mit Kindern gedacht wird. Beispielsweise gibt es in Einkaufszentren Familienräume, ausgestattet mit bequemen Sofas, um zwischendurch ein Baby stillen zu können, mit Mikrowelle oder Wasserkocher, um Flaschennahrung zubereiten zu können. Die größeren Geschwisterkinder können sich während der Raubtierfütterung mit dem dort ebenfalls vorhandenen Spielzeug oder mit einem Zeichentrickfilm die Zeit vertreiben. In unserem großen Supermarkt am Ort gibt es eine kleine Wartezone für Kinder, mit Fernseher, Malbüchern und Stiften. Nicht zu vergessen auch die vielen liebevoll eingerichteten Spielecken in Restaurant und Cafés. Kinder scheinen überall willkommen zu sein, bzw. der Geldbeutel der Eltern, die offensichtlich möglichst entspannt das jeweilige Kaufangebot begutachten sollen.

Seit wir mit zwei kleinen Kindern unterwegs sind, werden wir auch überall freundlich angelächelt, in der Warteschlange im Supermarkt, im Bus, in der Metro, auf der Straße. »Toll! Ihr sichert die Zukunft Dänemarks!«, lese ich in den freundlichen Gesichtern …

Wir tun, was wir können. Unter den genannten Umständen gestaltet sich die Familienplanung in Dänemark auch vergleichsweise einfach. Doch auch hier ist die Fertilität der Frau nach der Finanzkrise gesunken, auch wenn sie sich noch auf einem höherem Niveau bewegt als in anderen Ländern. Im Jahr 2008 gebar jede Frau in Dänemark noch durchschnittlich circa 1,9 Kinder, im Jahr 2013 lag diese Zahl mit 1,67 auf ihrem niedrigsten Stand seit drei Jahrzehnten. Seit 2014 gibt es jedoch wieder Hoffnung: Erstmals seit Jahren stieg die Anzahl der Geburten pro Frau, auf 1,69[74] lebendgeborene Kinder. In 2015 stieg diese Zahl ein weiteres Mal, auf 1,72 Kinder pro Frau.[75]

4. KAPITEL

TRADITIONELL DÄNISCH

Weil ein Freitag ohne »fredagsslik« kein Freitag ist

Freitagnachmittag an der Kasse im Supermarkt. Vor Ihnen eine lange Warteschlange. Um die Langeweile zu vertreiben, betrachten Sie die Ausbeute der Leute um Sie herum. Sie stutzen. Veranstalten sämtliche Besucher dieses Supermarktes heute etwa eine Party? Vor Ihnen auf dem Kassenband rollen gleich kiloweise die Süßigkeiten entlang. Weingummi in allen Farben und Formen, Lakritze, Gummibärchen, Süßes und Saures, jede erdenkliche Leckerei ist hier unterwegs zur Kasse. Tüte um Tüte wird sorgfältig gescannt, beobachtet von den leuchtenden Augen der zukünftigen Besitzer, bevor sie schließlich in den bereitgestellten Einkaufstüten landen.

Wer soll denn das alles essen, fragen Sie sich.

Na, die Dänen natürlich.

Freitag in Dänemark. Zeit für »fredagsslik«!

»Fredagsslik« bedeutet so viel wie »Freitagssüßigkeiten« und ist das Highlight der Woche. Ein Ereignis, auf das sich viele Dänen die ganze (relativ zuckerfreie) Woche über freuen, Kinder wie Erwachsene.

In Familien mit Kindern beginnt das Wochenende am Freitag um 19 Uhr. Alle kleineren Familienmitglieder versammeln sich vor dem Fernseher, um das Wochenende mit einer Folge *Disney Sjov* (dt.: *Disney-Spaß*) einzuleiten. Auf dem Sofatisch steht eine riesige Schüssel mit bunten Süßigkeiten, alternativ (und um Streitigkeiten unter kleineren Kindern sowie Futterneid unter Erwachsenen zu vermeiden) wird jedem Familienmitglied seine eigene Schüssel voller farbenfroher Leckereien in die Hand gedrückt.

»Fredagsslik« – das Wochenende kann kommen!

Nach einer Woche, in der viele Kinder keinen oder nur wenig Zucker zu sich nehmen. Denn mehr und mehr Kommunen (Kreisverwaltungen) haben für ihre Betreuungseinrichtungen wie Krippen, Kindergärten, Horte und Schulen in den vergangenen Jahren eine Null-Zucker-Politik eingeführt oder alternativ den Zuckerkonsum während der Betreuungszeiten stark reduziert. Der neuen Generation Dänen sollen von klein auf bessere Essgewohnheiten anerzogen werden, als ihre Süßigkeiten liebenden Eltern an den Tag legen. Dass ein übermäßiger Zuckerkonsum der Gesundheit nicht gerade zuträglich ist, ist schließlich hinreichend bekannt.

Über den staatlich regulierten Zuckerkonsum der jungen Dänen lässt sich natürlich streiten. Viele dänische Eltern fühlen sich an dieser Stelle etwas bevormundet. Fakt ist jedoch, dass der Zuckerkonsum von Kindern in Dänemark auf diese Weise tatsächlich massiv reduziert werden konnte. Die Kommune Odder, die als erste dänische Kommune die Null-Zucker-Politik in sämtlichen Betreuungseinrichtungen einführte, berichtete, dass der Anteil der Schulkinder, die wöchentlich in der Gemeinschaft mit anderen Kuchen oder Süßigkeiten essen, zwischenzeitlich um 80 Prozent gesunken ist.[76] Darüber hinaus hat die Null-Zucker-Politik positive Auswirkungen auf die Zähne der Kinder. Und Eltern haben dank Null-Zucker-Politik die Kontrolle über den Zuckerkonsum ihrer Sprösslinge trotz Ganztagesbetreuung zurückgewonnen.

Der ein oder andere erwachsene Däne führt die Null-Zucker-Politik gar eigenhändig bei sich selbst ein und verzichtet unter der Woche – in Solidarität mit den dänischen Kindern – komplett auf Süßes und Saures. Der nächste Freitag kommt schließlich ganz bestimmt. Und mit ein paar Tagen Abstinenz schmecken die bunten Leckereien sogar doppelt gut.

Die Dänen lieben Weingummi und Lakritz!

In der Rangliste der Länder mit dem höchsten Süßigkeitskonsum liegt Dänemark weltweit auf dem zweiten Platz! Durchschnittlich aß im Jahr 2013 jeder Däne 8,18 Kilogramm Süßigkeiten[77], mehr als doppelt so viel wie der Durchschnittseuropäer! Diese Rangliste bezieht sich hierbei nur auf Weingummi und Lakritze – Schokolade & Co. kommen zum Konsum ebenfalls noch hinzu ...

Nur die Finnen aßen 2013 noch mehr. Manche Süßigkeitenproduzenten rechnen damit, dass Dänemark spätestens 2018 Finnland von dessen süßem Spitzenplatz ablösen wird.

Ein dänischer Verhaltensforscher erklärte das süße dänische Phänomen wie folgt:

Die Dänen lieben die Hygge.

Und zur Hygge gehört ganz einfach »slik«.

43. Grund

Weil Dänemark ein Schlaraffenland für Lakritzfans ist

Mögen Sie Lakritze? Falls ja, sind Sie in Dänemark bestens aufgehoben. Können Sie den schwarzen »Leckereien« jedoch so gar nichts abgewinnen, werden Sie hier im Norden in etwa Folgendes erleben:

Sie befinden sich im Supermarkt Ihrer Wahl, auf der Jagd nach ein paar leckeren Süßigkeiten für einen »hyggeligen« Fernsehabend. Es ist Freitag. Ihnen schweben bunte Weingummis vor, vielleicht Gummibärchen, am liebsten kombiniert mit etwas Saurem. Während Sie über den perfekten Weingummi-Mix nachdenken, läuft Ihnen bereits das Wasser im Munde zusammen.

Beherzt treten Sie vor das Süßigkeitenregal. Ihr hungriger Blick gleitet über die unzähligen bunten Tütchen. Werbewirksame Schriftzüge springen Ihnen ins Auge und erfüllen ihre Aufgabe nahezu perfekt. Ob Sie statt einer gleich mehrere Packungen kaufen sollen? »Kauf zwei« ist ja hier im hohen Norden ohnehin eine sehr beliebte Angebotsform, und ein wenig Preisbewusstsein kann in Skandinavien nicht schaden. Für ein kleines Land ist die Auswahl ziemlich umfangreich. Hungrig nähern Sie sich den Haribo-Packungen. Überrascht stellen Sie fest, dass Sie kaum eine der angebotenen Mischungen kennen. Diese Auswahl wird spannend. Schließlich macht es immer Spaß, Produkte anderer Länder zu testen, und handelt es sich bei der »Testware« um Süßigkeiten, umso mehr. Neugierig ziehen Sie die erste Tüte heraus und lesen die Beschriftung.

Lakritze.

Ohne Umschweife legen Sie die Tüte ins Regal zurück. Das schwarze Zeug ist so gar nicht Ihr Ding.

Beherzt greifen Sie nach der nächsten bunten Tüte. Durch die teils durchsichtige Verpackung erkennen Sie Figuren in vielen verschiedenen Farben. Bingo. Das sieht nach Weingummi aus. Als Sie genauer hinschauen, entdecken Sie jedoch verdächtige Kaubonbons in Rosa und Lila sowie kleine, pechschwarze Stangen dazwischen.

Wieder nichts! Weg mit der Tüte!

Ihrem mittlerweile misstrauisch gewordenen Blick entgehen auch die kleinen Lakritzknöpfe der nächsten Packung nicht.

Das Wasser in Ihrem Munde ist zwischenzeitlich wieder getrocknet. Gibt es in diesem Supermarkt denn keine *einzige* Packung ohne Lakritze? Mit fahrigen Fingern gehen Sie das komplette Sortiment durch. Ganz unten links, in der Ecke des Regals, entdecken Sie schließlich Ihre Rettung: klassische Gummibärchen. Etwas langweilig, aber für Weingummiliebhaber eine sichere Wahl. Ihre Komfortzone. Sie schnappen sich gleich zwei Packungen, ignorieren beim Scannen an der Kasse tapfer den (Wucher-)Preis und verlassen den Laden, leicht gestresst.

Derartige Herausforderungen erwarten Lakritze-Gegner in Dänemark. Denn die Dänen lieben Lakritz über alles, was sich in Angebot und Produktvielfalt entsprechend niederschlägt.

Skandinavien und Holland stellen die einzigen Regionen weltweit dar, in denen Lakritze als süß-herbe Leckerei zum Naschen verbreitet ist. In einigen anderen Ländern wie Österreich, der Schweiz, England sowie in Teilen Deutschlands wird Lakritze ebenfalls als Süßigkeit konsumiert, jedoch eher in mäßiger Ausprägung. Der Rest der Welt verbindet den Geschmack von Lakritze mit Medizin.

Schon die Römer kannten schließlich die schleimlösende Wirkung der Lakritze und behandelten damit Husten, Magenschmerzen und Leberkrankheiten. Bis Mitte des 17. Jahrhunderts war Lakritze auch in Dänemark nur ein medizinischer Wirkstoff. Bis der britische Apotheker George Dunhill eines Tages auf die glorreiche Idee kam, der Lakritze Zucker und andere Zutaten beizumischen. Schon nahm die Lakritze-Ära ihren Lauf, zumindest in den oben genannten Ländern. Lange Zeit vertrat man aufgrund des medizinischen Hintergrunds der Lakritze die Ansicht, die herbe Leckerei stelle eine gesunde Form des Naschens dar. Übermäßiger Lakritzegenuss kann jedoch zu hohem Blutdruck und Herzrhythmusstörungen führen.

Dies scheint die Dänen nicht weiter zu stören. Lakritze ist hier zwischenzeitlich so beliebt wie Schokolade. Wer glaubt, das Thema Lakritze begrenze sich auf Produkte wie Bonbons, Kaugummi und Weingummi-Lakritze-Mix, irrt sich gewaltig. Ständig werden neue und abenteuerlichere Lakritze-Experimente angeboten. In Dänemark können Sie beispielsweise Lakritze-Schokolade und Lakritz-Eis essen. Im Chips-Regal finden Sie Chips mit Lakritz-Geschmack, ein paar Regale weiter Lakritzsalami, Lakritzhonig und Lakritzbier. In diversen Gourmet-Restaurants wird manch erlesene Speise sogar mit Lakritze gewürzt. Und offenbar ist gemahlene Lakritze mittlerweile auch im Gewürzregal eines gut sortierten Supermarktes zu finden, für den Hausgebrauch.

Dänemark bietet demnach alles, was das (Lakritz-)Herz begehrt!

44. Grund

Weil dänische Weihnachtsfeiern nicht ohne sind

Alle Jahre wieder, im November, beginnt in Dänemark die »julefrokost«-Zeit. Firmen, Vereine, Familien und diverse Freundeskreise richten an einem der vielen Wochenenden innerhalb der Vorweihnachtszeit ihren »julefrokost« aus, die traditionelle dänische Weihnachtsfeier. Wobei sich das deutsche Wort »Weihnachtsfeier« in Anbetracht des dänischen Events ein wenig harmlos präsentiert.

Der »julefrokost«, abgeleitet von den Wörtern »jul« (dt.: Weihnachten) und »frokost« (dt.: Mittagessen), ist ein fester Bestandteil der Vorweihnachtszeit, in der eine bestimmte Personengruppe mithilfe eines leckeren traditionellen Buffets und der dazu passenden (reichlichen) Getränke die Aussicht auf das nahende Weihnachtsfest gemeinsam feiert. Aufgetischt werden hierbei unter anderem »smørrebrød«, Krustenbraten, Matjes in Zwiebeln oder Curry-Marinade, Frikadellen, Gurken, Leberwurst, Bratwurst, Grünkohl, Eier, Krabbensalat und vieles mehr. Zur besseren Verdauung werden unbedingt Schnäpse (und andere alkoholische Getränke) gereicht.

Da das Ganze »juleFROKOST« heißt, beginnt der Spaß eher früher als später. Oft bereits gegen 14 Uhr, manchmal ab 16 Uhr und spätestens um 18 Uhr. Was umgekehrt jedoch nicht auch zu einem früheren Ende des Festes führt. Ganz im Gegenteil. Die Dänen sind ein feierlustiges Völkchen und halten stundenlange »julefrokost-Marathons« problemlos durch.

Der Alkoholkonsum zu früher Stunde sorgt bei manchem »julefrokost« dafür, dass sich dieses vor Mitternacht längst zu einem rauschenden Fest entwickelt hat. Nicht umsonst überschlagen sich in dieser Zeit sämtliche Boulevard-Medien mit reißerischen Schlagzeilen wie:

- 7 todsichere Tipps, wie Sie Untreue Ihres Partners vermeiden
- 10 Möglichkeiten, nach Ihrem »julefrokost« dem Kater zu Leibe zu rücken
- 5 Ratschläge zum »julefrokost«, damit Sie Ihren Kollegen auch danach noch unter die Augen treten können

Im Januar lesen Sie dann in denselben Zeitschriften plötzlich ganz neue, nicht minder interessante Überschriften.

- Wie Sie sich nach einem Seitensprung wiederfinden können
  Oder:
- 8 Regeln, wie Sie das Vertrauen Ihres (plötzlich eifersüchtigen) Partners zurückgewinnen

Das Ganze geschickt kombiniert mit Anzeigen vertrauenserweckender Paartherapeuten und Psychologen Ihrer Region ... Dazu noch eine »aussagekräftige« Statistik, die behauptet, jeder zehnte Däne gehe auf einem »julefrokost« fremd!

»Julefrokost« – eine »hyggelige« Weihnachtsfeier?

Stellen Sie sich eher ein entgleistes deutsches Faschingsfest vor. Erstatten Sie gedanklich die Verkleidungen mit feiner Abendkleidung und addieren Sie geschmackvolle Weihnachtsdekorationen hinzu. Schon haben Sie Ihren dänischen »julefrokost«.

Die traditionellen Weihnachtsfeiern sind zwischenzeitlich auch zu einem festen Bestandteil des Arbeitsmarktes geworden und haben eine hohe Bedeutung für das soziale Miteinander innerhalb eines Unternehmens. Daher lassen sich viele dänische Firmen bei der jährlichen Ausrichtung ihrer Firmenweihnachtsfeier auch nicht lumpen. In den vergangenen Jahren wurde ich von meinen jeweiligen Arbeitgebern mehrmals in schicke (und sicherlich nicht günstige) Etablissements eingeladen – »julefrokost«-Buffet, Bier, Wein und Schnaps inklusive, im Anschluss daran freie Bar mit Cocktails und Drinks.

Die (kleine) Firma meines Mannes lädt hin und wieder sogar die gesamte Belegschaft zu einem »julefrokost«-Wochenende (!) ein, auf dem »Oslo-Båd«, einem Schiff, das freitags in Kopenhagen ablegt mit Kurs nach Oslo, wo es am Tag darauf frühmorgens anlegt, die Reisenden für einen mehrstündigen Aufenthalt in die norwegische Hauptstadt entlässt, um diese gegen Nachmittag wieder aufzusammeln und über Nacht nach Dänemark zurückzuschippern.

In diesem Falle wurden die Ehepartner – ganz atypisch für dänische Weihnachtsfeiern – gleich mit eingeladen ... Ob das Unternehmen auf diese Weise den nach einem »julefrokost« häufig drohenden Unruhen an der Ehe-Front gleich vorbeugen wollte?

45. Grund

Weil Weihnachten im Norden »hyggelig« ist

Die dänischen Traditionen rund um Weihnachten sind den deutschen gar nicht so unähnlich. Dennoch gibt es ein paar zusätzliche Details, die »jul« (dt.: Weihnachten) in Dänemark ganz besonders »hyggelig« machen.

Wie in Deutschland beginnt die Vorweihnachtszeit spätestens am 1. Advent, sofern sich nicht bereits der ein oder andere »julefrokost« in den November eingeschlichen hat. Die Dänen kramen ihre Weihnachtsdekoration hervor und schmücken die Wohnung. Danach stellen sie fleißig Plätzchen und Konfekt her. Am 1. Dezember versammeln sich viele Dänen gegen Abend gespannt vor dem Fernseher, denn an diesem Tag beginnt der neue »julekalender«, eine Art TV-Adventskalender mit 24 (Kurz-)Folgen. Diese Serie, in der das Thema Weihnachten eine zentrale Rolle einnimmt, erscheint fortan täglich, bis zum großen Finale am Heiligabend. Neben dem aktuellen »julekalender« werden regelmäßig auch die besonders beliebten früheren TV-Kalender wiederholt, sodass Sie in manchen Jahren gleich mehrere Weihnachtsserien verfolgen können. Manche »julekalender« sind extra für Kinder bestimmt, andere eher für Erwachsene. Einige der Serien haben über die Jahre hinweg Kultstatus angenommen und werden – sehr zum Vergnügen ihrer treuen Fans – fast jedes Jahr ausgestrahlt (z.B. die Serie »the julekalender«).

Neben dem TV-Adventskalender hängen in dänischen Heimen natürlich auch »richtige« Adventskalender, insbesondere dort, wo Kinder wohnen. Anstelle von 24 kleinen Geschenken sehen Sie in Dänemark jedoch oft auch eine etwas andere Kalenderform, die »Adventsgeschenke«, vier große Päckchen, eines für jeden Adventssonntag.

Der Nikolaus schafft es leider nicht bis in den hohen Norden – stattdessen findet oft ein »juletræsfest« statt (dt.: Weihnachtsbaumfest). Dazu kommt das traditionelle Lucia-Fest in Kindergärten und Schulen. Hier tragen die Kinder weiße Gewänder und auf dem Kopf eine Krone, sie formieren sich zu einem Lucia-Umzug und beleuchten mit Kerzen in der Hand ihren Weg durch die abgedunkelten Räume. Hat der Umzug den vorgesehenen Platz erreicht, stimmen die Kinder das Lucia-Lied an und verursachen damit Gänsehaut bei den Zuschauern.

Am 23. Dezember geht es dann endlich so richtig auf Weihnachten zu. Dieser »lille juleaften«, der »kleine« Weihnachtsabend, wird unterschiedlich zugebracht. Die einen schmücken erst an diesem Abend den Weihnachtsbaum, andere braten die Weihnachtsente vor, und wieder andere kochen (und essen) Milchreis in rauen Mengen, um die Reste für das traditionelle dänische Weihnachtsdessert »risalamande« einsetzen zu können.

Am 24. Dezember ist es dann endlich so weit! Der »juleaften« steht vor der Tür (dt.: Weihnachtsabend). Viele Dänen besuchen einen Weihnachtsgottesdienst in der nächstgelegenen Kirche. Bevor das Weihnachtsfest beginnt, tanken viele bei einem Spaziergang im rauen Klima noch etwas frische Luft und genießen die feierliche Stille, die sich mit Eintritt der Dunkelheit über das Land gesenkt hat. Familien mit Kindern sehen vor dem Weihnachtsmenü gerne die »juleshow« von Disney – eine weihnachtliche Sendung mit Mickey Mouse & Co.

Danach rufen die Gastgeber ihre Gäste zu Tisch und präsentieren das Festmahl: Ente, Pute, Gans oder auch das traditionelle Gericht »flæskesteg«, ein Schweinekamm mit knuspriger Kruste. Dazu werden Rotkraut, Grünkohl und Kartoffeln serviert, oft auch braune, karamellisierte Kartoffeln, die süßlich schmecken. Eine leckere Soße rundet das Weihnachtsessen ab. So lecker das Menü auch schmeckt, ein wenig Platz sollten Sie sich in Ihrem Magen immer noch vorhalten, damit Ihnen das traditionelle Weihnachtsdessert »risalamande« inklusive des Mandelspiels nicht entgeht (siehe nächster Grund).

Derart kulinarisch versorgt, beginnt der feierliche Teil des Abends. Sollte der festlich geschmückte Weihnachtsbaum in einer Ecke platziert sein, wird dieser mit vereinten Kräften in die Mitte des Raumes gezogen. Die Weihnachtsgesellschaft versammelt sich nun rund um den Weihnachtsbaum, fasst sich an den Händen und bildet auf diese Weise einen Kreis um den Baum herum. Sollte dies mangels genügender Teilnehmer nicht möglich sein, denken die Anwesenden sich die hierzu fehlenden Teilnehmer einfach hinzu. Jetzt wird um den Weihnachtsbaum herum getanzt und dabei fröhlich ein Weihnachtslied nach dem anderen gesungen.

Danach geht es endlich an die Bescherung. Der »julemand« (dt.: Weihnachtsmann) war zu Besuch (nicht das Christkind). Unzählige kleine und große Geschenke warten darauf, ausgepackt zu werden. In meiner dänischen Familie herrscht die Tradition, nur jeweils ein Geschenk gleichzeitig auszupacken, sodass sich die Runde auf das aktuelle Geschenk und die Reaktion des Beschenkten konzentrieren kann, der sich nach dem Auspacken des Geschenks (hoffentlich überschwänglich) beim Schenker bedankt. Derartige Bescherungen können sich bis weit nach Mitternacht hinziehen …

Sind alle Geschenke erfolgreich ausgepackt, endet das Weihnachtsfest. Bald darauf sinken alle erschöpft ins Bett und wachen irgendwann am »juledag«, dem 25. Dezember, wieder auf – hoffentlich frisch und ausgeruht. Wie in Deutschland auch geht es jetzt mit diversen weiteren weihnachtlichen Familientreffen weiter, mit Reste-Essen oder mit einem »julefrokost« in einem neuen Familien- oder Freundeskreis. Dasselbe setzt sich am 26. Dezember fort, dem »2. Juledag« (dt.: 2. Weihnachtstag).

Am 27. Dezember ist der ganze Spuk dann ganz plötzlich vorbei.

Wie in vielen anderen Ländern auch kreisen spätestens an diesem Tag die Gedanken um Themen wie »Weihnachtskilos abspecken«, »mehr Sport treiben« und »weniger Alkohol trinken«.

Mit der Umsetzung all dieser Ideen warten wir jedoch mindestens vier Tage … Schließlich steht erst mal noch Silvester an!

Weil Dänen ihr Weihnachtsdessert (teilweise) wieder ausspucken

Zugegebenermaßen mutet diese Überschrift zunächst wenig appetitlich an. Lassen Sie sich hiervon jedoch nicht abschrecken, denn dieses Kapitel handelt vom traditionellen dänischen Weihnachtsdessert »Risalamande«. Und Risalamande ist appetitlich. Sehr sogar. Kein Weihnachtsmenü, kein »julefrokost« ohne Risalamande! Nach einem üppigen Festessen wird der oberste Hosenknopf aufgeknöpft und das leckere Dessert in Angriff genommen.

Der Begriff »Risalamande« ist vom französischen »Riz á l'amande« abgeleitet, was »Reis mit Mandeln« bedeutet. Die Zubereitung der leckeren Süßspeise ist simpel: Sie besteht aus abgekühltem Milchreis, der mit Schlagsahne, gehackten Mandeln und Vanillezucker vermischt wird. Dazu wird eine warme Kirschsauce serviert.

Das Ganze schmeckt köstlich.

Warum spucken die Dänen also ihre Weihnachtsspezialität wieder aus?

Weil Risalamande nicht nur ein Dessert ist, sondern auch die Grundlage eines traditionellen Weihnachtsspiels.

Und das funktioniert so:

Bei der Zubereitung wird neben Unmengen zerhackter Mandelstückchen eine einzige völlig unversehrte Mandel in die Risalamande gegeben. Daraufhin wird die leckere Süßspeise auf kleine Schüsselchen verteilt. Das Spiel kann beginnen. Ziel: Finden Sie die unversehrte Mandel. Belohnung: Das »Mandelgeschenk«.

Die Teilnehmer beginnen nun mit dem Verzehr des Desserts und hoffen bei jedem einzelnen Löffel inständig darauf, ganz plötzlich eine komplette Mandel in ihrem Mund zu spüren. Das Dessert wird unter großer Spannung genossen. Jeder kaut konzentriert, langsam und mit Bedacht. Denn die Weihnachtsgesellschaft akzeptiert selbstverständlich eine versehentlich zerkaute Mandel nicht als Beweis für den Gewinn! Da könnte ja jeder kommen, ein paar zerhackte Mandeln vorzeigen und behaupten, es handele sich um DIEJENIGE EINE Mandel, man habe sie nur versehentlich mit den Zähnen zermalmt …

Nein, die Regeln sind streng.

Sollte Ihnen das Glück hold sein und eine komplette Mandel auf Ihrer Zunge auftauchen, gilt es, ein Pokerface aufzusetzen. Das erhöht die Spannung, führt die anderen Teilnehmer in die Irre und erhöht den Spielspaß immens. Es ist allerdings eine wahre Kunst und nur mit jährlicher Übung möglich, die Mandel vorsichtig in die eine Ecke des Mundes zu schieben, während die Zähne der anderen Ecke vorsichtig den Rest des Dessert bearbeiten, ohne dabei die Gewinnermandel zu beschädigen. Die argwöhnischen Blicke Ihrer Gegner machen diese Aufgabe nicht gerade einfacher.

Sind alle Portionen aufgegessen, gibt sich der Gewinner zu erkennen, indem er die (hoffentlich vollständige) Mandel aus seinem Mund hervorzieht. Unter den entrüsteten Rufen der Verlierer wird ihm das Mandelgeschenk überreicht, das der Gastgeber oder der edle Spender der Risalamande vorher besorgt und hübsch verpackt hat.

So aufregend kann Weihnachten sein! Und das sogar noch vor der Bescherung …

47. GRUND

Weil an Silvester um 18 Uhr sämtliche dänische Straßen wie leer gefegt sind

Meine erste Silvesterparty in Dänemark! Die Gastgeber hatten für 17.30 Uhr eingeladen. Viel zu früh, wie ich fand. Bis Mitternacht war schließlich lang. Sicherlich konnte man auch erst später auftauchen, die Dänen sind schließlich für ihre Gelassenheit bekannt.

Kurz vor 18 Uhr trudelte ich am Ort des Geschehens ein und hechelte die Stufen zur Wohnung im 3. Stock hinauf. Die Wohnungstür war angelehnt. Vorsichtig betrat ich einen langen Gang, von dem zu beiden Seiten mehrere Türen abführten. Niemand war zu sehen. War ich etwa die Erste? Ich grinste. Natürlich. Wer schaffte es schon, an einem Silvesterabend um 17.30 Uhr geschniegelt und gestriegelt auf einer Party zu erscheinen?

Plötzlich fiel mein Blick auf den Schuhberg hinter der Eingangstür. Ich runzelte die Stirn. Augenscheinlich war ich doch nicht die Erste. Weit entfernt davon, denn hier lagen kreuz und quer mindestens 15 Paar Schuhe. Angestrengt lauschte ich in die Wohnung. Ganz hinten, vom entferntesten Zimmer am Ende des Ganges, hörte ich ein leises Geräusch. War das etwa ein Fernseher?

Ich schlüpfte aus meinen Schuhen und warf sie auf den Schuhberg. Neugierig schritt ich durch den Gang und öffnete die hinterste Tür. Abrupt blieb ich stehen. Festlich gekleidete Partygäste hatten sich gleichmäßig auf diverse Sofa- und Sesselgarnituren verteilt, ein Glas Sekt in der einen Hand, Fingerfood in der anderen. Gemeinsam starrten sie auf den Fernseher an der Wand. Auf dem Sofatisch standen Schüsseln mit Chips, Erdnüssen und Pralinen, dazwischen thronte eine angebrochene Sektflasche.

»Hej!«, rief ich in die Runde.

15 Augenpaare wandten sich mir zu. Zehn davon hoben die zugehörigen Augenbrauen, als sie mich erkannten, ließen daraufhin ihre Blicke demonstrativ über die Uhr neben dem Fernseher gleiten und konzentrierten sich wieder auf die flimmernde Mattscheibe.

Ich schnappte mir ein Glas Sekt und ließ mich auf der Kante eines Sofas nieder. Neugierig folgte mein Blick dem der anderen. Was für ein Programm konnte eine komplette Partygesellschaft nur derart lahmlegen?

Vom großzügigen Flachbildschirm sah mir niemand Geringerer entgegen als Königin Margrethe II. von Dänemark!

Würdevoll saß sie in ihrem königlichen Arbeitszimmer, vor sich einen kleinen Stapel ordentlich beschrifteter Papiere.

Sie hatte gerade mit ihrer traditionellen Ansprache begonnen, der »nytårstale« (dt.: Neujahrsansprache).

Heute würde es mir im Traum nicht einfallen, später als 17.45 Uhr auf einer Silvesterparty zu erscheinen. Der frühe Partybeginn hat einen triftigen Grund, und dieser ist nahezu heilig. Pünktlich um 17.55 Uhr sitzen die Untertanen des Königreiches Dänemark – idealerweise mit Häppchen, Sekt oder Wein bewaffnet – vor der Mattscheibe und warten mit Spannung auf das königliche Highlight. Der TV-Sender blendet vorher eine kleine Countdown-Anzeige ein, die die Minuten und Sekunden bis zum Beginn der Neujahrsansprache angibt. Um 18 Uhr ist es dann mucksmäuschenstill im ganzen Land. Ein Volk lauscht seiner Königin.

Seit 1972[78] hält die dänische Königin ihre »nytårstale«, für gewöhnlich direkt aus ihrem Arbeitszimmer im Schloss Amalienborg. Der 31. Dezember, 18 Uhr, ist der einzige Zeitpunkt des Jahres, an dem die Königin direkt zu ihrem Volke spricht. Die Rede der dänischen Königin ist persönlich gehalten und vereint eine ganze Nation. Königin Margrethe II. lässt hier das vergangene Jahr Revue passieren, spricht über Werte und Ideale des dänischen Volkes und vergisst dabei nicht, auch die Minderheiten des Landes mit einzubeziehen. Jede Gruppierung wird einzeln erwähnt und mit einem Neujahrsgruß bedacht. Die Königin scheut sich jedoch auch nicht, ihr Volk in die Schranken zu verweisen, sofern dieses notwendig ist, mit sehr deutlichen Worten, wie z.B. in ihrer berühmten Rede im Jahr 1984, in der sie ihre Untertanen für deren unakzeptables Verhalten Ausländern gegenüber kritisierte.

Margrethe II. von Dänemark besteht darauf, ihre Rede »live« zu halten. Die gnadenlose Übertragung jedes einzelnen Versprechers in sämtliche Wohnzimmer des Königreiches scheint sie hierbei kaum zu fürchten. Diese Tatsache wird von der ein oder anderen Partygesellschaft zu kleinen, durchaus respektvollen Partyspielen genutzt. Manche schließen kleine Wetten über die Anzahl der königlichen Versprecher ab oder zählen diverse Wortwiederholungen. Auf anderen Festen wird bei den Lieblingsworten der Königin, die sich wie ein roter Faden durch die jährliche Rede ziehen, sofort das Glas gehoben. Langweilig wird die königliche Rede jedenfalls niemals!

Die »nytårstale« an Silvester ist eine Institution in Dänemark.

Obwohl ich selbst in einer nüchternen Republik aufgewachsen bin, ohne Königinnen, Prinzen und Prinzessinnen, muss ich zugeben, dass mich das Königreich mittlerweile auch in seinen Bann zieht: Sobald die Königin von Dänemark ihre Rede traditionell mit dem Satz »Gud bevare Danmark« schließt (dt.: Gott bewahre Dänemark), rieselt mir eine Gänsehaut über den Körper. Bin ich noch ehrlicher, geschieht dasselbe sogar bereits beim Schreiben dieses Textes …

Eine Monarchie hat eben doch etwas!

48. Grund

Weil hier jährlich der große Heultag stattfindet

Einmal im Jahr findet in Dänemark der »große Heultag« statt. Ein Begriff, der möglicherweise bei Ihnen merkwürdige Assoziationen weckt. Ist das etwa ein Tag, an dem sich die gesamte Bevölkerung Dänemarks zu einem kollektiven Austausch von Tränen trifft? Ein Tag, an dem alle gemeinsam ihren (traurigen) Gefühlen freien Lauf lassen, sofern vorhanden?

Die Realität ist viel profaner. Am »store hyledag«, wie das Ereignis auf Dänisch heißt, wird das zentrale Sirenensystem des Landes in authentischer Lautstärke getestet. Durchgeführt wird diese Maßnahme von der Behörde »beredskabsstyrelsen«, die zum dänischen Verteidigungsministerium gehört.

Bevor die Sirenen losheulen, werden die Einwohner Dänemarks auf verschiedenen Wegen vorgewarnt und informiert, dass trotz Sirenenlauten keinerlei Gefahr droht. Unangemeldete Sirenengeräusche könnten die Bevölkerung schließlich durchaus beunruhigen ... Der landesübergreifende Sirenentest erfolgt jährlich am ersten Mittwoch im Mai, exakt um zwölf Uhr. Darüber hinaus wird das System jede Nacht getestet, ohne Ton und damit unmerklich für die Bevölkerung. Dies erfüllt selbstverständlich seinen Zweck, auch wenn sich einem Laien der Sinn einer tonlosen Sirenenprobe womöglich nicht unbedingt erschließt.

Am »großen Heultag« kommen die Sirenen dann vollständig zum Einsatz. Neben dem Test der Sirenentechnik soll die Bevölkerung mithilfe der wiederkehrenden Übungen die Sirenensignale kennenlernen und darüber informiert werden, wie sie sich zu verhalten hat, sollten die Sirenen eines Tages zu einem anderen Zeitpunkt losheulen als an einem ersten Mittwoch im Mai ...

Bei Erklingen der Sirenenwarnung ist die dänische Bevölkerung dazu angehalten, in ihre Gebäude zu gehen, Türen und Fenster zu schließen und den Fernseher einzuschalten. Auf den Programmen DR1, 2 oder TV2 sowie im Videotext wird die Polizei bzw. andere verantwortliche Behörden über die Katastrophe und weitere Verhaltensregeln informieren. Sobald die Gefahr vorüber ist, wird auf allen Sirenen der Entwarnungston erklingen, woraufhin die Medien ebenfalls Entwarnung geben. Das zentrale dänische Sirenensystem ist bis ins Detail durchdacht. Hörgeschädigte und gehörlose Menschen können sich zum Beispiel via SMS warnen lassen. Von der Zentrale aus können sämtliche Sirenen in Dänemark gleichzeitig gestartet werden. Es kann jedoch auch nur in einzelnen Regionen gewarnt oder lediglich eine einzelne Sirene ausgelöst werden.

Das System umfasst insgesamt 1.078 Sirenen[79]. Diese befinden sich an Gebäuden und Masten in allen Gebieten mit mehr als 1.000 Einwohnern und erreichen auf diese Weise circa 80 Prozent der Bevölkerung auf direktem Wege. Die Reichweite einer Sirene beträgt ein bis eineinhalb Kilometer. Außerhalb der Gebiete mit fest installierten Sirenen kann die Polizei die Bevölkerung mit mobilen Sirenen warnen.

Mein erster »Heultag« war eine ungewöhnliche Erfahrung. Ich hatte im Vorfeld von der Maßnahme erfahren, dennoch rieselte es mir kalt den Rücken herunter, als die erste Sirene ertönte, mit einem Warnton, dessen Tonlage schnell ansteigt und langsam wieder abfällt. Das Signal dauerte 45 Sekunden und wurde vier Mal wiederholt. Nachdem der letzte Ton verebbt war, senkte sich eine merkwürdige Stille über die Stadt. Diese geplante Pause dauerte exakt drei Minuten. Danach ertönte das Warnsignal erneut, in gleicher Form. Zu guter Letzt heulte die Sirene den Entwarnungston, einen einzigen, lang gezogenen Ton, der 45 Sekunden lang anhält, bevor er ganz plötzlich verstummt.

Zurück blieb ein unwirkliches Gefühl, Beklommenheit. Und Dankbarkeit, in einem Land zu leben, in dem die Sirenen nur im Rahmen einer jährlichen Sirenenübung heulen.

49. Grund

Weil in Dänemark das Wasser aus dem Wasserhahn kommt

Als ich in Deutschland lebte, fuhr ich einmal monatlich zum Getränkehändler meines Vertrauens. Ich lud fünf Kästen Mineralwasser der Marke »Bad Vilbener Urquelle Medium« in einen riesigen Einkaufswagen, bezahlte (ein Heidengeld) an der Kasse und hievte die Kästen danach in meinen Kleinwagen (drei in den Kofferraum, zwei auf die Rückbank), den ich danach so nah wie möglich an die Haustür des kleinen Reihenhauses fuhr, dessen untere Etage ich bewohnte. Unter großem Ächzen und Stöhnen schleppte ich daraufhin jeden einzelnen Wasserkasten die Vortreppe hinauf, den Gang entlang, in meine Wohnung, wo ich sie in einer Ecke der kleinen Abstellkammer zu einem meterhohen Turm stapelte. Sobald ich den letzten Kasten auf die Spitze des »Wasserturms« gewuchtet hatte, wischte ich mir die Schweißperlen von der Stirn, atmete tief durch und machte drei Kreuze in den Kalender, heilfroh darüber, wieder einen Monat Ruhe zu haben.

Irgendwann lernte ich diesen netten Dänen kennen, und sein erster Besuch in Deutschland stand an. Ich hatte ihn gerade vom Flughafen abgeholt. Neugierig betrat er meine Wohnung. Nachdem er sich etwas umgesehen hatte, ging er in meine kleine Küche, nahm ein Glas aus dem Schrank und hielt es unter den Wasserhahn.

»Stopp!«, rief ich, als er den Hahn aufdrehte.

Er hielt mitten in der Bewegung inne und drehte den Hahn wieder zu.

»Du musst doch kein Leitungswasser trinken! Ich hole dir Wasser.« Mit diesen Worten stürzte ich aus dem Raum und nahm Kurs auf die Abstellkammer.

»Ich habe doch schon Wasser!«, rief er mir hinterher.

»R-I-C-H-T-I-G-E-S Wasser«, brüllte ich zurück, während ich mich auf die Zehenspitzen stellte, um aus dem obersten Kasten des »Wasserturms« eine Flasche herauszuziehen.

Ich stürmte zurück in die Küche, riss dem perplexen Dänen das Wasserglas aus der Hand und kippte das Leitungswasser aus. Danach öffnete ich die Wasserflasche und schenkte ihm perlendes Wasser ein. Triumphierend reichte ich ihm das Glas. Er trank das Wasser in einem Zug und setzte das Glas ab.

»Darf man bei euch denn das Wasser aus dem Wasserhahn nicht trinken?«, fragte er schließlich.

Ich zuckte mit den Achseln. »Möglich. Wir kaufen unser Wasser aber beim Getränkehandel.«

»Wieso?« Interessiert sah er mich an.

Ich zuckte erneut mit den Achseln und führte ihn zu meinem Wasserturm. Beim Anblick der übereinandergestapelten Wasserkästen schüttelte er den Kopf.

»Wieso Wasser kaufen und nach Hause schleppen, wenn es bequem und gratis aus dem Wasserhahn kommt?«

Ich runzelte die Stirn. In meinem Umfeld trank niemand Leitungswasser. Der Däne ging in die Küche zurück, füllte sein leeres Glas mit Leitungswasser und setzte es an die Lippen. Als das Glas geleert war, nickte er anerkennend.

»Euer Wasser schmeckt sogar ziemlich gut.«

Ich stemmte die Arme in die Seite. »Die Qualität entspricht sicher nicht der des Mineralwassers, das ich kaufe.«

Er lächelte. »Das Marketing deines Wasserproduzenten scheint zu funktionieren. Informiere dich mal über eure Gegend. In den meisten Regionen ist die Qualität des Leitungswassers sogar besser. Zumindest ist das in Dänemark so.« Geschickt wechselte ich das Thema.

In Dänemark. Neun Jahre später.

Unser (Trink-)Wasser kommt zu 100 Prozent aus dem Wasserhahn. Die Zeiten des Wasserkastenschleppens sind längst vorbei. Da ich mich mit meinen ausländischen Wurzeln nicht an stilles Wasser gewöhnen konnte, setze ich dem Leitungswasser selbst Kohlensäure zu. In meinem Umfeld kenne ich niemanden, der Wasser kauft. Das ist sicherlich mit ein Grund, warum es in Dänemark so gut wie keine »Getränkehändler Ihres Vertrauens« gibt. Zwar bieten größere Supermärkte auch das ein oder andere Wasser in PET-Flaschen an, eine Wasserauswahl, wie ich sie aus Deutschland in Erinnerung habe, sucht man allerdings vergeblich. Sogar in Restaurants wird das »stille Wasser« aus dem Wasserhahn gezapft, bessere Etablissements servieren es in einer schicken Glaskaraffe, aufgepeppt mit Eiswürfeln und einer Scheibe Zitrone.

Das Wasser schmeckt vorzüglich, die Qualität ist hoch, die Beschaffung komfortabel. Dazu ist das Zapfen von Leitungswasser auch umweltfreundlich. Man denke nur daran, welche Konsequenzen das Abfüllen von Wasser in Wasserflaschen sowie der Transport zu den Abnehmern für unsere Umwelt hat. Darüber hinaus können bei PET-Flaschen Abbauteile des Kunststoffes ins Wasser übergehen und Geschmack sowie Zusammensetzung des Wassers verändern. Studien belegen, dass Wasser aus PET-Flaschen mit hormonell wirksamen Substanzen belastet ist.[80]

Gelobt sei also das Leitungswasser. Heute bin ich es, die mit leichter Belustigung reagiert, wenn wir in Deutschland ein Glas unter den Wasserhahn halten und unser Gastgeber hektisch ruft: »Stopp! Ihr müsst doch bei uns kein Leitungswasser trinken! Wir können euch auch *ordentliches* Wasser anbieten!«

50. GRUND

Weil auf Dänisch eine Oma nicht einfach nur eine Oma ist

Die dänische Sprache ist kurz und präzise. Wesentliche Informationen lassen sich meist in wenigen Worten und einfachen, kurzen Sätzen übermitteln, während andere Sprachen für denselben Inhalt oft deutlich mehr Wörter heranziehen müssen.

Beispielsweise entwickelte sich ein neunseitiger dänischer Fragebogen im Rahmen meiner sorgfältigen Übersetzung in eine 13-seitige deutsche Endversion! Es war wie verhext: Egal, wie ich die Wörter und Sätze auch drehte und wendete, egal, wie tief ich in meinem Gedächtnis nach präziseren Formulierungen suchte: Die deutschen Texte wollten einfach nicht so kurz werden wie die dänische Originalversion.

Manche dänische Wörter liefern auch gleich einen höheren Informationsgehalt als ihr Pendant in anderen Sprachen.

Ein gutes Beispiel hierfür ist die liebe Verwandtschaft.

Die Großmutter oder Oma.

Analysieren wir das deutsche Wort, stellen wir fest, es ist unpräzise. Welche Oma ist gemeint? Die Oma mütterlicherseits oder die Oma väterlicherseits? Ob diese Information im jeweiligen Zusammenhang relevant ist oder nicht: Der Däne lässt an dieser Stelle keine Fragen offen.

Die »farmor« ist die Mutter (mor) des Vaters (far) und die »mormor« die Mutter (mor) der Mutter (immer noch mor).

Dasselbe beim Opa: Hier ist der »farfar« der Vater (far) des Vaters (far) und der »morfar« der Vater (far) der Mutter (mor). Die Wörter werden also ganz simpel zusammengesetzt, während Sie im Deutschen mit Genitiv, Substantiven und Pronomen gleichzeitig hantieren.

Die »Mutter des Vaters«?

Die »Oma väterlicherseits«?

Farmor! Ein Wort. Zwei Silben. Dennoch ist alles gesagt.

Was sich einfach anhört, kann für Nicht-Dänen eine Herausforderung darstellen. Denn bei Oma und Opa hört der Spaß längst noch nicht auf. Vielmehr setzen sich die spontanen Wortzusammensetzungen im Verwandtschaftsbereich munter fort und sorgen bei all denjenigen für Verwirrung, denen diese Begriffe nicht von klein auf in Fleisch und Blut übergegangen sind.

Verwirrend ist für Nicht-Dänen auch die Reihenfolge der zusammengesetzten Wörter. So fragen Sie sich möglicherweise erst einmal, ob ein »morbror« eigentlich ein Bruder (bror) der Mutter (mor) ist oder die Mutter (mor) des Bruders (bror). Mal davon abgesehen, dass die Mutter des Bruders die eigene Mutter wäre, und damit eine zusätzliche Bezeichnung hinfällig, ist Ersteres korrekt! Dennoch glüht stets die ein oder andere Gehirnwindung, wenn Sie im Gespräch mit einem Muttersprachler ganz plötzlich ein solches Verwandtschaftsrätsel lösen müssen. Gleichzeitig spricht der (dänische) Geschichtenerzähler einfach weiter, und Sie verpassen höchstwahrscheinlich die Pointe.

Ein »morbror« und ein »farbror« sind also diverse Onkels, je nach Zusammensetzung entweder Brüder von der Mutter oder vom Vater. Das weibliche Pendant, die Tanten, werden »moster«

und »faster« genannt, abgeleitet von mor/far und søster (Schwester). Glüht Ihr Gehirn schon ein bisschen?

Nach neun Jahren im Lande und dank viel Übung beherrsche ich bei der sprachlichen Erwähnung diverser Familienmitglieder mittlerweile sämtliche Omas und Opas (fast) fehlerfrei. Nur ein klitzekleines, kaum merkliches Zögern meinerseits verrät, dass ich mit einer Sprache aufgewachsen bin, die sich mit allgemeingültigen Bezeichnungen vor der konkreten Stammbaumsituation drückt. Wendet sich das Gespräch jedoch Onkeln oder Tanten zu, klinkt sich mein Gehirn nach wie vor aus dem aktuellen Gespräch aus und arbeitet fieberhaft daran, die erhaltene Information korrekt in den Familienstammbaum einzuordnen.

Kann ich das Familienrätsel nach mehreren Sekunden endlich erfolgreich lösen, habe ich den Anschluss an die eigentliche Botschaft meines Gegenübers längst verpasst. Dänen scheinen bereits beim Aussprechen besagter Bezeichnungen die konkreten Familienzusammenhänge abzurufen, während wir Normalsterblichen zunächst mühsam in der Familienaufstellung herumstochern müssen.

Ohne Zweifel spart die dänische Präzision einige Worte. Hin und wieder stiftet sie jedoch auch Verwirrung, und dies nicht nur bei Nicht-Dänen. Folgende Familiensituation: Mein Mann hat eine Schwester, diese hat eine Tochter.

Frage 1: Welche Tante ist diese Schwester in Bezug auf unsere Kinder? (Ein kleiner Test, ob Sie auch aufmerksam gelesen haben … die Lösung finden Sie hier![81])

Unsere Nichte sowie unsere beiden Kinder haben – logischerweise – dieselbe Oma, nämlich die Mutter meines Mannes (und dessen Schwester). So weit keine Komplikationen.

Frage 2: Wie nennen also unsere Kinder ihre Oma?[82]

Richtig. Farmor.

Frage 3, und damit gelangen wir zu den Grenzen der dänischen Präzision: Wie nennt nun unsere liebe Nichte ihre Oma?[83]

Ganz genau. Mormor! Und schon ist die Verwirrung perfekt. Oder erklären Sie mal den Kindern, dass die Oma eben zwei Namen hat, je nachdem, wer sie gerade ruft …

Manchmal wäre es eben doch einfacher, eine Oma bliebe ganz einfach eine Oma!

51. Grund

Weil Dänen zu früh gratulieren

Andere Länder, andere Sitten. Das beginnt schon beim Gratulieren. Der erste Geburtstag eines Teamkollegen in meinem neuen Job. Gut gelaunt betrat ich das Büro und stürmte zum Schreibtisch des glücklichen Geburtstagskindes, das sich hinter unzähligen rot-weißen Dänemark-Flaggen versteckte. Energisch streckte ich dem lieben Kollegen die Hand entgegen. Einige Sekunden lang geschah nichts. Der (dänische) Kollege schaute zuerst verdutzt auf die Hand, dann auf mich. Schließlich ergriff er zaghaft meine Hand, und ich schüttelte die seine voller Inbrunst. Als ich fertig gratuliert hatte, zog er die Hand zurück und grinste.

»Ich erinnere mich – Ihr Deutschen liebt dieses Händeschütteln.«

Nun war ich es, die verdutzt dreinblickte.

Den Rest des Tages verbrachte ich damit, möglichst unauffällig die anderen Gratulanten zu beobachten, insbesondere die der dänischen Sorte.

»Tillykke!«, brüllten die meisten schon am Türrahmen. Manche kamen sogar näher. Kein einziger schüttelte dem Kollegen die Hand. Absolutes Maximum war ein herzhafter Knuff in die Seite, alternativ ein Schulterklopfen.

Hier schienen gewisse Berührungsängste vorzuliegen … zumindest unter Kollegen. Stattdessen gratulieren die Dänen reichlich, und dies nicht nur dem Geburtstagskind.

»Tillykke!«, rief mir etwa meine (dänische) Schwiegermutter zu, als sie am Geburtstags meines Freundes unsere Wohnung betrat, in der einen Hand eine rot-weiße Papierfahne, in der anderen ein riesiges Geschenk.

»Aber Mikkel hat doch heute Geburtstag«, entgegnete ich etwas verwirrt.

»Genau. Tillykke med ham!«, sagte sie nur. Glückwunsch mit ihm!

Der Rest der Familie folgte im Schlepptau und beglückwünschte mich freudig, bevor sich die ganze Meute auf das »richtige« Geburtstagskind stürzte.

Es dauerte ein Weilchen, bis ich mich an die zahlreichen Glückwünsche für sämtliche Familienmitglieder gewöhnte. Mit Ehemann und zwei Kindern heimse ich mittlerweile vier Mal jährlich überschwängliche Geburtstagsglückwünsche ein und komme mit meinen deutschen Wurzeln nicht umhin, mich jedes Mal wie das Geburtstagskind zu fühlen. Umgekehrt vergesse ich dagegen bis heute regelmäßig, auch den Familienmitgliedern eines Geburtstagskindes angemessen zu gratulieren.

Außergewöhnlich ist auch der Zeitpunkt der Gratulation.

An meinem Schreibtisch im Büro eines dänischen Ferienhausanbieters. Es war Freitag, kurz vor Feierabend. Noch einen Tag, und ich war schon wieder ein Jahr älter. Im Geiste ging ich durch, was ich für die kleine geplante Geburtstagsfeier morgen noch benötigte.

Plötzlich tippte mir jemand auf die Schulter. Ich drehte mich um und blickte in die Gesichter von nicht weniger als fünf Kollegen aus einer anderen Abteilung. Sie hatten ihre Taschen und Jacken in der Hand, bereit zum Aufbruch ins Wochenende.

»Tillykke«, riefen sie einstimmig.

Lächelnd schüttelte ich den Kopf. »Mein Geburtstag ist erst morgen!«

»Das wissen wir«, entgegnete die eine und nickte. »Wir sehen uns aber erst Montag wieder, deswegen gratulieren wir heute schon.«

Ich runzelte die Stirn. »Das bringt Unglück!«

Fünf Stirne legten sich in Falten.

»Du bist doch nicht etwa abergläubig?«, fragte schließlich ein Kollege mit breitem Grinsen.

Eigentlich nicht. Ich versuchte es mit einem rationalen Argument: »Man gratuliert doch nicht für etwas, das noch gar nicht eingetreten ist. Oder gratuliert ihr auch zur erfolgreichen Führerscheinprüfung morgen oder zum bestandenen Abitur in drei Tagen?«

Stille. Die Kollegen starrten mich an. Zwei Kulturen prallten aufeinander.

Nach einigen Sekunden brach die eine Kollegin schließlich das Schweigen. »Gehst du denn nicht davon aus, dass dein Geburtstag morgen eintreten wird?«

Interessiert blickte sie mich an. Schach!

»Doch schon, aber …«

»Siehst du!« Mit einem triumphierenden Gesichtsausdruck drehte sie sich kurz zu den anderen um, bevor sie mich freundlich anlächelte. »SO pessimistisch sind die Deutschen doch nun auch wieder nicht.«

Schachmatt!

Und damit nicht genug. Die Dänen gratulieren nicht nur hin und wieder *vor* einem Geburtstag, weil es besser in den Kalender passt. Sie *feiern* sogar Geburtstagspartys, noch bevor das neue Alter überhaupt erreicht ist … Schließlich feiert es sich an einem Wochenende deutlich besser als unter der Woche. Und warum auf das Wochenende nach dem Alterswechsel warten, wenn es das Wochenende vorher mindestens genauso gut tut?

Nun ja. Andere Länder, andere Sitten!

Weil dänische Babys optisch zu ihren Namen passen (sollten)

»Hilfe, mein Baby wird bald geboren – dabei hat es noch gar keinen Namen!«

»Herrje, es ist jeden Moment so weit, aber wir können uns nicht auf einen Namen einigen!«

Über solche und ähnliche Überschriften werden Sie in regelmäßigen Abständen stolpern, sofern Sie sich in deutschsprachigen Internetforen rund um das Thema Nachwuchsplanung aufhalten.

Auf dänischen Baby-Webseiten suchen Sie derartige Dramen vergeblich. Denn dänische Eltern haben bei der Namensgebung die Ruhe weg. Während beispielsweise die ein oder andere Deutsche bereits fünf Monate vor dem errechneten Geburtstermin ihre E-Mails und Forenbeiträge sowohl mit ihrem eigenen Namen als auch mit dem des zukünftigen Erdenbürgers unterschreibt, tut dies die ein oder andere Dänin nicht einmal fünf Monate *nach* der Geburt. Es kann nämlich durchaus vorkommen, dass der frisch geborene Nachwuchs bis zu diesem Zeitpunkt noch gar keinen Namen besitzt!

Ja, Sie lesen völlig richtig: Einige dänische Babys verbringen ihre ersten sechs Monate auf unserer schönen Welt vollkommen namenlos. Denn in Dänemark können sich frischgebackene Eltern bis zu einem halben Jahr nach der Geburt Zeit für die Namensgebung nehmen.

Auch deutsche Eltern können theoretisch einen Monat mit der endgültigen Namensfindung warten. Ich persönlich kenne jedoch kein einziges deutsches Baby, dessen Name nicht spätestens am Tag dessen Geburt feststand. Im Gegenzug dazu kenne ich zahlreiche Dänen, die einen nicht unwesentlichen Teil der erlaubten sechs Monate auch tatsächlich zur Namensfindung ausgeschöpft haben.

Meinen Sie etwa, das gehe doch nicht, so ein Baby ohne Namen, und das womöglich wochen- und monatelang?

Doch. Es geht.

In Dänemark wird einem Neugeborenen direkt nach der Geburt eine Nummer zugeteilt, die persönliche CPR-Nummer. Diese Nummer wird auf ein Bändchen gedruckt und dem Baby um Ärmchen oder Beinchen geschlungen. Einen Namen suchen Sie auf dem Bändchen vergeblich, die Aufschrift enthält neben der zehnstelligen CPR-Nummer lediglich das Geschlecht des Neugeborenen und den Vornamen der Mutter, z.B. »pige af Maritta« (Mädchen von Maritta) oder »dreng af Maritta« (Junge von Maritta). Dank der CPR-Nummer ist das Baby nun offizielles Mitglied der dänischen Gesellschaft. Auch im weiteren Verlauf seines vorausliegenden Lebens wird die Nummer des Babys stets eine größere Rolle spielen als dessen Name (s. Grund 88: Weil Sie in Dänemark eine Nummer sind).

Nichtsdestotrotz sind natürlich auch die meisten dänischen Eltern auf ihren großen Moment vorbereitet und ziehen nach der Geburt eine Namensliste aus der Tasche. Mit diversen Lieblingsnamen bewaffnet, geht es nun an die spannende Aufgabe, das frisch geborene Wunder eingehend zu studieren. Liegt vor Ihnen eine kleine Louise? Oder sieht dieses feine Näschen nicht eher nach Sophie aus? Emilie steht auch auf der Liste, aber dieser Name passt definitiv nicht zu dem kreisrunden Gesicht Ihres geliebten Nachwuchses. Jetzt, wo Sie das Baby endlich sehen, fühlen und riechen können, kommt Ihnen oder Ihrem Partner möglicherweise auch ein ganz neuer Name in den Sinn?

Im Optimalfall kristallisiert sich auf diese Weise bereits nach wenigen Stunden (oder Tagen) ein Name heraus, der sich durch und durch »richtig« anfühlt. Aus Sicherheitsgründen testen Sie diesen einige Tage am lebenden Objekt. Schließlich wird der Name Ihr Kind ein Leben lang begleiten und sollte daher hundertprozentig passen. Konnten Sie sich bereits so schnell für einen Namen entscheiden, lassen Sie diesen einfach jetzt schon registrieren.

Läuft es mit Ihrer Entscheidungsfindung jedoch weniger optimal, ist das überhaupt kein Beinbruch. Im Gegenteil. Sie haben volle sechs Monate Zeit hierfür. Warum also nicht noch etwas Zeit ins Land gehen lassen … Vielleicht stellt sich das Gefühl für den »richtigen Namen« ein, wenn Sie Ihr Baby noch etwas besser kennenlernen? Manche dänische Eltern benötigen für die Namensgebung tatsächlich mehrere Wochen, manche ganz Unentschiedene gar mehrere Monate!

Fünf Wochen nach der Geburt meines ersten Babys schob ich nervös meinen Kinderwagen zum Treffpunkt einer neuen Müttergruppe, in die mich meine Kommune (Stadtverwaltung) eingeladen hatte. Ich parkte den Wagen neben fünf weiteren Kinderwägen, nahm mein Baby heraus und betrat aufgeregt den kleinen Raum. Die freundliche Organisatorin war gerade dabei, das Konzept dieser Treffen, die wir nach dem ersten Mal selbst weiterführen würden, zu erklären. Danach war eine kleine Vorstellungsrunde angesagt. Nach der dritten Mutterpräsentation stand mir der Mund offen.

»Hej, ich heiße Mette (Name geändert). Das ist mein kleiner Junge, drei Wochen alt. Er heißt möglicherweise Elliot. Ich bin noch nicht abschließend sicher.«

»Hej, ich bin Helle. Unsere Geburt war vor sechs Wochen, und wie ihr an der Farbe der Kleidung sehen könnt, haben wir ein kleines Mädchen bekommen. Einen Namen haben wir noch lange nicht. Wir nennen sie erst einmal »lillepige« (dt.: Kleines Mädchen).«

»Hej, ich heiße Trine. Unser Sohn ist seit vier Wochen auf der Welt. Er kam etwas zu früh. Name? Momentan sind Viggo, Marius und Kasper unsere Favoriten. Wir probieren jeden Namen eine Woche lang aus. Danach sehen wir weiter. Vielleicht wird es auch ein ganz anderer.«

Die Runde nickte verständnisvoll, und ich zwang mich, meinen Mund wieder zuzuklappen. Die nächsten zwei Babys hatten tatsächlich einen Namen, zu meiner großen Erleichterung, obwohl sie wie mein eigenes ebenfalls erst fünf Wochen in dieser Welt weilten.

So war ich nicht die Einzige in dieser Müttergruppe, die einen »Schnellschuss« abgeliefert hatte. Unser Babyname war längst offiziell registriert, die Bürokratie rund um Schwangerschaft und Geburt geregelt. Nicht umsonst stamme ich aus Deutschland!

Ich hatte mich jedoch insoweit von der dänischen Mentalität anstecken lassen, dass ich zur Geburt unserer Tochter ebenfalls eine kleine Liste mit drei Namen vorbereitet hatte, sehr zur Verwirrung meiner deutschen Familie. Nicht jeder kann schließlich auf Anhieb nachvollziehen, dass Dänen gerne mit der endgültigen Festlegung warten, bis auch eine optische Affinität des künftigen Namensträgers zum auserwählten Namen festgestellt werden kann.

Ganz dänisch schloss ich mich dieser Vorgehensweise also an, blickte dem kleinen Wunder in meinen Armen direkt nach der Geburt ins Gesichtchen und suchte fieberhaft nach einem Zeichen. Sah das Kind aus wie eine Liva? Nein? Eher wie eine Linea? Nein? Oder wie eine Line? Auch nicht?

Ratlos blickte ich meinen Dänen an, dieser blickte ebenso ratlos zurück.

Unser Baby war ohne Zweifel ein absolutes Weltwunder, aber ein Name stand ihm nicht ins Gesicht geschrieben.

Wir grübelten hin und her. Zwei Minuten später wählten wir den Namen, den wir von vornherein zum Favoriten erkoren hatten. Das Baby musste eben in den Namen hineinwachsen. Unsere Tochter würde ihrem Namen schon ihren ganz persönlichen Stempel aufdrücken.

Auch nach Kind Nr. 2 hat es sich mir nicht wirklich erschlossen, wie die Dänen es anstellen, aus einem kleinen, verschrumpelten Gesicht den hierzu passenden Namen herauszulesen … Möglicherweise benötigen sie ja aus diesem Grunde sechs Monate Spielraum zur Namensgebung.

53. Grund

Weil Königinnen, Prinzen und Prinzessinnen die Klatschspalten perfekt füllen

Die Dänen haben Respekt vor ihrem Königshaus, zweifellos. Der ein oder andere ältere Anhänger des Königshauses mag gar ein gerahmtes Foto der Königin von Dänemark auf den Kaminsims stellen und dieses stets taktvoll umdrehen, bevor er Flüche über Politik und Weltgeschehen vom Stapel lässt.

Bei allem Respekt vor den Royals haben die Dänen natürlich ein starkes Interesse am Leben ihrer Königsfamilie. Keine Illustrierte, keine Klatschspalten ohne Königin, Prinzen und Prinzessinnen, ganz egal, ob es im adeligen Leben Neuigkeiten gibt oder nicht. Blaues Blut genügt bereits, um viele Leser in den Bann zu ziehen. Darüber hinaus sind die dänischen Royals auch alles andere als langweilig!

Königin Margrethe II. von Dänemark fällt im In- und Ausland durch außergewöhnliche, farbenfrohe Outfits auf. Der königliche »Paradiesvogel«, wie die Presse gerne schreibt, ist Kettenraucherin und eine interessante Künstlerin. Schon allein damit lassen sich viele Klatschspalten füllen.

Verheiratet ist die Königin von Dänemark mit Prinz Henrik, einem französischen Diplomaten, der seinen Namen Henri Graf de Laborde de Monpezat anlässlich der Hochzeit im Jahr 1967 in einen Namen eintauschen musste, den die Untertanen seiner Angetrauten ordentlich aussprechen konnten. Aus dem weichen, französischen »Henri« wurde ein dänisch-pragmatisches »Henrik«. Die königliche Ehe forderte neben dem wohlklingenden Namen »Henri« auch die Einschränkung vieler Freiheiten. Darüber hinaus musste der Ehemann der dänischen Königin aufgrund seines französischen Akzents auch den ein oder anderen Spott der dänischen Bevölkerung über sich ergehen lassen. Prinz Henrik ist wie seine

Angetraute Künstler, er spielt Klavier, malt und schreibt Gedichte wie Prosa. Außerdem betätigte er sich auf seinem Weingut in Südfrankreich als Winzer. Genügend weiterer Lesestoff über das »blaue Blut« Dänemarks.

Doch damit nicht genug. Auch Kronprinz Frederik und Prinz Joachim, die beiden Nachkommen des königlichen Paares, bieten interessante Lebensgeschichten und spannende Inhalte für die vielen Illustrierten im Zeitungsständer.

Prinz Joachim traf seine erste Ehefrau in Hongkong: Alexandra Christina Manley, deren Mutter aus Österreich stammt und deren Vater chinesische und englische Wurzeln hat. Aus dieser Ehe entstanden zwei Kinder. 2005 ließ das Paar sich scheiden, ein gefundenes Fressen für die Klatschpresse, die mit Argusaugen jeden Schritt des frischgebackenen Single-Prinzen im Kopenhagener Nachtleben überwachte. 2008 heiratete Prinz Joachim ein zweites Mal. Mit seiner zweiten Ehefrau, der Französin Marie Cavallier, hat er inzwischen zwei weitere Kinder.

Die dänischen Royals scheinen ein Faible für multikulturelle Eheschließungen zu haben. Auch Kronprinz Frederik ging außerhalb der Landesgrenzen seines kleinen Königreiches auf »Brautschau«. Er reiste ans andere Ende der Welt, um die »Richtige« zu finden. Bei den Olympischen Spielen im Jahr 2000 in Sydney lernte er die Australierin Mary Donaldson kennen und stellte sich ihr ganz bescheiden als »Fred aus Dänemark« vor. Heute führen die beiden eine Bilderbuchehe und haben vier gemeinsame Kinder. Prinzessin Mary gilt mit ihrer Frisur und ihrem geschmackvollen Kleidungsstil als Stil-Ikone, weit über dänische Grenzen hinaus.

In seiner Jugend war der Kronprinz offenbar etwas rebellisch. Heute beschränkt sich seine Rebellion darauf, bei heftigem Sturm eine für den Rest der dänischen Bevölkerung gesperrte Brücke zu überqueren. Im Januar 2015 fuhr Prinz Frederik mit seinem königlichen Fahrzeug »Krone 7« an einer langen Schlange Autos vorbei, die tapfer im Sturm vor der gesperrten Storebæltsbrücke auf das

Vorbeiziehen der Schlechtwetterfront warteten, um irgendwann von der Insel Seeland auf die Insel Fünen gelangen zu können. Aus Sicherheitsgründen war jeglicher Fahrbetrieb auf sämtlichen dänischen Brücken eingestellt worden. Stürme über Dänemark haben es in sich, bei Missachtung der angeordneten Sperrung drohte Lebensgefahr. »Krone 7« und ein Begleitfahrzeug überquerten jedoch die Brücke und erreichten schließlich das gegenüberliegende Ufer. Ziel: Eine Sportgala in Herning. Die königlichen Fahrzeuge traten am selben Abend auch noch die Rückfahrt an. Der Sturm wütete nach wie vor, die Brücken waren weiterhin gesperrt. Ein gefundenes Fressen für die dänischen Medien, die sich am Tag darauf mit verschiedenen Berichterstattungen nahezu überschlugen.

Was wären die dänischen Klatschblätter nur ohne ihre Königsfamilie?

5. KAPITEL

LEBEN IN DÄNEMARK

Weil Dänemark ein sicheres Pflaster ist

Wie lässt sich die Sicherheit eines Landes messen? Das Institute for Economics and Peace (IEP) stellt sich dieser Herausforderung seit dem Jahr 2007. Im Rahmen einer jährlichen Studie messen Experten in 162 Ländern weltweit den Frieden – mit Hilfe des sog. »Global Peace Index« (GPI)[84] – und stellen anhand dessen einen Vergleich der teilnehmenden Länder an.

Die Friedfertigkeit eines Landes zu messen, ist keine leichte Aufgabe. Das Institute for Economics and Peace tastet sich an das Thema heran, indem es mit einer Reihe von Indikatoren[85] die Abwesenheit von Gewalt bzw. der Angst vor Gewalt quantifiziert. Indikatoren sind beispielsweise die Kriege, die ein Land führt, die Beziehungen zu Nachbarländern, die Höhe des Misstrauens gegenüber den Mitbürgern im Land, die Wahrscheinlichkeit von Terroranschlägen, die Anzahl der Morde und anderer Gewaltverbrechen im Land, die Wahrscheinlichkeit gewalttätiger Demonstrationen, die Anzahl der Waffen im Land, die Anzahl der Bürger in Haft, die militärische Ausstattung eines Landes und vieles mehr. Jedes Kriterium wird einzeln bewertet und zu einer Gesamtpunktzahl zusammengefasst, dem »Global Peace Index«. Je niedriger der GPI, desto höher stellt sich der Frieden, die Sicherheit eines Landes dar.

Friedlichster Kontinent der Erde ist Europa. Nach dem GPI 2015 nehmen gleich drei europäische Nationen die Top 3 der Friedensrangliste ein. Ganz oben an der Spitze steht mit Island das friedlichste Land der Welt. Gleich im Anschluss, knapp hinter Island, nimmt das Königreich Dänemark den 2. Platz ein, zum vierten Mal in Folge.

Dänemark ist also eines der sichersten Länder der Welt, obwohl das kleine Land mittlerweile auch zu den Nationen gehört, in denen es zu einem Terroranschlag gekommen ist, der den dänischen GPI bei der Auswertung für das Jahr 2015 erhöhte. Ohne den Anschlag hätte Dänemark 2015 möglicherweise sogar den Spitzenplatz belegt.

Unter den Top Ten der friedlichsten Länder befinden sich neben Island und Dänemark auch Österreich, Neuseeland, die Schweiz, Finnland, Kanada, Japan, Australien und die Tschechische Republik. Deutschland liegt ebenfalls auf einem »sicheren« 16. Platz.

Vier Jahre in Folge der 2. Platz auf der Rangliste der friedlichsten Länder der Welt.

Damit lässt sich gut erklären, warum Dänen völlig unbekümmert ihre (mit Babys gefüllten) Kinderwägen in einsamen Hinterhöfen, vor Cafés, in trubeligen Einkaufsstraßen, vor Supermärkten und in Vorgärten schlafen lassen. Die Dänen fühlen sich eben äußerst sicher in ihrer »hyggeligen« Heimat.

Was ich persönlich auch daran feststellen kann, dass mein angetrauter Däne immer wieder mal vergisst, die Haustür abzuschließen. Tagsüber wie nachts.

55. Grund

Weil der »süße Zahn« in Dänemark voll auf seine Kosten kommt

Sind Kuchen und Kaffeestückchen ganz Ihre Welt? Würden Sie für ein Stück Obst- oder Sahnetorte mit frischen Beeren jeden deftigen Braten links liegen lassen? Dann haben Sie das, was man in Dänemark einen »süßen Zahn« nennt.

Dieser süße Zahn, ein starkes Faible für Süßes, lässt sich in Dänemark wunderbar ausleben. Das Ereignis »fredagsslik« und die Ausmaße des dänischen Weingummi- und Lakritzkonsums sind Ihnen bereits bekannt. Doch auch die dänischen Backwaren sind nicht von schlechten Eltern, was Geschmack (und Zuckerinhalt?) betrifft.

Sollten Sie der Ansicht sein, dass deutsche Teilchen und Kuchen bereits sehr süß schmecken, probieren Sie mal die dänischen!

Den allerersten Kontakt mit dänischen Backwaren hatte ich in der Zeit rund um »fastelavn«, die dänische Fasnacht. Beim Bäcker tummelten sich neben den gewöhnlichen Kaffeestückchen plötzlich bunte, runde Teilchen, verziert mit Zuckerguss in allen erdenklichen Farben, von Schokoladenbraun bis Froschgrün, von Schweinchenrosa bis Grellgelb. »Fastelavnsboller«.

Die Farbenpracht macht die Entscheidung nicht leicht, sodass Sie einfach von jeder Sorte eines nehmen. In Dänemark macht es ohnehin Sinn, die gängigen Mehrkauf-Angebote anzunehmen, z.B. »tag 2«, »tag 5« (dt.: Nimm 2, nimm 5). Dies senkt den Preis pro Stück auf ein erträglicheres Niveau, wenn auch nicht unbedingt den Gesamtpreis Ihres Einkaufs. Die »fastelavnsboller« sind äußerst süß und mit einer leckeren Creme gefüllt, die den Geschmack wunderbar abrundet. Ein Biss in das Teilchen, und Ihnen läuft das Wasser um den »süßen Zahn«.

Dänische Bäcker müssen auch außerhalb der »Fastelavnszeit« ihre Auslagen keinesfalls verstecken. Wer Süßes mag, kann hier auf eine lange, süße Entdeckungsreise gehen: Zimtschnecken und Zimtstangen (kanelsnegl, kanelstang), Schokoladenkuchen, Erdbeertörtchen mit Marzipanboden, Rumkugeln, Lebkuchen (dän.: honningkager), kunstvolle Torten (lagkager), dänische Plunderteilchen (wienerbrød) wie z.B. »tebirkes« (die bekannten dänischen Mohn-Teilchen) oder »spandauer«, luftige süße Teilchen mit Creme oder Konfitüre gefüllt. Diejenigen Kaffeestückchen, in deren Mitte sich eine Vertiefung befindet, die mit leckerer Creme oder Marmelade ausgefüllt wird, nennt der Däne »bagerens dårlige øje«. Das schlechte Auge des Bäckers. Appetitlicher Name.

Neben den genannten Backspezialitäten darf auch der »drømmekage« (dt.: Traumkuchen) nicht vergessen werden, eine Mischung aus Teig, Karamell und Kokos. Dasselbe gilt für den traditionellen »kransekage« (dt.: Kranzkuchen), der aus mehreren übereinandergeschichteten Lagen gebackenen Marzipans besteht. Der »kransekage« wird bei großen Festen serviert, wie z.B. auf Hochzeiten, aber auch zum Jahreswechsel um Mitternacht.

So unterschiedlich die aufgezählten Leckereien auch aussehen mögen, eines ist ihnen allen gemeinsam: der äußerst süße Geschmack. Da können deutsche Bäcker noch einen (süßen) Zahn zulegen.

56. Grund

Weil Wochenendhamstern hier nicht nötig ist

Kennen Sie ebenfalls den »Hamstertrieb«? Diesen unwiderstehlichen Drang, den Kühlschrank zum Bersten zu füllen, sobald das Wochenende naht?

Als ich noch in Deutschland lebte, überfiel mich der Hamstertrieb jede Woche von Neuem. Jeden Freitag, spätestens Samstag, hinterließ er ein nagendes, ungutes Gefühl in mir, die nach einer langen, arbeitsreichen Woche so überhaupt keine Lust auf einen größeren Einkauf verspürte. Der Sonntag drohte, und mit diesem geschlossene Geschäfte und Supermärkte. Ein Blick in den Kühlschrank, und es stand fest: Würde ich mich nicht aufraffen, drohte hier am Sonntag gähnende Leere sowie der anschließende Besuch einer Tankstelle, der derartige Kühlschrank-Versäumnisse mit horrenden Preisen bestrafte. Meist gelang es mir bei diesem Gedanken, den letzten Rest meiner wöchentlichen Energie zusammenzukratzen, mich in den Supermarkt zu schleppen und den Kühlschrank aufzufüllen.

Dann wanderte ich nach Dänemark aus, gemeinsam mit all meinen kleineren und größeren Angewohnheiten. Fortan stürzte ich also einfach in Dänemark am Ende jeder Woche leicht gestresst in den Supermarkt und verließ diesen nicht eher, bevor ich mein Fahrrad mit mindestens drei zum Bersten gefüllten Lebensmitteltüten bepackt hatte. Der Sonntag war gerettet! Mein Däne sah sich diesen Hamsterstress eine Zeit lang interessiert an und machte mich dann auf die Öffnungszeiten dänischer Supermärkte aufmerksam. Einige Märkte waren nämlich auch an Sonn- und Feiertagen geöffnet. Verblüfft starrte ich ihn an.

Geöffnet am Sonntag? AM HEILIGEN SONNTAG? Stand denn nicht schon in der Bibel, dass wir Menschen am 7. Tage ruhen sollten? Offenbar nicht in der dänischen Version. Hier können Sie an sieben Tagen der Woche vollkommen regulär einkaufen, und dies wohlgemerkt nicht nur in touristischen Gebieten, in denen durchgehende Öffnungszeiten sowieso gängig sind.

Bis vor einigen Jahren durften an Sonntagen laut »lukkeloven«, dem dänischen Ladenschließungsgesetz, allerdings nur kleinere Läden und Supermärkte öffnen, deren Jahresumsatz sich unter einer bestimmten Umsatzgrenze bewegte. Diese Geschäfte hatten mit der Ausweitung ihrer Öffnungszeiten auf den Sonntag somit die Chance, zusätzliche Umsätze zu erzielen. Meist mit Erfolg – und mit entsprechenden Warteschlangen …

Insofern sah ich meinen (importierten) Hamstertrieb in der Anfangszeit auch nach wie vor als gerechtfertigt an. Ließ man nämlich fünf gerade sein und lungerte freitags und samstags auf der Couch herum, anstatt seinen Kühlschrankpflichten nachzukommen, wurde man zwar nicht mit Tankstellenpreisen, stattdessen aber mit immensen Warteschlangen bestraft. Dazu war so manches Produkt schlichtweg ausverkauft. Die Sonntagskunden rissen die letzten Waren nur so aus den schon im Vorfeld halb leeren Regalen, und man war gezwungen, auf Ersatzprodukte auszuweichen. Ausverkaufte Regale im Supermarkt – ein ganz neues Erlebnis für mich, das mich ebenfalls in meinem Wochenendhamstern bestätigte. Dennoch nutzten wir auch zu dieser Zeit den Sonntag bereits regelmäßig als Back-up, wenn sich bei uns in den Tagen vorher (wieder einmal) keine Einkaufslust einstellen wollte.

Seit 2012 ist das Thema Wochenendhamstern jedoch vollends aus der Welt. Das »lukkeloven« wurde abgeschafft, die Öffnungszeiten dereguliert. Theoretisch darf nun jeder Laden öffnen. Die großen Supermarktketten reagierten umgehend mit komfortablen Öffnungszeiten, die wir Konsumenten uns auch sehr gut einprägen können, beispielsweise »Montag bis Sonntag 8–22 Uhr«. Vorbei die Zeiten mit unterschiedlichen Öffnungszeiten für jeden Wochentag, vorbei die Zeiten, in denen eine falsche Erinnerung dazu führte, dass man vor verschlossenen Türen stand und unverrichteter Dinge wieder von dannen (bzw. zur nächsten Tankstelle) ziehen musste.

Das dänische Ladenschließungsgesetz wurde durch das »helligdagslov«, das »Feiertagegesetz«, ersetzt, welches lediglich die Öffnungszeiten an Feiertagen regelt. Kleinere Geschäfte mit niedrigen Jahresumsätzen dürfen auch an diesen Tagen nach wie vor Waren verkaufen. Sie müssen in Dänemark also schon sehr viel Pech haben, wenn Sie nicht an jedem beliebigen Tag des Jahres in relativ überschaubarer Entfernung noch irgendwo schnell Milch, Brot, Nudeln, Rotwein, einen Weihnachtsbraten oder Silvesterknaller besorgen können.

Einkaufen an 365 Tagen im Jahr – ein Traum für die Konsumenten! Panische Gedanken an den sonntäglichen Kühlschrankinhalt? Wochenendhamstern? Schnee von gestern!

57. Grund

Weil man auch mit weniger Auswahl glücklich sein kann

Dänemark ist ein kleines Land. Ein kleines Land stellt einen kleinen Markt dar, und in einem kleinen Markt herrscht wenig Konkurrenz. Die Folge: hohe Preise und wenig Auswahl. So viel zu den simplen volkswirtschaftlichen Mechanismen einer kleinen Marktwirtschaft.

Stammen Sie aus einer größeren Volkswirtschaft (wie z.B. Deutschland), könnten Sie im kleinen Dänemark Folgendes erleben:

- Sie stehen vor dem Nutella-Regal und betrachten überrascht das Preisschild. Sie blinzeln mehrmals, doch die Zahl »32« will einfach nicht verschwinden. Kann das tatsächlich sein? Ein kleines Glas Nutella für 32 Kronen? Das sind ja 4,30 Euro! Fassungslos schütteln Sie den Kopf. Kostete das Zeug in Deutschland nicht im teuersten Falle 2,60 Euro und im (regelmäßig stattfindenden) Angebot sogar unter zwei Euro? Ihnen ist zwar bewusst, dass die Einkommen in Dänemark etwas höher sind als die deutschen. Sie wissen jedoch auch, dass sie keinesfalls das Doppelte der deutschen Verdienste ausmachen. Mit Wehmut streichen Sie Nutella von Ihrem Speiseplan oder importieren alternativ fortan das »Luxus-Gut« aus einer größeren Marktwirtschaft – zu erschwinglichen Preisen.
- Sie stöbern in den Regalen mit der »spotvare«, der besonderen Ware, die nur für eine zeitlich begrenzte Angebotsphase extra importiert wird, um das Standardprogramm des dänischen Discount-Supermarktes etwas aufzupeppen. Ihnen fällt ein großes Nutella-Glas ins Auge. Ein Lächeln tritt auf Ihre Lippen. Nutella im Angebot. Na also, es geht doch, sogar in Dänemark. Kurz darauf erstirbt Ihr Lächeln, als Sie das zugehörige »Angebotsschild« entdecken. 70 Kronen, lesen Sie, und auch hier hilft leider kein Augenblinzeln. 9,40 Euro für 800 Gramm. Leider kennen Sie den deutschen Preis für das große Glas nur zu gut: vier Euro … Sie drehen dem Regal den Rücken zu, nicht ohne »Schnäppchen-Schild« und 800-Gramm-Glas noch einen Vogel gezeigt zu haben. Sie importieren fortan auch große Nutella-Gläser aus einer größeren Marktwirtschaft.
- Sie bemühen sich, den Mehrwertsteuersatz von 25 Prozent zu akzeptieren, der den ohnehin bereits sehr hohen Preisen eines kleines Marktes noch zusätzlich auf die Sprünge hilft.

- Sie stehen im Supermarkt und sind auf der Jagd nach einem bestimmten Produkt. Dieses Produkt ist der Hauptanlass, dass sie sich auf diesen kleinen Einkaufsausflug begeben haben. Sie stehen vor dem Regal, in dem das Produkt normalerweise beheimatet ist. Gähnende Leere. Lediglich ein einsames Preisschild lässt erkennen, dass Sie hier grundsätzlich richtig sind. Das Produkt ist ausverkauft. Sie sind (mal wieder) zu spät. Das Teufelchen in Ihrem Kopfe macht sich höhnisch bemerkbar: »Wer zuerst kommt, mahlt zuerst. Nur ein früher Vogel fängt den Wurm. Den Letzten beißen die Hunde.« Wenig hilfreich, denken Sie. Da fällt Ihr Blick auf das Produkt neben der gähnenden Leere. Hurra, eine Ersatzware! Dass diese doppelt so teuer ist, nehmen Sie nur am Rande wahr. Alternativen gibt es sowieso nicht, bei spezielleren Artikeln ist die Auswahl hier im Norden eher begrenzt. Meist können Sie sich zwischen einer billigen (schnell ausverkauften) und einer teuren Variante entscheiden. Sie vermissen eine Art Mittelfeld, mit moderatem Preis und mittlerer Qualität, so wie Sie das aus größeren Ländern kennen. Schwamm drüber. Wenigstens ist Ihr Einkauf (für heute) gerettet. Schließlich hätte Ihnen auch blühen können, dass Sie den Laden mit leeren Händen und unverrichteter Dinge verlassen.
- Sie haben vor wenigen Monaten Nachwuchs in diese nördliche Welt gesetzt und bewegen sich mit großen Schritten auf die Gläschenzeit zu. Einziges Problem: Sie können einfach kein umfangreiches Gläschen-Regal entdecken, so wie Sie das aus größeren Marktwirtschaften kennen, mit 350 verschiedenen Sorten, Inhalten und Marken. Nach langem Suchen in den größten Supermarktketten Dänemarks finden Sie schließlich das erste Regal mit mehr als lediglich fünf Gläschensorten. Hier tummeln sich wenigstens ganze 15–20 Gläschen, sorgfältig nebeneinander aufgestellt, in einer sehr überschaubaren Reihe. Vereinzelte Fruchtgläschen, ein paar Joghurt-Frucht-Mischungen und drei

Mittagsgerichte in Breiform. Sie kaufen ein paar Gläschen, um nicht mit dem Gefühl nach Hause zu gehen, sich und das Baby vergeblich in den Supermarkt geschleppt zu haben. Zu Hause werfen Sie den Herd an, kochen alles Mögliche selbst, pürieren es, füllen kleine Portiönchen ab und frieren das Zeug ein. Ganz wie die anderen (dänischen) Mütter, die schließlich auch keine Gläschenregale zu vermissen scheinen.

- Sie haben sich zwischenzeitlich sowieso längst daran gewöhnt, dass die Zeit des bequemen Kochens vorbei ist. Denn neben dem Gläschenregal fehlt in dänischen Supermärkten auch das Maggi- und Knorr-Tütchen-Regal. Diejenigen unter uns, deren Koch-Gen aus unerfindlichen Gründen nicht sonderlich ausgeprägt ist, stehen vor einer Herausforderung. Denn auf Dauer können Sie sich in Dänemark mit Maggi- und Knorr-Fix nicht durchmogeln. Einerseits ist die Tütchen-Auswahl stark begrenzt, andererseits legt Ihnen auch hier das Preisniveau ein paar Steine in den Weg. Sie lernen also »richtig« kochen. Von Grund auf. Zwangsläufig.
- Sie wollen für oben genannten Nachwuchs einen Laufstall anschaffen. Sie halten Ausschau nach einem größeren Modell und stellen fest, dass Ihre Vorstellung schon wieder einige Herausforderungen birgt. Sie überschlagen sich fast vor Freude, als Sie exakt EINE Firma entdecken, die die Größe 100 cm x 100 cm an Ihre Adresse liefern würde. Bei der Online-Bestellung werden Sie darauf aufmerksam gemacht, dass das Stoffinlay separat bestellt werden muss. Gespannt öffnen Sie den Link zur Auswahl. Ihnen schwebt ein farbenfrohes, kindgerechtes Motiv vor, in zarten Pastellfarben. Nicht unbedingt in Rosa – wer weiß, ob nach dem Mädchen nicht auch noch irgendwann ein Junge folgt. Sie fänden daher Blau, Grün oder Gelb, mit lustigen Tieren oder Blumen, angebracht. Endlich baut sich die Internetseite auf und präsentiert Ihnen exakt drei Motive. Irritiert runzeln Sie die Stirn. War das alles? Sie scrollen ein paar Mal hoch und runter,

doch Fehlanzeige. Es gibt genau drei Inlays. Kein Problem, denken Sie, Sie brauchen ja auch nur eines. Beim Anblick der Muster fragen Sie sich jedoch, ob die skandinavischen Produktdesigner unter Farbblindheit gelitten haben könnten, denn zur Auswahl stehen »weiße Kühe vor schwarzem Hintergrund«, »braune Mäuse vor hellbraunem Hintergrund« und »schwarze Giraffen vor weißem Hintergrund«. Frustriert blicken Sie auf die tristen Farben. Können Skandinavier bei aller Liebe zur Farblosigkeit nicht wenigstens bei kleinen Babys eine Ausnahme machen? Angewidert blicken Sie auf die brauen Mäuse. Wer zum T... kreierte denn solch ein hässliches Motiv und bekam möglicherweise sogar noch viel Geld dafür? Die schwarzen Giraffen stellten das geringste Übel dar. Sie grübeln eine Weile, wie praktisch sich ein weißer Hintergrund im Hinblick auf die Nutzung durch ein kleines Baby darstellen wird, bestellen dann jedoch die Giraffen, mangels Alternativen.»Det skal nok gå!«, sagen Sie sich tapfer. Das geht schon (irgendwie). Dänemark ist schließlich ein kleiner Markt. Zu viel Auswahl schafft nur unnötige Probleme bei der Entscheidungsfindung. Fast sind Sie schon wieder guter Dinge. Zwei Tage später erhalten Sie folgende E-Mail: *Vielen Dank für Deine Bestellung. Der Laufstall ist zustellbereit. Du bestellst jedoch auch das Inlay »Giraffe«, welches leider nicht mehr produziert wird. Auch das Motiv »Kuh« wurde zwischenzeitlich aus dem Sortiment genommen. Wir freuen uns jedoch, Dir mitteilen zu können, dass wir stattdessen das Motiv »braune Maus« zustellen können. Bitte teile uns kurz mit, ob wir Dir dieses ersatzweise beilegen dürfen. Freundliche Grüße* ... Ihre Finger überschlagen sich fast, als Sie die Antwort in den Computer hacken. Ihr Text ist kurz, sehr kurz: *KEINE BRAUNEN MÄUSE FÜR MEIN BABY!* Danach atmen Sie tief durch, sammeln den letzten Rest Energie zusammen und importieren ein hübsches, farbenfrohes Babymotiv mit kleinen Comic-Tieren aus einer größeren Volkswirtschaft.

Inwieweit diese Beispiele zur Dänemark-Liebe beitragen können?

- Was meinen Sie, wie sehr Sie sich wieder über ein Glas Nutella freuen können?
- Was glauben Sie, wie glücklich Sie sind, wenn Sie 90 Prozent aller Artikel auf Ihrer Einkaufsliste im Wochenendregal tatsächlich entdeckt und erfolgreich in die Sicherheit Ihres Kühlschrankes gebracht haben?
- Stellen Sie sich das Gefühl vor, in den seltenen Schätzen der »spotvare« zu wühlen und sich ein paar Produkte zu gönnen, die es hier sonst nicht gibt …
- Wie euphorisch Sie sein werden, wenn Sie eine (importierte) hellblaue Schaumstoffeinlage mit fröhlichen Comic-Bärchen in Ihren Laufstall legen. Sie würden es kaum erwarten können, das gute Stück anderen (dänischen) Müttern zu zeigen, um den Nachwuchs in farbenfroher Umgebung gemeinsam umherrollen zu lassen.
- Was meinen Sie, wie riesig sich plötzlich die Auswahl anfühlt, wenn Sie eines Tages mal wieder eine größere Volkswirtschaft besuchen und dort ein Geschäft aufsuchen? Von den herrlichen Preisen ganz zu schweigen?

Fazit: Enthaltsamkeit steigert die Freude. Nutella wird nicht mehr wahllos reingelöffelt, sondern mit Bedacht genossen. Viele Produkte erfahren nach einer Weile im kleinen Land eine ganz neue Wertschätzung.

Es tut uns auch mal gut, nicht im Überfluss zu leben, nicht alles jetzt und sofort erwerben zu können.

Und wenn es mal gar nicht geht: Es lebe der EU-Import!

Und die Care-Pakete von lieben Menschen. Denjenigen aus einer größeren Marktwirtschaft …

58. Grund

Weil Dänen ordentlich parken (müssen)

Februar 2007. Mein erstes Wochenende in Dänemark. Auf dem Plan: Sightseeing in Kopenhagen. Mein dänischer Tour-Guide, heute mein Mann, steuert das Auto durch die Straßen von Islands Brygge, einem schicken Wohnviertel auf der Insel Amager, von dem man bequem zu Fuß in die Innenstadt Kopenhagens spazieren kann. Wir suchen einen Parkplatz. Er mit Engelsgeduld, ich – nun ja. Time is money. Nach zehn Minuten ist meine Geduld am Tiefpunkt angelangt. Ich hatte mitgezählt. Wir waren zwischenzeitlich an nicht weniger als acht durchaus geeigneten Parkmöglichkeiten vorbeigerollt. Zugegebenermaßen alle acht nur halbwegs legal, aber Kopenhagen wartete schließlich auf uns. Säße ich am Steuer, wäre das Auto längst geparkt und wir auf dem Weg über die Seen, in Richtung Zentrum. Konnten wir nicht einen klitzekleinen Strafzettel riskieren? Wir wollten doch sowieso nicht ewig bleiben.

»Lass uns hier an der Kreuzung parken«, rief ich schließlich und deutete mit dem Finger auf die nächste Kreuzung, die wie alle anderen äußerst großzügig Platz bot. Das waren definitiv mehr als fünf Meter Platz. Der Däne neben mir blickte kurz in die Richtung, in die mein Finger deutete, und fuhr auch an diesem Parkplatz seelenruhig vorbei.

Ich seufzte laut hörbar.

»Die ersten zehn Meter von einer Kreuzung aus gesehen sind Parkverbot!«, sagte der Däne und hielt weiter Ausschau, die Ruhe in Person.

Zehn Meter? Ich grummelte vor mich hin. Platzverschwendung. In Deutschland taten es ja auch nur fünf.

Weitere drei Minuten und sieben Kreuzungen später ging ich in die Offensive.

»Wir parken einfach trotzdem an der Kreuzung. Ich übernehme auch gerne das Knöllchen, falls wir erwischt werden. Die zehn oder 20 Euro werden mich schon nicht ruinieren!«

Der Däne warf mir einen schnellen Blick zu.

»510 Kronen«, korrigierte er mich.

Ich riss die Augen auf. Im Geiste rechnete ich den Betrag um. Rund 70 Euro? Ich musste mich verhört haben.

»510 Kronen«, wiederholte mein Chauffeur. »Außerdem: »WENN wir erwischt werden«, nicht »FALLS«! Wir werden nämlich in jedem Falle erwischt. Fünf Minuten, nachdem wir das Auto verlassen haben, wird die nächste »parkeringsvagt« einen teuren Zettel unter den Scheibenwischer klemmen.«

Die nächsten 15 Minuten war es still im Auto, und mein Däne konnte in aller Ruhe seinen 100 Prozent wasserdichten Parkplatz finden.

Heute, neun Jahre später, ist ein Strafzettel in Höhe von 510 Kronen bzw. rund 70 Euro fast schon wieder als Schnäppchen zu betrachten. Inzwischen heimsen private Parküberwachungsfirmen für gewöhnliches Falschparken bis zu 750 Kronen[86] ein, d.h. 100 Euro. Darüber hinaus werden auf öffentlichen Wegen seit 2014 für besondere Parkvergehen sogar 1.020 Kronen[87] berechnet (137 Euro), z.B. für Parken auf Behindertenparkplätzen, wo das drakonische Strafmaß möglicherweise durchaus gerechtfertigt ist, sowie auch für das Parken vor einer Ein- oder Ausfahrt! Das Wort »Knöllchen« existiert in Dänemark nicht.

Darüber hinaus wird tatsächlich nahezu jedes Parkvergehen auch geahndet. Dänische Parkwächter streifen aufmerksam durch die Straßen und überwachen ihr Revier, stets auf der Fährte nach frischer Beute, ohne jegliche Gnade. Ihr Ziel: Der finanzielle Ruin der Falschparker.

Ich selbst »durfte« diese Erfahrung bereits zwei Mal machen: Das erste Mal vor einem Supermarkt. Innerhalb von fünf Minuten hatte ich Brot und Milch aus dem Regal gezerrt, gezahlt und saß wieder im Auto. Ein Zettel an der Windschutzscheibe zeigte an, dass sich der Brot- und Milchpreis gerade um ein Vielfaches erhöht hatte.

Das zweite Mal kehrte ich nach einem Besuch bei Freunden volle sieben Minuten nach Ablauf der ordnungsgemäß gezahlten Parkzeit zurück zu meinem Fahrzeug. Es waren äußerst teure sieben Minuten ... Seither parke ich korrekt. Unter allen Umständen. Wie alle Dänen.

59. Grund

Weil Dänen etwas langsamer unterwegs sind

»Gleich hinter der dänischen Grenze beginnt für uns der Urlaub.«

»Haben wir Deutschland nur wenige Kilometer hinter uns gelassen, fühlen wir uns gleich viel entspannter.«

»Kaum sind wir in Dänemark, überträgt sich diese Gelassenheit des kleinen Landes auf uns.«

Diese und ähnliche Sätze stammen von Dänemark-Liebhabern, die regelmäßig ihren Urlaub hier im Norden verbringen.

Das Gefühl der Entspannung, das sich bei vielen direkt nach der deutsch-dänischen Grenze einzustellen scheint, mag zu einem nicht unwesentlichen Teil daran liegen, dass es auf dänischen Straßen sehr »gemütlich« zugeht. Die Verkehrsteilnehmer können gar nicht anders, sie müssen entspannen. Notgedrungen. Denn nicht nur Parkvergehen werden in Dänemark mit horrenden Bußgeldern bestraft, auch für kleinste Geschwindigkeitsüberschreitungen müssen Verkehrssünder tief in die Brieftasche greifen. Es ist daher zu empfehlen, das Tempolimit auf den diversen Fahrbahnen einzuhalten. Die erlaubten Geschwindigkeiten sind dabei deutlich niedriger als beispielsweise in Deutschland.

In Dänemark werden Sie nirgendwo schneller fahren als 130 km/h! Was auf deutschen Autobahnen die Richtgeschwindigkeit darstellt, ist in Dänemark das absolute Maximum, das nur auf wenigen Streckenabschnitten überhaupt erlaubt ist. Auf vielen Autobahnen fahren Sie nur 110 km/h und kommen damit zwar durchaus später, dafür aber deutlich entspannter am jeweiligen Ziel an.

Auch auf dänischen Landstraßen sollten Sie den Fuß vom Gaspedal nehmen und sich auf langsamere Geschwindigkeiten einstellen: Hier sind maximal 80 km/h erlaubt, keine 100 km/h. Innerhalb von Ortschaften gilt die maximale Geschwindigkeit von 50 km/h, sofern nicht geringere Geschwindigkeiten ausgeschildert sind.

Wer mit diesen Höchstgeschwindigkeiten aufwächst bzw. sich mehrere Jahre lang an diese hält, gewinnt eine ganz neue Wahrnehmung von Geschwindigkeiten. Nach nunmehr neun Jahren auf dänischen Straßen werde ich äußerst nervös, wenn mein (deutscher) Chauffeur auf deutschen Autobahnen die Richtgeschwindigkeit überschreitet. Meine Finger krampfen sich um den Haltegriff, meine Augen fixieren die vierspurige Autobahn und versuchen, eventuelle Gefahrenquellen abzuschätzen. »Viel zu schnell! Wir könnten sterben!«, schreit mein Innerstes panisch. Der entspannte Gesichtsausdruck meines (deutschen) Chauffeurs neben mir ist mir ein absolutes Rätsel. Ob er sich in einer anderen Wirklichkeit befindet als ich? Sind wir endlich wohlbehalten am gewünschten Ziel angekommen, wische ich mir heimlich Schweißperlen von der Stirn und krame in der Handtasche nach meinem Deodorant. Überlebt!

Umgekehrt muss ich mich in Dänemark nach wie vor beherrschen, meinen (dänischen) Chauffeur auf (dänischen) Autobahnen nicht ständig für seine allzu lasche Fahrweise zu kritisieren, etwa wenn er fährt und gleichzeitig mit mir eine Unterhaltung zu führen versucht, die zu einer Tacho-Anzeige von 100 km/h führt, obwohl ganze 110 km/h erlaubt sind. Mir leuchtet ein, dass Multitasking nicht jedermanns Stärke ist. Doch auch wenn dänische Uhren langsamer ticken: Irgendwann wollen wir auch einmal ankommen!

Wer sich in Dänemark nicht an die Höchstgeschwindigkeit hält, ist selbst schuld. Fahren Sie nur ein paar vereinzelte Kilometer pro

Stunde schneller als erlaubt, ist das Bußgeld noch ein »Schnäppchen« und Sie zahlen nur 1.000 Kronen[88], umgerechnet etwa 135 Euro.

Fahren Sie auf einer Autobahnstrecke dort 140 km/h, wo die maximale Geschwindigkeit 130 km/h beträgt, zahlen Sie schon das Doppelte, sind also um 2.000 Kronen bzw. 270 Euro ärmer. Und das, obwohl Sie sich nur 10 km/h über der erlaubten Geschwindigkeit befinden!

Fahren Sie mit derselben Geschwindigkeit, also 140 km/h, auf einer Autobahn mit der Höchstgeschwindigkeit von 110 km/h, zahlen Sie 2.500 Kronen, d.h. 335 Euro. Treten Sie das Gaspedal noch etwas mehr durch, bis der Tacho auf derselben Strecke etwa 145 km/h zeigt, droht Ihnen ein Bußgeld in Höhe von 3.500 Kronen (470 Euro). Dazu gibt es den ersten »Klip« im Führerschein – die Flensburger Punkte lassen grüßen.

Sollten Sie so wagemutig sein und gar mit 160 km/h über die Straße rasen, ganz egal, auf welcher Autobahnstrecke, dürfen Sie sich »auf Bewährung« von Ihrer Fahrerlaubnis verabschieden. Dazu zahlen Sie je nach erlaubter Höchstgeschwindigkeit 4.000 oder 5.000 Kronen Strafe. »Auf Bewährung« bedeutet hierbei: Ein weiteres Vergehen innerhalb der nächsten drei Jahre, und Ihr Führerschein ist Vergangenheit. Darüber hinaus müssen Sie während der Bewährungszeit auch eine theoretische und praktische Prüfung bestehen, um sich Ihren Führerschein für die Bewährungszeit neu zu verdienen.

Das zuletzt genannte Strafmaß erwartet Sie auch, wenn Sie mit 130 km/h über eine Landstraße rasen. Auf Strecken mit Baustellen werden darüber hinaus sämtliche Bußgelder einfach verdoppelt!

Sicherlich ist Ihnen nun klar, wieso die meisten Dänen eher gemütliche Autofahrer sind.

Sollten Sie also eines Tages mit dem Auto nach Dänemark kommen: Schalten Sie direkt nach der Grenze einen Gang runter. Atmen Sie tief durch, lehnen Sie sich zurück. Entspannen Sie sich!

(Alles andere wäre reine Geldverschwendung!)

Weil ein schickes Auto gar nicht so wichtig ist

Vor Urzeiten war das Auto ein exklusives Luxusgut, das sich nicht jeder Normalsterbliche leisten konnte. Sie erinnern sich möglicherweise, auch wenn dies lange zurückliegt. Sehr lange.

Nicht so in Dänemark. Hier ist das immer noch so!

Der dänische Staat erhebt auf Neuwagen wie Gebrauchtwagen eine Zulassungsgebühr, die sogenannte »registreringsafgift«, die dazu führt, dass sich die Anschaffung eines Fahrzeugs in Dänemark – abhängig von dessen Grundwert – circa zwei- bis dreimal so teuer darstellt als in anderen Ländern. Dass Länder für Kraftfahrzeuge eine Zulassungsgebühr ansetzen, ist hierbei eine ganz gewöhnliche Maßnahme. Jedoch stellt die Höhe der dänischen Registrierungsgebühr alle anderen europäischen Länder weit in den Schatten. Die dänische »registreringsafgift« zählt zu den höchsten weltweit.

Die Registrierung eines Neuwagens lässt sich der dänische Staat mit einer Gebühr in Höhe von 180 Prozent des Fahrzeugwertes[89] (!) bezahlen. Kauft ein tapferer Däne also in Dänemark ein Auto, dessen Neupreis in Deutschland bei 100.000 Euro liegen würde, zahlt er für den schicken Wagen insgesamt 280.000 Euro. Bei Gebrauchtwagen mit einem Wert von unter 81.700 Dänischen Kronen (circa 11.000 Euro) greift der Staat Dänemark schon nicht mehr ganz so tief in Ihre Tasche: Hier sinkt die Gebühr auf nur 105 Prozent des Fahrzeugwertes ab. Das heißt, Sie zahlen nur noch den doppelten Preis anstelle vom dreifachen … Fast ein Schnäppchen.

Wer darauf spekuliert, die dänische Zulassungsgebühr in kreativer Weise zu umgehen, wird schnell an seine Grenzen stoßen. Bereits nach kurzem Aufenthalt im Lande muss ein Fahrzeug mit dänischen Autokennzeichen versehen werden, ansonsten drohen Strafgelder. Dass es die Höhe dieser Bußgelder ebenfalls in sich hat, muss an dieser Stelle nicht näher erläutert werden. Die

Zulassungsgebühr fällt sowohl beim Kauf eines Autos innerhalb der Landesgrenzen als auch beim Import eines Fahrzeuges aus einem anderen Land an. Importieren Sie ein bereits vorhandenes (und voll abbezahltes) Auto nach Dänemark, im Rahmen einer Auswanderung zum Beispiel, werden Sie sich so fühlen, als würden Sie Ihren Wagen ein zweites Mal kaufen.

Das außergewöhnlich hohe Gebührensystem bringt Vor- und Nachteile mit sich. Bei Anschaffungspreisen, die zwei bis drei Mal so hoch sind wie andernorts, überlegen Sie sich auch mindestens zwei bis drei Mal so gut, ob Sie das Fahrzeug denn wirklich benötigen. Und ob es ein Neuwagen sein muss. Und ob es denn ein großer und teurer Wagen sein muss. Oder ob es Ihre billige, alte Schüssel nicht noch ein letztes Mal über den dänischen TÜV schafft. Und ob Sie zukünftig nicht sowieso gleich mit dem Rad zur Arbeit pendeln. Oder ob Sie als vierköpfige Familie wirklich einen Zweitwagen brauchen.

Hohe Preise wirken abschreckend, und somit kaufen die Landesbewohner natürlich weniger Autos. Sie radeln lieber zur Arbeit oder nutzen Bus und Bahn. Ergo: Weniger Verkehr, geringere Umweltverschmutzung. Dies war – vereinfacht dargestellt – möglicherweise der ursprüngliche Ausgangsgedanke. Vor langer, sehr langer Zeit.

Doch wie jede Medaille hat auch die der Zulassungsgebühr ihre zweite Seite. Die hohen Anschaffungspreise führen zu einer Veraltung des Fuhrparks. Auf dänischen Straßen verkehren viele ältere, da günstige Gebrauchtwagen, Fahrzeuge, die in anderen Ländern längst ausrangiert worden wären, Autos, die alles andere als umweltfreundlich sind.

Die dänische Zulassungsgebühr für Kraftfahrzeuge – für Autoliebhaber sicher alles andere als ein Grund, dieses Land zu lieben. Da die Dänen mit diesen horrenden Fahrzeugpreisen aufgewachsen sind, zucken sie jedoch meist mit den Achseln und blechen trotzdem. Für Einwanderer gestaltet es sich schon etwas schwieriger, die außerhalb der dänischen Landesgrenzen üblichen Fahrzeugpreise zu ignorieren. Alle paar Jahre einen neuen Wagen erwerben, als Statussymbol? Nur wenn Sie es sich leisten können. Und nur, wenn Sie Lust darauf haben, dem dänischen Staat die teure Zulassungsgebühr zu schenken.

Bei vielen geht die Tendenz eher hin zum Gebrauchtwagen und zum Auto als reinem Gebrauchsgegenstand. Viele nutzen das Auto so lange, bis es endgültig den Geist aufgibt und eine Neuanschaffung unvermeidlich wird.

Es ist alles eine Frage des Anspruchs. Ein schickes Auto ist möglicherweise gar nicht so wichtig …

Doch auch für Fans von nagelneuen Fahrzeugen gibt es neue Hoffnung: Ab 2016 wurde erstmals in der Geschichte der dänischen Zulassungsgebühr die »registreringsafgift« für Autos und Motorräder mit einem Wert von über 11.000 Euro (81.700 DKK.) von 180 Prozent auf 150 Prozent gesenkt[90]! Damit kostet ab sofort ein neues Auto nur noch das Zweieinhalbfache im Vergleich zum normalen Preis. – Ein Anfang. Immerhin.

61. Grund

Weil Sie hier nach Lust und Laune mit Ihrem Namen jonglieren können

Namen sind wie Schall und Rauch. Zumindest in Dänemark. Wer aus einem Land kommt, in dem es nicht ganz so einfach ist, den eigenen Namen nach Belieben zu ändern, der wird hier mit ganz neuen Freiheiten konfrontiert.

Dänische Namen bestehen aus drei Bestandteilen, einem Vornamen, einem sogenannten »Zwischennamen« und einem Nachnamen. Der Zwischenname ist hierbei optional. Einige Dänen kürzen ihren Zwischennamen mit dem Anfangsbuchstaben ab, was zu »schicken« Namenskonstellationen führt wie z.B. Lars S. Nordlund oder Mikkel R. Demuth. Viele schreiben den Namen jedoch auch einfach aus.

Bei der Registrierung eines ausländischen Namens in Dänemark, der nur aus Vor- und Nachnamen besteht, steht man also ganz plötzlich vor der Herausforderung eines dritten Namensfeldes im Formular. Ich persönlich löste das »Problem« ganz pragmatisch, in dem ich eigenhändig meinen zweiten Vornamen zum Zwischennamen umfunktionierte. Wie viele Dänen kürzte ich ihn daraufhin entsprechend ab. Auf diese Weise klang mein neuer dänischer Name gleich viel interessanter als der deutsche.

Einmal registriert, nutzen fortan sämtliche Behörden, Unternehmen und Institutionen mit Zugriff auf das zentrale dänische Personenregister die neuen Namensdaten. Auf jedem Dokument erschien somit mein neuer, vollständiger Name. Etwas ungewohnt für mich, die in Deutschland nur den ersten Vornamen genutzt hatte.

Als ich meinen dänischen Mann heiratete, durfte ich das Namenspuzzle wiederum neu zusammenlegen. Ich definierte meinen Mädchennamen zum Zwischennamen um und nahm den Nachnamen meines Mannes an. Nach kurzem Nachdenken entfernte ich meinen zweiten Vornamen komplett. Vier vollständig ausgeschriebene Namen auf sämtlichen Dokumenten waren dann doch zu viel des Guten.

Sollte mir mein aktueller dänischer Name eines Tages nicht mehr behagen, steht es mir vollkommen frei, diesen zu ändern. Es ist beispielsweise möglich, sämtliche Zwischennamen oder Nachnamen eines Vorfahren beliebig anzunehmen, sofern man die Zugehörigkeit dokumentieren kann. Auch der Vorname lässt sich ohne weitere Komplikationen wechseln. Heute mal Emilie gefällig? Oder Louise? Wieso nicht!

Seit der Liberalisierung des dänischen Namensgesetzes im Jahr 2006[91] bastelten viele Landesbewohner so lange an ihrem Namensattest herum, bis ihnen ihr Name hundertprozentig behagte. Mit dieser Gesetzesänderung entfiel nämlich die bis dato vorhandene Gebühr in Höhe von 3.000 Kronen (circa 400 Euro), die vorher bei einer Namensänderung zu entrichten war. Einzige Ausnahme stellte die Eheschließung dar. Ein neuer Name wurde also plötzlich deutlich günstiger, dazu fielen mehrere Einschränkungen bei der Namensänderung weg. Dies führte dazu, dass in den ersten beiden Jahren nach der Gesetzesanpassung rund eine Viertelmillion Menschen[92] ihre Namen erneuerte.

Wer sich nicht entscheiden kann, ändert den Namen im Laufe seines Lebens einfach mehrfach. Dies ist allerdings nicht empfehlenswert, sofern Sie deutsche Wurzeln haben, zumindest, wenn Sie auf einheitliche Namen in der alten und in der neuen Heimat Wert legen. Zwar lässt sich der dänische Name eigenhändig und mit nur wenigen Klicks digital von zu Hause aus ändern, die Namensänderung z.B. bei der deutschen Botschaft, nach deutschen Gesetzen, stellt sich jedoch ungleich komplexer dar.

Wie schnell Skandinavier eben mal ihren Namen wechseln, musste auch die Lufthansa erfahren, als sie 2013 in Schweden ein außergewöhnliches Gewinnspiel[93] ins Leben rief. Gesucht waren Schweden mit einem Hang zu Deutschland, genauer: zur deutschen Hauptstadt Berlin. Der Slogan des Wettbewerbs lautete (frei übersetzt aus dem Schwedischen): »Liebst Du Berlin genauso sehr wie wir? In diesem Falle kannst Du dort ein neues Leben gewinnen! Wir zahlen alles!«

Demjenigen, der verrückt genug war, seinen Namen in »Klaus-Heidi« (!) zu ändern, der also auf diese Weise seine Liebe zu Berlin bewies, wollte die Fluggesellschaft ein Jahr lang eine Wohnung in der deutschen Hauptstadt bezahlen, inklusive Sprachkurs, einem Fahrrad und zwei Reisen innerhalb von Deutschland.

Da der Name Klaus-Heidi von Männlein und Weiblein genutzt werden kann, stand es sowohl Schweden als auch Schwedinnen frei, am Lufthansa-Gewinnspiel teilzunehmen. Die Lufthansa hoffte – neben der immensen Werbewirkung – auf ein paar vereinzelte Verrückte, die ihren eigenen Vornamen für diese außergewöhnliche Aktion opferten. Ein Gewinnspiel der ganz anderen Art.

Doch die Lufthansa hatte die Rechnung ohne die skandinavische Mentalität gemacht! Nur drei Wochen nach Bekanntgabe des verrückten Gewinnspiels lagen der Lufthansa bereits 38 Namensatteste vor. 38 frischgebackene »Klaus-Heidis«, und ein Ende war nicht in Sicht. Die Fluggesellschaft verkürzte daraufhin den geplanten Einsendeschluss drastisch, um den signifikanten Zuwachs des Namens »Klaus-Heidi« in der schwedischen Namensstatistik nicht weiter zu forcieren. Das Jahr in Berlin mit bezahlter Wohnung, Fahrrad & Co. wurde schlussendlich unter 42 Klaus-Heidis verlost. Wenig später siedelte der glückliche Gewinner Klaus-Heidi Andersson (vormals Michael Andersson) in die deutsche Hauptstadt um.

Psychologen sagen gerne, Namen seien unsere Identität …

Nicht unbedingt in Skandinavien.

62. Grund

Weil dänische Türen eine Herausforderung sind

Im Kundenservice eines Ferienhausanbieters. Es ist Samstag, 16 Uhr. Hauptanreisezeit. Die nächsten Stunden werde ich gemeinsam mit meinen beiden Kollegen den telefonisch vorgebrachten Herausforderungen der Urlaubsgäste lauschen, die gerade ihr gebuchtes Ferienhaus bezogen haben, und diese im Optimalfall zur Zufriedenheit aller Beteiligten lösen. So weit zur Theorie.

Das Telefon klingelt, ich hebe ab.

»Hallo! Hallo?« Die Stimme am anderen Ende der Leitung klingt hektisch. Ich atme tief durch. Mein erster Job im neuen Lande hat etwas von Russisch Roulette. »Hallo, sprechen Sie deutsch?«

Mit ruhiger Stimme antworte ich: »Selbstverständlich!«

Erleichtertes Ausatmen meines Gegenübers. Ich muss lächeln.

»Das ist ja wunderbar! Hier ist Herr Müller aus Deutschland«.

»Guten Tag, Herr Müller.«

Der Mann holt tief Luft. »Ihr Servicebüro hat uns einen falschen Schlüssel mitgegeben. Und jetzt ist deren Telefon dauerbesetzt! Wir können das Ferienhaus nicht betreten.«

Ein Bellen im Hintergrund.

»Sie meinen, der Schlüssel passt nicht ins Schloss?«

»Nein, äh, das heißt ... der Schlüssel passt schon ins Schloss. Zumindest wenn man ihn falsch herum hineinsteckt, um 180 Grad gedreht. Mit den Zacken nach oben.«

Ein Kind beginnt zu schreien. Der Mann spricht schneller, als er fortsetzt. »Er dreht sich jedoch einfach nicht. Meine Frau hat es auch schon probiert!«

Das Kind schreit lauter. Ich halte den Hörer etwas vom Ohr weg.

»Wir machen zum ersten Mal Urlaub in Dänemark, sind S-T-U-N-D-E-N gefahren, und dann so was!« Die Stimme des Mannes wird lauter. »Unsere kleinen Kinder sind müde, der Hund dreht durch. So haben wir uns den Urlaub in Dänemark nicht vorgestellt! Bringen Sie den Schlüssel vorbei, sonst reisen wir zurück, und Sie hören von unserem Anwalt!«

Zum Kindergeschrei gesellt sich nun auch weibliches Gezetere im Hintergrund. Ich seufze.

»Und das wird teuer – für SIE!«, ruft der Mann noch in den Hörer, verzweifelt bemüht, den Krach rundherum zu übertönen.

»Herr Müller«, sage ich so ruhig wie möglich.

»Wir brauchen eine schnelle Lösung. Jetzt. Sofort! So haben wir uns den Urlaub ....« Der Mann spricht weiter, als hätte er mich gar nicht gehört.

»Herr Müller!«, rufe ich, diesmal lauter. »Haben Sie bereits versucht, die Türklinke nach oben zu drücken?«

Schweigen am anderen Ende.

»Nach oben?«, wiederholt Herr Müller schließlich mit gedehnter Stimme. Auch Kind und Hund scheinen zu verstummen. Durchs

Telefon kann ich die Fragezeichen auf den Gesichtern der Familie Müller förmlich erahnen.

»Genau! Nach oben!« Ich zeige meinem Kollegen den erhobenen Daumen und grinse. Eine unserer einfachsten Übungen.

»Nein, das haben wir nicht. Wozu auch?« Herr Müllers Stimme klingt gereizt.

»Versuchen Sie es einfach, Herr Müller, versuchen Sie es. Klinke nach oben drücken, festhalten und gleichzeitig den Schlüssel drehen.«

Es knackt am anderen Ende der Leitung. Gespannt höre ich zu. Ein Fluchen, zwischen zusammengebissenen Zähnen.

»Sie brauchen beide Hände dazu!«, rufe ich noch in den Hörer und hoffe, dass die Botschaft ankommt.

Kurz Stille, danach raschelt es weiter. Schließlich höre ich ein lautes »Klack«! Geschafft. Ich atme aus.

Lautes Jubeln erklingt im Hintergrund, zwei Kinder lachen, ein Hund bellt.

»Hallo Sie?«, höre ich wieder Herrn Müller in der Leitung. »Die Tür ist offen! Auf die Idee, die Klinke nach oben zu drücken, wären wir nun wirklich nicht gekommen … Wer lässt sich denn so etwas einfallen?«

»Die Dänen, Herr Müller«, sage ich, ein mildes Lächeln auf den Lippen. »Die Dänen.«

»Jetzt kann der Urlaub ja beginnen!«, räuspert sich Herr Müller. »Herzlichen Dank. Fantastischer Service, Fräulein. Und entschuldigen Sie meinen kleinen Ausbruch! Der Stress, die lange Fahrt, die Kinder, meine Frau, der Hund …«

»Keine Ursache«, unterbreche ich den Mann, »Sie sind bei Weitem nicht der Erste, der beim Versuch, dänische Türen zu bezwingen, die Nerven verliert …«

Und mit Sicherheit auch nicht der Letzte …

Verzagen Sie also nie, wenn Sie vor einer dänischen Tür stehen! Jede hat ihr ganz eigenes Geheimnis. Sie kommen dahinter, ganz sicher!

Weil dänische Schauspieler stets alte Bekannte sind

Es geht nichts über einen Sonntagabend im Herbst! Zu dieser Zeit startet eine neue dänische TV-Serie, von einem großen Teil der Bevölkerung bereits mit Spannung erwartet. Pünktlich um 20 Uhr sitzen die Dänen vor dem Fernseher, mit Gummibärchen, Lakritze, Schokolade, Chips & Co. bewaffnet. Im Kamin prasselt ein Feuer. Das Drama kann beginnen!

Dänemark – obwohl ein sehr kleines Land – hat sich mit seinen düster-dramatischen TV-Serien mittlerweile in aller Welt einen Namen gemacht. Heute verkauft sich nahezu jede neu produzierte dänische Serie weit über die Landesgrenzen hinaus (s. Grund 109: Weil die Dänen die spannendsten TV-Dramen produzieren). Ein typisch dänisches TV-Drama besteht aus zehn Folgen mit einer Länge von jeweils einer Stunde. Die Plots sind in sich abgeschlossen, sodass auch diejenigen Zuschauer auf ihre Kosten kommen, die den zahlreichen TV-Serien in Endlosschleife nicht viel abgewinnen können.

Die meisten dänischen TV-Dramen sind auf Anhieb derart erfolgreich, dass Fortsetzungen produziert werden. Sitzen Sie vor einer brandneuen Staffel der Serie, die Sie im Vorjahr mitverfolgt haben, dauert es nur wenige Minuten, und Sie fühlen sich auch in der Fortsetzung wie zu Hause.

Sie werden sich jedoch auch in einer ganz neuen dänischen TV-Serie schnell heimisch fühlen – dank Ihrer »alten Bekannten«, der zahlreichen dänischen Schauspieler, die Sie bereits nach wenigen Szenen entdecken werden. Denn in einem so kleinen Land wie Dänemark ist die Filmszene überschaubar. Sehr überschaubar. Für jeden besseren Spielfilm, für jede gute TV-Serie werden dieselben (talentierten) Schauspieler herangezogen.

In den Jahren 2012 bis 2015 wurde jede dritte Hauptrolle aller dänischen Spielfilme für Erwachsene von einem der elf beliebtesten dänischen Schauspieler[94] besetzt. Diese Analyse des Senders »Radio24syv« aus dem Jahr 2015 kam in etwa zum selben Ergebnis wie das Filmmagazin *Ekko* zwei Jahre zuvor: Hier erhielten die beliebtesten zwölf Schauspieler 40 Prozent aller relevanten Hauptrollen. Kein Wunder also, dass Sie am Sonntagabend, exakt zwei Minuten nach dem Start des neuesten TV-Dramas, gleich in mehrere bekannte Gesichter blicken und eifrig herausplatzen: »Das ist ja der .... Hm, wie war nun wieder der Name ... na, der »statsminister« aus *Borgen*. Oder: »Schau mal an, die ›Anna Pihl‹! Was ist das denn für eine merkwürdige Rolle? Polizistin passte viel besser zu ihr.«

Sie fühlen sich, als hätten Sie alte Bekannte getroffen. Schließlich haben Sie mit diesen Menschen bereits einiges erlebt. Sie haben gemeinsam Morde aufgeklärt und sind Ihren Helden auf ihren diversen Irrwegen gefolgt. Sie haben mitgefiebert, den persönlichen Fall einiger Personen miterlebt, sich in die Tiefen der menschlichen Psyche vorgewagt. Sie haben mitgezittert, zu unlösbar erscheinenden Problemen fieberhaft nach einer Lösung gesucht. Ganz selten konnten Sie sogar beruhigt aufatmen, wohl wissend, dass Sie spätestens in der nächsten Szene vor Entsetzen oder neuer Überraschung die Hand vor den Mund schlagen werden. Denn dänische Regisseure ringen sich nur äußerst selten zu einem Happy End durch. Dänische TV-Serien sind wie die dunkle Jahreszeit in Skandinavien: Düster. Dramatisch. Launisch. Finster.

Sie kennen sie in- und auswendig, die dänischen Schauspieler. Dies kann zu Beginn eines neuen TV-Formates kurzzeitig zu Desorientierung führen.

Erste Folge, erste Szene. Mit angezogenen Beinen sitzen Sie auf dem Sofa und starren gebannt auf die Mattscheibe. Zwei Schauspieler betreten die Szene. Beide lösen in Ihnen einen Ansturm diverser Gefühle aus. In welchem Film, in welcher Serie haben Sie die beiden nur schon gesehen? Spielten sie nicht auch ein Paar in einer anderen Serie? Der Mann hat auf jeden Fall in *Forbrydelsen* mitgespielt (dt.:

Das Verbrechen – Kommissarin Lund), da sind Sie sich ganz sicher. Was war das damals noch für eine Rolle? Der Name liegt Ihnen auf der Zunge, will und will jedoch nicht hervorkommen. Verzweifelt schauen Sie zu dem Zuschauer, der neben Ihnen auf der Couch sitzt. Er raschelt hektisch mit der Chipstüte, weiterhelfen kann er Ihnen jedoch auch nicht. Namen sind schließlich wie Schall und Rauch.

Als Ihnen endlich Name sowie Rolle eingefallen sind, sodass Sie sich endlich voll und ganz auf die neuen Charaktere einlassen können, ist die Szene mitsamt ihrer Inhalte längst an Ihnen vorbeigezogen. Gut, dass Sie heutzutage sowieso alles aufzeichnen und »von Band« sehen.

Dänische Filme und Serien: Spannung und Komfortzone zugleich. Eine perfekte Kombination!

64. Grund

Weil die Originalstimmen der Schauspieler einfach besser passen

Leben Sie in Deutschland, sind Sie eine professionelle Filmsynchronisation gewohnt. Sämtlichen ausländischen Schauspielern werden deutsche Worte in den Mund gelegt. Sie können sich bequem zurücklehnen und verschwenden keinerlei Gedanken an Fremdsprachen. Dieser Luxus wird jedoch nicht allen Filmfans zuteil. Aus Kostengründen werden in vielen Ländern einfachere Techniken genutzt, um den Landesbewohnern fremdsprachige Produktionen verständlich zu machen. Es werden entweder standardmäßig Untertitel unter das Bild eingeblendet oder alternativ das »Voice-Over« genutzt, bei dem eine Stimme in der jeweiligen Landessprache über den Originalton gelegt wird, zeitverzögert, sodass der (leise) Originalton einen Eindruck der fremden Sprache vermittelt, während der Zuschauer den Inhalt des Gesagten in seiner eigenen Sprache aufnehmen kann.

Dänemark ist zu klein, als dass sich Synchronisation lohnen würde. Daher werden sämtliche Filme mit Untertiteln versehen. Diese geben (verkürzt) den Inhalt des Gesprochenen in dänischer Sprache wieder. Eine etwas gewöhnungsbedürftige Vorgehensweise, sofern Sie mit Filmsynchronisation aufgewachsen sind. Die ersten Monate im Lande werden Sie einige Mühe darauf verwenden, gleichzeitig der bildhaften Handlung als auch den Texteinblendungen zu folgen. Dass die (schnell vorüberziehenden) Texteinblendungen hierbei (logischerweise) auch noch auf Dänisch verfasst sind und Sie sich dieser Sprache möglicherweise noch nicht hundertprozentig bemächtigt haben, macht die Herausforderung nicht kleiner.

Bei meinen ersten, kleineren Ausflügen in die dänische Fernseh-Welt stand mir regelrecht der Schweiß auf der Stirn. Erst nach und nach gewöhnte ich mich an die parallele Aufnahme von Wort und Bild und erweiterte durch das Fernsehen automatisch meine schriftlichen Dänischkenntnisse. Eines Tages fühlte ich mich schlussendlich größeren Herausforderungen gewachsen. Wagemutig setzte ich mich vor einen kompletten Hollywood-Film. 90 Minuten warteten auf mich. Der Hauptdarsteller: Sean Connery, der James-Bond-Held meiner Kindertage. Die Chipstüte lag ebenfalls bereit.

Einige Szenen später klopfte ich mir selbst auf die Schulter. Dänisches Fernseh-Multitasking: Kein Problem! Meine Aufnahmefähigkeit von Bild und Text, meine Lesegeschwindigkeit sowie mein Verständnis der dänischen Sprache hatten sich dank regelmäßigen Trainings signifikant verbessert. Ich lehnte mich zurück, ließ die Schultern herabsinken. Endlich waren Filme wieder ein Genuss anstelle einer anstrengenden Herausforderung.

Plötzlich betrat Sean Connery die Bildfläche. Gespannt richtete ich mich auf. Nun ging es richtig los. Mein Held holte Luft und setzte zum Sprechen an, automatisch glitten meine Augen zum dänischen Untertitel. Noch bevor meine Augen den schwarzen

Balken erreicht hatten, stockte ich. Entsetzt blickte ich zurück aufs Bild. Was machte Sean Connery denn da? Was zum T… war mit seiner Stimme los? Sie war viel zu tief. Darüber hinaus zuckte ich bei jedem gesprochenen S und SCH zusammen. Lispelte der Mann? Oder war das nur ein Akzent? Meine Welt geriet aus den Fugen. Der Film zog an mir vorbei, während ich verzweifelt versuchte, meinen Schock über Originalstimme und Akzent des Hauptdarstellers zu verdauen.

Nach diesem Film folgte eine verwirrende Zeit. Traf ich während eines Films auf einen mir bekannten Schauspieler, sperrte sich alles in mir gegen die Originalstimme. Meine persönliche Scheinwelt der deutschen Synchronstimmen zerbröselte.

Einige Jahre später, immer noch in Dänemark, immer noch dänisches Fernsehen mit Originalton und dänischen Untertiteln. Mittlerweile hatte ich mich an die »neuen Stimmen« gewöhnt. Nur noch äußerst selten führte die Originalstimme eines Schauspielers dazu, dass ich zusammenzuckte.

Stattdessen stand ich vor einer ganz neuen Herausforderung: dem deutschen Fernsehen. Wir hatten gerade unser Kabelfernsehen um einige deutsche Sender erweitert, und ich wollte mir fortan hin und wieder einen TV-Abend in meiner Muttersprache gönnen. Ein Vorhaben, das ich nach wenigen Versuchen kurzerhand wieder aufgeben musste. Zu falsch klangen die deutschen Synchronstimmen, zu deutlich konnte ich erkennen, wie unnatürlich die deutschen Worte auf ausländischen Lippen lagen, zu stark war meine Aufmerksamkeit darauf gerichtet, wie gut oder schlecht die Lippenbewegungen zum synchronisierten Output der Schauspieler passten. Ich konnte die Zeit nicht mehr zurückdrehen: Meine unschuldigen Ohren (und Augen) waren verdorben, die Scheinwelt der Synchronstimmen längst untergegangen.

Die Originalstimmen passen eben (logischerweise) besser zu den Schauspielern. Darüber hinaus transportieren ihre unterschiedlichen Dialekte und Sprachen Stimmungen und Informationen, die bei einer Synchronisation unweigerlich verloren gehen. Insbesondere auch mehrsprachige Filme haben einen ganz besonderen Charme, der sich nur per Originalton vermitteln lässt.

So herausfordernd Untertitel am Anfang auch sein mögen, so bequem und entspannt können Sie mit deren Hilfe einen Film trotz Hintergrundlärm verfolgen, ein nicht unwesentlicher Vorteil für Familien mit Kleinkindern und strapazierten elterlichen Ohren. Ich selbst ertappe mich nach der Gewöhnung an Untertitel sogar dabei, dass ich auch deutsche Filme nach Untertexttafeln abklappere und diese – sofern vorhanden – direkt einblende.

Es leben die Untertitel!

(Und die Originalstimmen.)

65. Grund

Weil Sie in Dänemark Solo-Mutter werden können

Dänemark gehört zu den wenigen Ländern, die nicht nur kinderlosen heterosexuellen Paaren, sondern auch lesbischen Paaren und Single-Frauen eine künstliche Befruchtung ermöglichen. Anders als in anderen Ländern können Sie hier in Dänemark somit auch »solomor«, d.h. »Solo-Mutter« werden, falls Ihre biologische Uhr laut tickt, der passende Partner zur Familiengründung jedoch weit und breit nirgendwo in Sicht ist.

Zugegebenermaßen ein umstrittenes Thema, auch hierzulande. Jedoch strömen seit der Liberalisierung der Gesetzeslage zur künstlichen Befruchtung[95] im Jahr 2006 aus ganz Europa Single-Frauen nach Dänemark, in der Hoffnung, sich ihren Baby-Traum, der ihnen in ihrem Heimatland versagt ist, doch noch zu erfüllen.

Laut Gesetz darf eine Frau bei der Kinderwunschbehandlung in Dänemark noch keine 46 Jahre alt sein, viele Kliniken setzen die praktische Altersgrenze allerdings bei 40 Jahren an. Die Kosten für die Behandlung der sogenannten »unfreiwilligen Kinderlosigkeit« übernimmt die Krankenversicherung. Sind Sie in Dänemark also krankenversichert, kommen Sie in den Genuss einer weitestgehend kostenlosen Behandlung. Lediglich die für die Behandlung benötigten Medikamente müssen selbst gezahlt werden. Ausländische Frauen müssen die Kosten für eine Fertilitätsbehandlung selbstverständlich selbst tragen und hierfür oftmals tief in die Tasche greifen, abhängig davon, wie schnell die Befruchtungsversuche zu einer Schwangerschaft führen. Hinzu kommen nicht unwesentliche Reise- und Aufenthaltskosten rund um die Behandlung

Eine Behandlung beinhaltet hierbei eine bestimmte Anzahl an Befruchtungsversuchen. Sollten diese nicht zum gewünschten Erfolg führen, müssen auch Dänen weitere Behandlungsverläufe aus eigener Tasche zahlen. Führt die Fertilitätsbehandlung zum gewünschten Erfolg und die frischgebackenen Eltern, alternativ die Solo-Mutter, wünschen sich noch ein Geschwisterchen, muss diese neue Behandlung ebenfalls selbst gezahlt werden.

Dänische Frauen, deren Fokus lange auf der Karriere lag und denen mit Mitte/Ende 30 langsam aufgeht, dass ihnen zur Erfüllung des Kinderwunsches nur noch wenige Jahre bleiben, müssen aufgrund des fehlenden geeigneten Partners an ihrer Seite nicht mehr in Panik verfallen. Stattdessen können sie einen Termin beim Hausarzt vereinbaren und sich nach einem Gespräch an eine Kinderwunschpraxis überweisen lassen.

Vor diesem gesetzlichen Hintergrund ist es nicht verwunderlich, dass dänische Samenbanken auf dem Markt der künstlichen Befruchtungen weltweit führend sind. Die größte unter ihnen ist laut eigenen Angaben die Samenbank Cryos International – Denmark ApS[96]. Cryos International liefert Samen in insgesamt 70 Länder der Welt. Die Firma boomt, unter anderem auch, da es in Dänemark als einem der wenigen Länder nach wie vor erlaubt ist, anonym zu spenden, eine Tatsache, die die Bereitschaft zur Samenspende erhöht. Die Anonymität gilt beidseitig. Weder kann das Kind Daten über den Vater herausfinden, noch kann der Vater sein(e) Kind(er) jemals ausfindig machen.

Die anonyme Samenspende ist und bleibt jedoch ein umstrittenes Thema. Denn es ist davon auszugehen, dass einige der auf diesem Wege erzeugten Kinder möglicherweise eines Tages unter Identitätsproblemen leiden werden. Viele werdenden Eltern und Solo-Mütter wählen statt der anonymen Samenspende einen »offenen« Spender. Hier darf der gezeugte Sprössling zu einem vereinbarten Zeitpunkt die Identität des Vaters über die Samenbank in Erfahrung bringen. Die Möglichkeit des offenen Spenders besteht natürlich auch in anderen Ländern, jedoch dürfen in diesen Ländern meist nur heterosexuelle Paare in Kinderwunschkliniken behandelt werden.

Laut Cryos International bestellen mehr und mehr alleinstehende Frauen Samen. Aktuell wird bereits jedes zehnte künstlich gezeugte Kind[97] von einer Solo-Mutter geboren, mit steigender Tendenz, denn inzwischen sind bereits 50 Prozent der Kunden von Cryos International Single. Cryos berichtete über einen Ansturm von Frauen im Alter zwischen 31 und 45 Jahren, die Hälfte davon mit einem Master-Universitätsabschluss.

Die »neue« Lebensform »solomor«: Oft noch ein Tabuthema, doch in Dänemark möglich!

6. KAPITEL

ARBEITEN IN DÄNEMARK

Weil ein geringer Kündigungsschutz auch befreiend sein kann

Wer sich am deutschen Arbeitsmarkt gut aufgehoben fühlt, dem stehen beim ersten Kontakt mit dem dänischen Arbeitsmarktmodell möglicherweise erst einmal die Haare zu Berge. Kündigungsschutz? Arbeitsplatzsicherheit? Fehlanzeige!

Der Arbeitsmarkt in Dänemark steht seit den 90er-Jahren ganz im Zeichen von »Flexicurity«. Flexicurity, eine Zusammensetzung der englischen Wörter »»flexibility« (Flexibilität) und »security« (Sicherheit), beschreibt ein Arbeitsmarktmodell, das die Ziele der Arbeitgeber, flexibel Personal einstellen und entlassen zu können, mit den Zielen der Arbeitnehmer, Beschäftigungssicherheit, vereint.

Das Modell wird hierzulande auch »den gyldne trekant« (dt.: das goldene Dreieck) genannt, da es aus drei Säulen besteht: einem flexiblen Arbeitsmarkt, Einkommenssicherheit und einer aktiven Beschäftigungspolitik. Der Kündigungsschutz wurde im Vergleich zum Schutz in Deutschland stark reduziert. Gleichzeitig steht Arbeitnehmern im Falle der Arbeitslosigkeit eine vergleichsweise hohe materielle Absicherung zu, derzeit über einen Zeitraum von zwei Jahren. Darüber hinaus erhalten Arbeitslose bei der Stellensuche starke Unterstützung vom Staat.

Ein gesetzlich geregelter hoher Kündigungsschutz ist nicht nur von Vorteil für die Arbeitnehmer, vielmehr spaltet er den Arbeitsmarkt in zwei Lager: Er schützt zwar durchaus diejenigen Arbeitnehmer, die es geschafft haben, sich einen festen Job zu ergattern. Gleichzeitig erschwert er jedoch denjenigen den Weg zurück an den Arbeitsmarkt, die noch auf Arbeitssuche sind. Und dies beträchtlich. Denn Arbeitgeber müssen stets gut abwägen, ob sie bei Bedarf tatsächlich neue Mitarbeiter einstellen, wohl wissend, dass sie sich dieser bei veränderter Marktlage nicht einfach wieder entledigen können.

In Dänemark gibt es keinen gesetzlich geregelten Kündigungsschutz. Die Sicherheit der Arbeitnehmer wird ausschließlich mit tariflichen Regelungen und der Unterstützung im Falle einer Arbeitslosigkeit gewährleistet. Dies ermöglicht dänischen Unternehmen höchste Flexibilität bei der Personalplanung. Einem Mitarbeiter kann theoretisch jederzeit aus betriebsbedingten Gründen gekündigt werden. Die Kündigungsfristen stellen sich ebenfalls vergleichsweise kurz dar. Damit können Firmen schnell und flexibel auf Marktänderungen reagieren. Umgekehrt führt diese Zwanglosigkeit jedoch auch dazu, dass Unternehmer ohne große Bedenken neue Mitarbeiter einstellen, sobald der Kurs nur ein klein wenig auf Wachstum steht. Flexibility!

Wo bleibt bei all der unternehmerischen Flexibilität nun das Ziel des Arbeitnehmers, seine persönliche Sicherheit am Arbeitsmarkt?

Die finanzielle Absicherung des Arbeitnehmers findet im Regelfall über die Arbeitslosenversicherung statt, sofern dieser sich dort versichert hat. Die Anmeldung bei einer Arbeitslosenversicherung ist in Dänemark freiwillig. Die »A-Kasse« zahlt einem Arbeitssuchenden nun zwei Jahre lang Arbeitslosengeld. Hat der Arbeitslose nach dieser Zeit immer noch keinen neuen Job in Aussicht, wechselt er über in die (niedrigere) Sozialhilfe. Wer bei seiner Entlassung kein Mitglied einer »A-Kasse« war, erhält von Anfang an Sozialhilfe.

Neben der finanziellen Unterstützung wird der Arbeitssuchende auch umfassend vom dänischen Jobcenter, dem Pendant zur deutschen Arbeitsagentur, betreut und als Mitglied einer »A-Kasse« auch zusätzlich direkt von dieser. Der Arbeitslose wird regelmäßig persönlich beraten, gefördert und für die Herausforderungen der Arbeitssuche qualifiziert. Gleichzeitig werden seine Anstrengungen engmaschig kontrolliert. Ein Arbeitssuchender ist dazu angehalten, sich konsequent zu bewerben und ein Jobangebot auch dann anzunehmen, wenn es nicht unbedingt den eigenen persönlichen

Vorstellungen entspricht. Ansonsten droht der sofortige Entzug jeglicher finanzieller Hilfe.

Sicherheitsorientierten Menschen mag das Konzept »Flexicurity« zunächst gewöhnungsbedürftig vorkommen. Von der Flexibilität des Modells profitieren jedoch nicht nur Arbeitgeber, die Flexibilität färbt auch auf die Arbeitnehmer ab.

Meine Generation beendete ihre Ausbildung in den 90er-Jahren, einer Zeit mit hoher Arbeitslosigkeit in Deutschland. »Ein sicherer Job ist das Beste, was dir passieren kann.« – »Hast du erst mal einen unbefristeten Job, hast du es geschafft. Behalte ihn unter allen Umständen!« Diese und ähnliche Sätze prägten unsere Einstellung.

Ein Wechsel des festen Arbeitsplatzes bedeutete stets auch, die mit dem Kündigungsschutz erworbene Sicherheit für eine unbestimmte Zeit wieder an den Nagel zu hängen.

Dass der sichere Job jedoch auch der falsche sein kann, dass man sich von einem einst passenden Arbeitsplatz über die Jahre hinweg fortentwickelt, dass sich die persönliche Ausrichtung mit der Zeit auch ändern kann: All diese Dinge gehen bei der ausschließlichen Ausrichtung auf den Sicherheitsaspekt eines Arbeitsverhältnisses völlig unter.

Es gehört viel dazu, sich gegen einen sicheren Arbeitsplatz mit hohem Kündigungsschutz zu entscheiden, die mit den Jahren erworbene Sicherheit gegen Unsicherheit einzutauschen, nur für die Hoffnung, ein neuer Job möge besser zu einem passen und zu einem glücklicheren Leben führen.

Einfacher funktioniert dies natürlich, wenn ein solcher Kündigungsschutz gar nicht erst vorhanden ist. Auf einem Arbeitsmarkt wie dem dänischen ist es jedenfalls nicht unbedingt der Sicherheitsgedanke, der Sie von einem Jobwechsel abhalten wird.

Sind Sie unzufrieden mit Ihrem Job? Fühlen Sie sich nicht mehr wohl? Lust auf neue Aufgaben? Möchten Sie eine neue Branche kennenlernen? Streben Sie andere Arbeitszeiten an? Suchen Sie neue Herausforderungen? Dann wechseln Sie doch den Job!

Der Wegfall des Sicherheitsgedanken führte bei mir zu einem neuen Gefühl. Freiheit. Freiheit statt Angst vor dem sozialen Fall. Plötzlich sah ich überall Möglichkeiten anstelle von Restriktionen, ich sah spannende Jobs, nette Kollegen, neue, interessante Arbeitsaufgaben, Möglichkeiten, sich weiterzuentwickeln.

Nirgendwo war ich so gut geschützt vor einer Kündigung wie in Deutschland. Dennoch litt ich hin und wieder unter der Angst, eines Tages arbeitslos zu werden.

Nirgendwo war ich weniger geschützt vor einer Kündigung als in Dänemark. Schon morgen früh kann mein Chef vor mir stehen, in der Hand die Kündigung. Doch Angst? Ich verspüre keine.

Paradox. Aber befreiend!

67. Grund

Weil Dänen gerne den Arbeitsplatz wechseln

Eines Tages, ich lebte und arbeitete bereits seit mehreren Jahren in Dänemark, stellte ich ganz plötzlich fest: Ich hatte Lust auf einen neuen Job. Ich hatte Lust auf neue Aufgaben, konnte mir gut vorstellen, die Branche zu wechseln.

Ich wünschte mir, näher an meinem Wohnort zu arbeiten, mehr Zeit für die Familie zu haben. Ich fand die Idee spannend, mal wieder die Komfortzone zu verlassen. Es war Zeit für neue Ufer. Also wechselte ich den Job!

Als ich vor neun Jahren nach Dänemark umsiedelte, herrschte hier volkswirtschaftlich betrachtet Vollbeschäftigung. In nahezu jeder Branche wurden händeringend Arbeitskräfte gesucht. Heute gestaltet sich die Jobsuche wieder etwas schwieriger, abhängig von der Branche. Nichtsdestotrotz glückte mein Vorhaben relativ kurzfristig. Wenige Monate nach meinem Entschluss hatte ich ein interessantes Jobangebot in der Tasche.

»Glückwunsch!«, sagte eine Freundin aus Deutschland am Telefon. »Das ging nun doch schneller als erwartet!« Ich nickte begeistert.

»Ich drücke dir die Daumen, dass du die Probezeit überstehst«, fügte sie nach ein paar Sekunden hinzu. »Beim Jobwechsel geht man ja immer ein hohes Risiko ein. Beachtlich auch, dass ihr dieses Risiko eingeht, jetzt, wo dein Mann auch vor Kurzem erst einen neuen Job angetreten hat. Somit habt ihr mehrere Wochen lang beide keinen sicheren Job … Und das mit Haus, Garten und Kindern.«

Ich war verblüfft. Ohne Zweifel, meine Freundin hatte recht. Mein Mann arbeitet in einer wechselhaften Branche, hatte in den vergangenen Jahren mehrmals die Stelle gewechselt. Nun würde auch ich den Job wechseln, mit entsprechend überlappenden Probezeiten. Es war somit nicht der Gedankengang meiner Freundin, der mich verblüffte. Ich war verblüfft über mich selbst! Zu keinem Zeitpunkt hatte ich in der Probezeit ein Problem gesehen, zu keinem Zeitpunkt war mir in den Sinn gekommen, dass wir mit meinem Jobwechsel ein finanzielles Risiko eingingen. Dabei hätten obige Sätze vor meinem Umzug nach Dänemark durchaus von mir stammen können.

Meine Antwort am Telefon: »Det skal nok gå«. Natürlich.

Der Großteil der Dänen hat eine lockere Einstellung zum Arbeitsmarkt, und das steckt an. Vor einigen Jahren gab es hierzu eine Umfrage in europäischen Ländern. Die Teilnehmer wurden gefragt, ob sie es für eine gute Idee halten, oft den Arbeitsplatz zu wechseln. Drei von vier Dänen[98] antworteten mit »ja«. Nur jeder vierte Deutsche teilte diese Ansicht. Im Jahr 2013 lag Dänemark darüber hinaus auf Platz 4[99] einer Rangliste aller OECD-Länder, die miteinander verglich, wie viele Arbeitnehmer neu in ihrem aktuellen Job sind (< 1 Jahr am Arbeitsplatz). In Dänemark waren dies 23 Prozent aller Arbeitnehmer.

In vielen Ländern sind »lebenslange Anstellungen« weit verbreitet, in Dänemark herrscht eher die Vorstellung, dass Sie sich als

Arbeitnehmer bewegen müssen, dass Sie nicht Jahrzehnte am gleichen Arbeitsplatz bleiben sollten, um sich besser weiterentwickeln zu können, um flexibel zu bleiben. Häufige Jobwechsel sind für eine Gesellschaft auch von Vorteil. Einerseits entwickeln sich die Arbeitnehmer mit jedem Wechsel deutlich weiter, zum anderen lässt sich die Arbeitskraft schneller in die Branchen hinein verteilen, in der sie aktuell benötigt wird, wenn sich die Arbeitsmarktsituation ändert. Denn die Arbeitnehmer in Dänemark sind generell flexibel und zu Änderungen bereit.

Ein Däne sitzt durchschnittlich 8,4 Jahre am aktuellen Arbeitsplatz. Während seines gesamten Arbeitslebens lernt er etwa sechs unterschiedliche Arbeitsplätze[100] kennen.

68. Grund

Weil auch Chefs am frühen Nachmittag heimgehen

Es ist 15 Uhr. Vor meinem Büro, direkt neben dem Haupteingang, herrscht reges Treiben. Diejenigen Kollegen, die bereits seit frühmorgens sieben Uhr in der Firma weilen, winken freundlich und rufen »farvel«. Die vertragliche Arbeitszeit ist zu Ende. Feierabend. Nicht viel später, jeden Tag ein bisschen unterschiedlich, kommen die Chefs vorbei. Eiligen Fußes, denn entweder muss ein Kind von der Schule abgeholt und ins nächste Fußballtraining gefahren werden, oder es rufen – schlicht und ergreifend – Familienpflichten anderer Art. Denn die dänische Frau hat in der Regel – wie auch ihr Mann – einen Vollzeitjob, sodass sämtliche Aufgaben rund um Kinder und Haushalt (einigermaßen) gerecht aufgeteilt werden müssen. Chef hin oder her.

Natürlich reichen auch in Dänemark die gängigen 37,5 Wochenstunden nicht unbedingt aus, sofern man/frau die Karriereleiter bereits ein gutes Stück hinaufgeklettert ist. Die Lösung dieses Problems heißt auch im Norden »Überstunden«, auf Dänisch – typisch positiv – »interessetimer«. Interessestunden. Wer Interesse an Job und Karriere hat, kommt auch in Dänemark nicht umhin, »Interessestunden« zu leisten.

Jedoch werden diese in der Regel von Zuhause aus geleistet, sofern Chef oder Chefin Kinder in die Welt gesetzt haben. Zwangsläufig. Abends, wenn in der Familie Ruhe eingekehrt ist, wenn die Kinder abgeholt, zu diversen Hobbys und Verabredungen bugsiert und wieder nach Hause verfrachtet wurden, wenn sie gut versorgt und bespaßt nach einem gemütlichen Abendritual im Bett liegen und hoffentlich selig schlummern, dann fahren Mama und/oder Papa ihre Laptops und Tablets hoch oder bearbeiten alternativ dringende Mails am Smartphone.

Denn damit das tägliche Familienpuzzle aufgeht, ist ab nachmittags in der Regel die Anwesenheit beider Eltern gefragt. Dem Nachwuchs ist es schließlich herzlich gleichgültig, wie weit die Eltern die Karriereleiter bereits erklommen haben. Darüber hinaus kommen nicht alle Familien in den Genuss von Eltern, Schwiegereltern & Co., in der Nähe des Wohnortes und die gleichzeitig auch noch Lust und Zeit haben, regelmäßig bei der Familienlogistik zu helfen. In Dänemark arbeitet oft auch die ältere Generation noch in Vollzeit bis hin zum Rentenalter, und zwar Männlein wie Weiblein.

So trifft man am frühen Nachmittag ganz regelmäßig auch Männer in höheren Positionen im gewöhnlichen Feierabendverkehr, zu ganz humanen Zeiten, auf ihrem Heimweg, mit dem abgeholten Nachwuchs im Schlepptau. Treten unsere Chefs um 15.30 Uhr den Heimweg an, wird ihnen nicht einmal der witzig-tragische Spruch »Nimmst du etwa einen halben Tag Urlaub?« hinterhergerufen. Dass zu Hause die Familie wartet, wird weder kommentiert noch hinterfragt.

Die Familie ist heilig. Auch die des Chefs.

Weil (viele) Dänen arbeiten, um zu leben. Nicht umgekehrt.

Am Schreibtisch in meinem neuen Job, den ich vor etwa zwei Wochen angetreten hatte. Es war später Nachmittag, die meisten Kollegen waren längst gegangen. Ich starrte in den Computer, mühte mich ab, einen etwas komplizierteren Vorgang nachzuvollziehen. Kein Zweifel, ein neuer Job war eine tolle Angelegenheit. In den vergangenen zwei Wochen hatte ich so viel gelernt wie in den letzten beiden Jahren zuvor nicht. Doch es war natürlich auch anstrengend. Ich rieb mir die müden Augen, als plötzlich aus dem Nichts heraus ein Kollege neben meinem Schreibtisch stand. Ich hatte ihn nicht kommen hören, so vertieft war ich in meine Notizen gewesen.

»Hast du nicht zwei Kinder?« Täuschte ich mich, oder sah ich Missbilligung in seinem Blick?

»Ja.«

Der Kollege deutete auf die Uhr. Ich folgte seinem Blick. 17 Uhr. So what?

»Waren die nicht noch ziemlich klein? Erst im Kindergartenalter?« Er ließ mich nicht aus den Augen.

Ich nickte langsam.

»Gå hjem!«. Geh heim! Er starrte mich an.

Ich versuchte, zu protestieren. Schließlich war ich längst nicht fertig. Und morgen würden neue Aufgaben auf meinem Schreibtisch landen. Ungerührt schüttelte der Kollege den Kopf. Einige Sekunden lang war nur das Ticken der Uhr zu hören. 17 Uhr.

»Gå hjem!«, wiederholte er. »Nu!« Jetzt!

Widerstrebend packte ich meine Siebensachen und trat den Heimweg an.

Auch in den Wochen danach wurde ich regelmäßig von diversen Kollegen »herausgekehrt«, sobald ich mein Anfängerarbeitstempo mit Überstunden auszugleichen versuchte. Scheinbar war es nicht angebracht, länger zu bleiben. Schließlich hatte ich Kinder. Auch die Kollegen, die von meinen »Interessestunden« direkt profitierten, mahnten mich ständig, auf die Zeit zu achten, pünktlich nach Hause zu gehen. Die Familie ging schließlich vor. Außerdem sollte ich ja genügend Zeit haben, mich für den nächsten Arbeitstag zu regenerieren. Blieb ich trotzdem einmal länger, erntete ich statt Anerkennung leichte Missbilligung und Unverständnis ob meiner merkwürdigen Prioritätensetzung.

In Dänemark stellt sich die Work-Life-Balance in der Regel ausgewogener dar, als ich dies aus Deutschland gewohnt war. Sowohl bei Frauen als auch bei Männern, und ganz unabhängig von der jeweiligen Position auf der Karriereleiter. Familie und Freizeit haben stets eine hohe Priorität, nicht nur in Kopf und Herz, sondern auch bei der Verteilung der zur Verfügung stehenden 24 Stunden eines Tages … Alle versuchen, Beruf und Freizeit so miteinander zu vereinbaren, dass sie sich von beiden Kuchen genügend (zeitliche) Stücke abschneiden können.

Fragen Sie die Dänen, ob sie arbeiten, um zu leben, oder umgekehrt, wird Ihnen der Großteil nicht nur aus voller Überzeugung mitteilen, dass er (selbstverständlich) arbeitet, um zu leben – er wird es auch genau so umsetzen! Die Arbeit soll natürlich Spaß machen und für den Lebensunterhalt sorgen, Familie und »Hygge« sind jedoch wichtiger.

Mit dieser (für mich neuen) Mentalität machte ich auch gleich bei meinem ersten dänischen Arbeitgeber Bekanntschaft. Mein Arbeitsplatz lag in einem großen Bürogebäude, das durch eine Alarmanlage gesichert war. Mein künftiger Chef schickte sich an, mir das Display der Alarmanlage am Büroeingang zu erklären.

»Von 8 bis 16 Uhr kannst du die Firma betreten und wieder verlassen, ohne Chip und Code zu benutzen.« Er deutete auf einen kleinen Chip in seiner Hand und reichte mir einen Zettel mit einem Zahlencode.

Ich nickte. Logisch. Kernarbeitszeiten.

»Verlässt du die Firma nach 16 Uhr, benötigst du sowohl Chip als auch Code. Ansonsten löst du den Alarm aus.«

Ich runzelte die Stirn. Wie unpraktisch. Arbeiteten wir nicht täglich bis 17 Uhr? Er schien meine Gedanken lesen zu können. »Unser Team ist das einzige, das bis 17 Uhr anwesend ist.«

Ich nickte langsam. So aufwendig klang es auch wieder nicht. Chip und Code. Er fuhr fort mit seiner Erklärung: »Ab 18 Uhr wird das Licht in der gesamten Etage abgeschaltet. Im Winter sitzt man zu dieser Zeit dann völlig im Dunkeln. Aber bis dahin sind wir längst zu Hause.« Er lächelte.

Ich starrte ihn an. Wollte er mich verschaukeln? Mit dem dänischen Sarkasmus hatte ich mich immer noch nicht anfreunden können.

»Selbstverständlich kann man das Licht auch wieder einschalten. Dazu muss man vorne am Eingang den Hauptschalter finden. Im Dunkeln wohlgemerkt.« Er grinste breit.

Ich schüttelte den Kopf. Kein Licht mehr ab 18 Uhr? Ich dachte an die vielen Abende in meinem letzten Job in Deutschland. Wie oft hatten wir auch einmal bis 19 Uhr gesessen, in hektischen Zeiten sowie vor und nach einem Urlaub auch länger. Und die hohen Tiere dieser Firma … nun gut. Deren Arbeitszeiten waren ohnehin ein anderes Thema.

»Das Licht verschwindet dann wieder zu jeder vollen Stunde.« Die Worte meines dänischen Chefs rissen mich in die Realität zurück. Ich dachte an meine deutschen Chefs, die regelmäßig bis spätabends im Büro saßen. Im Geiste sah ich vor mir, wie die Herren in Anzug und Schlips zu jeder vollen Stunde mit dem Aufzug ins Erdgeschoss fuhren, um sich mit ausgestrecktem Arm vorsichtig durch die Dunkelheit zu irgendeinem Hauptschalter im Eingangsbereich vorzutasten. Vielleicht hatten sie ja auch eine Taschenlampe zur Hand?

Ein unkontrolliertes Kichern entfuhr mir. Mein zukünftiger Chef sah mich irritiert an. Schnell presste ich die Lippen zusammen und verdrängte jegliche Gedanken an Dunkelheit, Schlips, Anzug, Taschenlampe und Hauptschalter.

Der Chef räusperte sich. »Aber so lange bleibt im Normalfall sowieso keiner!«

Natürlich nicht! Wir sind ja in Dänemark.

70. Grund

Weil Frauen in Vollzeitjobs eine Selbstverständlichkeit sind – seit Jahrzehnten

Der letzte Tag vor meinem ersten Mutterschutz. Ich saß vor meinem Computer im Büro und versuchte, mich auf die Mail zu konzentrieren, die ich im Begriff war zu schreiben. Ich rutschte mit dem dicken Bauch auf dem Stuhl hin und her, versuchte vergeblich, eine bequeme Position zu finden. Mein Chef, der gerade an meinem Schreibtisch vorbeigehen wollte, blieb stehen.

»Was tust du da?«, fragte er freundlich.

»Ich schreibe eine Abschiedsmail an alle Kollegen im Haus«, antwortete ich missmutig.

Mein Chef zog die Augenbrauen hoch. »Abschied? Du gehst doch nur in den »barselsorlov« (dt.: Erziehungsurlaub). Bis die Kollegen in den Außenstellen das überhaupt bemerken, bist du längst wieder da.«

Er lächelte und fuhr fort: »Ein Jahr ist schnell vorbei.«

Mit diesen Worten verließ er mich wieder. Nach kurzem Nachdenken löschte ich die Mail. Er hatte recht. Wir waren in Dänemark. Die »Nachwuchsproduktion« stellte hier keine Staatsangelegenheit dar. Ein Jahr war schnell vorüber.

Mein Kind wurde geboren. Nach einem guten Jahr saß ich an meinem Schreibtisch, als wäre nichts geschehen. Wenige Wochen später musste ich meinem Chef bereits die nächste Schwangerschaft beichten. Er nahm die Information entgegen, ohne mit der Wimper zu zucken, und freute sich für mich. Wenig später regelte er eine befristete Vertretung für mein nächstes Erziehungsjahr. Damit war das Thema erledigt.

Für dänische Arbeitgeber scheint sich ankündigender Nachwuchs einer Mitarbeiterin keine allzu große Sache darzustellen. Die Firmen müssen die künftigen Mütter ja nicht lange entbehren. Der Großteil der frischgebackenen Mütter kehrt zehn bis elf Monate nach der Geburt wieder zurück, durchaus etwas müder als sonst und in Gedanken manchmal ganz woanders. Aber sie sind physisch anwesend. In Vollzeit. Prinzipiell ändert sich somit für den Arbeitgeber nichts. Manche Eltern reduzieren ihre Arbeitszeit und gehen in Teilzeit, was in Dänemark in der Regel einer Wochenarbeitszeit von 30 bis 35 Stunden entspricht. Auch an dieser Front gibt es also wenig Nachteile für dänische Arbeitgeber.

Frauen am Arbeitsmarkt, ob mit oder ohne Kind, sind in Dänemark eine Selbstverständlichkeit. Und dies nicht erst seit Kurzem, sondern bereits seit vielen Jahrzehnten.

Der Weg der Däninnen zu einer (fast) gleichberechtigten Kapazität am Arbeitsmarkt begann bereits nach dem Zweiten Weltkrieg. Die dänische Industrie entwickelte sich in dieser Zeit zum führenden Gewerbe, die Nachfrage nach Produkten aus Dänemark wuchs. Der wirtschaftliche Aufschwung der 1950er-Jahre führte mit sich, dass jede verfügbare Arbeitskraft dringend gebraucht wurde, sowohl im privaten als auch im öffentlichen Sektor. Im Jahr 1960 arbeiteten bereits 27 Prozent der verheirateten Frauen im Alter von 25 bis 44 Jahren, 1970 war es bereits über die Hälfte (51 %). Im Jahr 1990 arbeiteten schließlich 91 Prozent (!) aller Frauen, obwohl sie verheiratet und in ihre Familien stark eingebunden waren[101].

Dass ledige Frauen in den aufgeführten Jahrzehnten arbeiteten, war nahezu selbstverständlich. Nun wurden innerhalb der dänischen Gesellschaft jedoch nach und nach auch diejenigen Frauen am Arbeitsmarkt akzeptiert, die verheiratet waren und Kinder in die Welt gesetzt hatten. Ein Lebensmodell, das bis 1960 noch äußerst verpönt war. Bis dahin hatte die Frau (trotz guter Ausbildung und aktivem Berufsleben vor der Heirat) nach der Hochzeit ihre feste Rolle zu Hause, bei ihrer Familie.

Dass die Zahl der arbeitenden Frauen mit Familienanhang von 1960 bis 1990 derart stark anstieg, stellte den Staat sowie die Gesellschaft Dänemarks vor immense Herausforderungen. Schließlich hatte die Ausrichtung stets auf der männlichen Arbeitskraft gelegen. Nun musste eine flächendeckende Kinderbetreuung gewährleistet und die Versorgung älterer Menschen neu organisiert werden. Auch wurden die Frauen innerhalb ihres Familiengefüges stärker, da sie plötzlich ebenfalls wesentlich zum Familieneinkommen beitrugen. Dies führte zu einer Reihe von ehelichen Diskussionen über gerechtere Verteilung von familiären Pflichten und Hausarbeit. Ohne Zweifel eine bewegende Zeit, für alle Beteiligten, die jedoch schon früh den Weg zu einer hohen Gleichberechtigung bahnte.

71. Grund

Weil die Hierarchien in der Arbeitswelt so flach sind wie das Land selbst

Dänemark ist ein flaches Land. Der höchste Punkt misst ganze 171 Meter. So flach wie die dänischen Landschaften sind auch die Hierarchien innerhalb der Arbeitswelt. Dänemark ist bekannt für kurze Entscheidungswege, flache disziplinarische Strukturen und informelle Umgangsformen.

Hier vergessen Sie an manchen Tagen völlig, wer Ihr Chef ist – so unsichtbar ist er manchmal in Ihrem Arbeitsalltag. Für Mitarbeiter aus dem Ausland, die klare Strukturen und steile Hierarchien gewohnt sind, birgt dies insbesondere in der Anfangszeit die ein oder andere Herausforderung.

Den ersten Job in Dänemark trat ich ein halbes Jahr nach meinem Umzug an, nach zwölf Jahren in einem konservativen deutschen Unternehmen mit steiler Hierarchie, fein verästeltem Organigramm bis hinunter zum einzelnen Mitarbeiter, mit exakt definierten Stellenbeschreibungen und Kompetenzgebieten. Hier bestanden keine Zweifel an Arbeitsinhalten oder Kompetenzbereich, es war stets klar abgesteckt, zu wem hinauf- oder hinabgeblickt werden durfte. Mit dieser Erfahrung im Gepäck begann ich meinen Job bei einem dänischen Ferienhausanbieter.

Nach einer kurzen Einarbeitung sollte ich Ferienhauskunden bei sämtlichen Herausforderungen, Problemen und Fragestellungen während (und nach) des Skandinavienurlaubs betreuen. Es dauerte nicht lange, bis ich – ein einziges Fragezeichen – vor dem Schreibtisch meines Chefs stand.

»Können …«, ich geriet ins Stocken und korrigierte mich. »Kannst du mir bitte ein paar Fragen beantworten?« Das »Du« kam mir bei Chefs noch nicht so flüssig über die Lippen. Freundlich sah er von der Arbeit auf.

»Welche Kompetenzen habe ich genau? Welche finanziellen Spielräume? Wo muss ich die Grenze ziehen? Was ist das exakte Ziel unserer Abteilung?«

Mein Chef starrte mich an, als käme ich von einem anderen Stern. Dann legte er die Stirn in Falten und schwieg einige Sekunden. Ich sah förmlich sein Gehirn rattern. Schließlich räusperte er sich. »Prinzipiell gibt es nur eine wichtige Regel. Du bearbeitest jeden Fall mit deiner gesunden Vernunft, dann machst du alles richtig. Ich habe vollstes Vertrauen in deine Fähigkeiten.«

Mir stand der Mund offen. Gesunde Vernunft als einzige Regel? Wie sollte das funktionieren?

Mein Chef beobachtete mich und lächelte milde. »Ihr Deutschen regelt gerne alles bis ins Detail. So arbeiten wir hier jedoch nicht. Bist du dir unsicher am Anfang, fragst du mich. Du findest mit der Zeit schon deine Balance.«

Ich zog ab, in meinen Augen unverrichteter Dinge. In der Folgezeit war ich oft unsicher und löcherte ihn unzählige Male, bis ich nach und nach an Erfahrung gewann, meiner »gesunden Vernunft« vertraute und schließlich meine eigenen Regeln und Kompetenzen definierte.

Jahre später wechselte ich den Job. Auch hier dauerte es nur wenige Wochen, und ich wurde beim Chef vorstellig. Denn auch hier fehlten mir wichtige Definitionen, und dies führte im Arbeitsalltag zu Unruhe. Der neue Chef sah mich ebenfalls zunächst verwundert an, teilte mir jedoch nach kurzem Nachdenken seine Einschätzung mit, und schon hatte ich meine Definition. Zufrieden drehte ich mich um und arbeitete fortan unter klareren Prämissen.

In Dänemark sind die Hierarchien flach, die Grenzen von Arbeitsfeldern und Kompetenzen oft fließend. Dies fordert von Ihnen als Arbeitnehmer viel Mitdenken und Verantwortung zu übernehmen für eigene Arbeitsprozesse, innerhalb von weit gesteckten Rahmenbedingungen (falls Sie überhaupt welche erhalten). Hier müssen Sie schon selbst entscheiden, was Sie tun und wie Sie es tun. Ihr Chef hat Wichtigeres zu tun, als sich in Ihre Aufgaben einzumischen und für Sie zu denken. Schließlich werden Sie für Ihre Arbeit bezahlt, nicht Ihr Chef. »Frihed under ansvar«, nennt sich der gängige dänische Führungsstil, frei übersetzt die »verantwortungsvolle Freiheit« (des Mitarbeiters). Als Ausgangspunkt vertraut Ihr Chef Ihnen erst einmal. Er glaubt an Ihre Fähigkeiten, an Ihre Loyalität. Schließlich hat er Sie eingestellt.

Darüber hinaus kommunizieren Sie mit Ihrem Chef per »Du« und auf Augenhöhe. Von außen ist meist nicht erkennbar, wer Chef und wer »Untergebener« ist. Weder Kleidungsstil noch Kommunikationsform geben Ihnen Anhaltspunkte dabei, das Alphatier einer Gruppe auf Anhieb zu erkennen. Dennoch wissen die Dänen intern genau, wer das Sagen hat. Bei aller Gleichwertigkeit in der Arbeitswelt geht der Respekt vor dem Vorgesetzten keinesfalls verloren. Das Machtgefüge wird lediglich nicht so offen dargestellt, nicht regelmäßig voreinander markiert, wie dies in anderen Ländern der Fall ist. Ausländische Mitarbeiter, die aus klaren Arbeitsstrukturen stammen, müssen sich im flachen Dänemark jedoch anderen Herausforderungen stellen: den zahlreichen ungeschriebenen Regeln und Strukturen. Sie existieren, sind jedoch nirgendwo dokumentiert, und keiner spricht offen darüber. Diese Regeln werden sich Ihnen erst nach und nach offenbaren, mal durch einen glücklichen Zufall, mal, weil Sie irgendwo ungewollt anecken. Dazu weisen Ihre dänischen Chefs und Kollegen eine beachtliche Portion Harmoniebedürfnis auf, die sich in einer mindestens ebenso beachtlichen Portion Konfliktscheue widerspiegelt. Leisten Sie sich Fehltritte, werden Sie nicht unbedingt damit konfrontiert. Sie können sich dennoch sicher sein, dass Ihr Fehltritt diskutiert wird. Nur eben nicht mit Ihnen. Die dänische Arbeitswelt, die flachen Hierarchien, die ungeschriebenen Gesetze bieten Vorteile und Nachteile. Viele Arbeitnehmer blühen in einer zwanglosen Arbeitsatmosphäre auf, entspannen sich im Arbeitsalltag, gewinnen an Sicherheit und Selbstbewusstsein. Viele leisten in eigener Verantwortung mehr, zeigen sich weniger ängstlich davor, Fehler zu machen und Kompetenzen zu überschreiten.

Und sollten Ihnen in einem dänischen Job Regeln oder Definitionen fehlen, fordern Sie Ihren Chef heraus. Er wird für seinen Job schließlich ebenfalls bezahlt.

72. Grund

Weil dänische Chefs Ihnen erst einmal vertrauen, wenn Sie krank sind

Vertrauen ist gut, Kontrolle ist besser! Aufgewachsen mit dieser Devise rief ich eines Morgens – ich arbeitete erst seit einigen Monaten in Dänemark – meinen Chef im Büro an. Ich war nervös, musste ich ihm doch von einem krankheitsbedingten Ausfall berichten. Vorbei war es mit meiner lupenreinen weißen Weste, auf der bisher keine Erkältung, kein Magen-Darm-Virus einen Fleck hinterlassen hatten. In wenigen Minuten würde mein dänischer Chef mein wahres Ich kennenlernen: Auch ich, pflichtbewussteste Mitarbeiterin des Universums, wurde hin und wieder krank. Eine Katastrophe! Meine Glieder schmerzten, die Stirn glühte, der Hals war rau, und die Nase lief, als wolle sie nie wieder damit aufhören. Das hier würde leider nicht mit ein, zwei Tagen zu Hause erledigt sein. Der Himmel war grau in grau. Draußen ging ein stürmischer Wind. In Kürze würde ich mich in das zugige, nasskalte Klima begeben müssen, um mir eine Krankmeldung zu besorgen. Ich stöhnte. Ob man in Dänemark auch drei Tage Zeit hatte, bis die Arbeitsunfähigkeitsbescheinigung beim Arbeitgeber sein musste? Schließlich hatte man als Grippekranke prinzipiell Besseres zu tun, als die Bazillen im Wartezimmer der nächsten Arztpraxis zu verteilen. Helfen konnte der Arzt sowieso nicht, das musste der Körper schon selbst regeln. Erschöpft sah ich aus dem Fenster. Ich schwitzte bereits beim Hinaussehen.

Mit einem tiefen Seufzen nahm ich das Telefon und tippte die Nummer meines Chefs.

Er nahm gleich beim ersten Klingeln ab.

»Hallo Chef«, krächzte ich. Es ging kein Weg daran vorbei. Ich musste es ihm beichten. »Ich muss leider zu Hause bleiben. Ich bin krank.« Ich räusperte mich mehrfach, bevor ich weitersprach. »Ich gehe gleich nachher zum Arzt und lasse mir eine Krankmeldung geben.«

»Auf gar keinen Fall!«, unterbrach der Chef resolut meinen Redestrom.

Betroffen schwieg ich. Würde er mich gleich rauswerfen? Theoretisch hatte ich keinerlei Kündigungsschutz …

»Wir brauchen keine Krankmeldung!«, fuhr er fort. »Dein Anruf genügt. Ich glaube dir auch ohne Arzt, dass du krank bist. Lege dich ins Bett, kuriere dich aus. Du kommst wieder, wenn du fit bist. Gute Besserung.«

Mit diesen Worten legte er auf. Perplex starrte ich aufs Telefon. Keine Krankmeldung? Ich blinzelte angestrengt. Er glaubte mir, dass ich krank war? Da konnte ja jeder kommen und behaupten, er sei krank.

Kopfschüttelnd ging ich ins Schlafzimmer zurück und legte mich wieder ins warme Bett. Draußen begann es, heftig zu regnen. Ich kuschelte mich in die Decke, sah entspannt in den Regen hinaus und fühlte mich wie im siebten Himmel, bevor ich schließlich wegdämmerte und meinem Körper vertrauensvoll die Heilung überließ.

Eine Woche später war ich wiederhergestellt und begab mich ins Büro. Mein Chef klärte mich darüber auf, dass in Dänemark ärztliche Krankmeldungen die Ausnahme waren. War man krank, genügte in der Regel ein Anruf. Nur wenn der Arbeitgeber ausdrücklich ein ärztliches Attest wünschte, musste man dieses einholen. Ein Attest war kostenpflichtig, nicht ganz billig, und die Kosten trug der Arbeitgeber.

Vertrauen vor Misstrauen.

Zu meiner Verwunderung nutzten die Mitarbeiter den vertrauensvollen Umgang mit krankheitsbedingten Ausfällen auch nicht aus. Und diejenigen, die ihn doch ausnutzten, würden ihre Wege auch finden, wären Krankmeldungen Pflicht.

Dennoch war ich überrascht, wie unbürokratisch auch längere krankheitsbedingte Ausfälle gehandhabt wurden.

Im siebten Monat meiner ersten Schwangerschaft. Gerade hatte ich eine E-Mail von meiner Ärztin erhalten. Ich hatte an Arbeitstagen ab dem frühen Nachmittag mit einem harten Bauch zu kämpfen. Sie empfahl mir unbedingt, ab sofort spätestens um 14.30 Uhr das Büro zu verlassen. Mit sofortiger Wirkung. Langsam trippelte ich zum Schreibtisch meines Chefs. Zögerlich teilte ich ihm den Inhalt der ärztlichen E-Mail mit.

»Okay«, lautete sein Kommentar. Er begann zu überlegen, wie er die fehlenden Stunden kompensieren würde.

»Natürlich werde ich dir ein Attest besorgen«, fügte ich schnell hinzu. Hier handelte es sich schließlich nicht um ein paar vereinzelte Tage, sondern um eine wochenlange Regelung.

»Nein, nein!« Lächelnd winkte er ab.

»Willst du denn wenigstens die E-Mail meiner Ärztin lesen?«, schlug ich eifrig vor und kehrte bereits auf dem Absatz um, mit Kurs auf meinen Schreibtisch. Er hielt mich zurück und schüttelte den Kopf.

»Nein. Ich glaube dir. Es ist schließlich nicht zu übersehen, dass du schwanger bist. Du gehst einfach ab heute um 14.30 Uhr nach Hause.«

Mit diesen Worten wandte er sich wieder seinem Bildschirm zu. Verwirrt ging ich zu meinem Schreibtisch zurück und sank auf meinem Stuhl zusammen. Was war nur mit den Dänen los? Gewissenhaft speicherte ich die ärztliche Mail, sicher war sicher. Gegen 14.30 Uhr packte ich langsam meine Siebensachen, winkte in die Runde und ging. Niemand hielt mich auf, keiner stellte weitere Fragen.

Kontrolle ist gut, Vertrauen ist besser. Jedenfalls in Dänemark.

73. Grund

Weil Dänen fürs Studieren bezahlt werden

Unterhaltung mit einem jungen dänischen Studenten. Thema: verschiedene Gründe, Dänemark zu lieben. Aus meiner Sicht. Interessiert blickt er mich an. Nach kurzem Überlegen wähle ich einen Grund, der ihm bestens bekannt sein müsste. »Ich finde es sehr sympathisch, dass der dänische Staat Auszubildende und Studenten während ihres Bildungswegs ein monatliches Einkommen zahlt. Das ist außergewöhnlich!«

Denn so verhält es sich tatsächlich: Dänische Studenten beziehen ein monatliches Einkommen vom Staat. Eine Art BAföG, mit dem kleinen, aber feinen Unterschied, dass dieses Einkommen nicht zurückgezahlt werden muss. Dänemark hält seine Lernwilligen finanziell über Wasser.

Mein Gesprächspartner sieht mich irritiert an. »Das ist aber auch nur gerecht. Studieren ist schließlich ein Vollzeitjob!«

Nun war ich es, die irritiert dreinblickte? Studieren, ein »Vollzeitjob«? Der junge Däne setzt zu einer Erklärung an: »Rechnet man mit einer Vorlesungszeit von circa 20 Wochenstunden und addiert 15 Stunden Lernen und Bücherlesen hinzu, kommt man schnell auf einen ganz gewöhnlichen Vollzeitjob, nicht wahr?«

Mir stand der Mund offen. »Möglich. Du bringst aber keine Leistung in dem Sinne, dass du dafür bezahlt werden müsstest.«

Der junge Student winkte ab. »Später aber schon!«

Ich gab auf. Dänemark scheint ein Schlaraffenland für Studenten zu sein, auch wenn sich manche Dänen scheinbar längst an den Vorzug einer finanziellen Unterstützung durch die Allgemeinheit gewöhnt haben. Der ein oder andere junge Däne diskutierte sogar öffentlich, ob der monatliche Betrag nicht zu gering sei … müssten doch alle diejenigen, die sich gerne auch einmal etwas Luxus über den reinen Lebensunterhalt hinaus gönnen wollten, immer noch Nebenjobs annehmen …

Das monatliche Einkommen für Studenten, Auszubildende und Gymnasiasten ab 18 Jahren heißt S.U. (»statens uddannelsesstøtte«, dt.: Ausbildungsunterstützung des Staates) und stellt alles andere als ein kleines Taschengeld dar. Ein Student, der noch in seinem Elternhaus lebt, kann derzeit mit einem Grundsatz von 922 Dänischen Kronen[102] rechnen (124 Euro). Dazu kommt eine Zulage, abhängig vom Einkommen der Eltern. Der Höchstsatz liegt insgesamt bei 2.561 DKK, das sind umgerechnet circa 344 Euro.

Lebt der Student nicht mehr bei den Eltern, zahlt der dänische Staat einen einheitlichen Betrag, derzeit 5.903 Kronen pro Monat[103]. Das sind umgerechnet 792 Euro, die zwar zu versteuern sind, bei denen dank Steuerfreibetrag jedoch sicherlich einiges hängen bleibt.

Wem die S.U. nicht ausreicht, der kann zusätzlich einen S.U.-Kredit aufnehmen, zu günstigen Konditionen. Darüber hinaus können S.U.-Empfänger noch einen Betrag hinzuverdienen. Für dänische Studenten stellt ein Studium des Weiteren nicht unbedingt ein Ausschlusskriterium für die Familiengründung dar. Denn S.U.-Empfänger, die bereits Eltern sind bzw. die während ihres Bildungswegs Nachwuchs bekommen, erhalten eine zusätzliche finanzielle Unterstützung vom Staat. Behinderte Menschen können ebenfalls mit extra Zahlungen rechnen.

Das Ziel der S.U. ist die Vermeidung sozialer Ungleichheit. In Dänemark soll jeder lernwillige junge Mensch die Möglichkeit erhalten, sich angemessen auszubilden, unabhängig von sozialer Herkunft und finanziellen Mitteln. Es soll vermieden werden, dass sich ein begabter junger Mensch aus finanziellen Gründen gegen seinen Wunschstudiengang bzw. seine Wunschausbildung entscheiden muss.

Auch wenn dänische Studenten in Dänemark mit ihrem Einkommen sicherlich gut haushalten müssen, um über die Runden zu kommen, sorgt der Staat während der Lernzeit doch wenigstens für deutlich geringere finanzielle Sorgen, als dies andernorts der Fall wäre.

7. KAPITEL

SPRACHE & HISTORISCHES

Weil bei der dänischen Sprache der Teufel im Detail steckt

Stellen Sie sich einfach einmal vor, Sie reden mit einem Ausländer, der seit Längerem die deutsche Sprache lernt und sich überraschend flüssig verständigen kann. Stellen Sie sich vor, er spricht über Obst und sagt plötzlich: »Epfel«. Was könnte er meinen? Erraten Sie es? Nein? Dann schließen Sie die Augen, machen Sie sich von der Schreibweise frei. Lassen Sie das Wort langsam auf Ihrer Zunge zergehen.

Epfel.

Epfel. Klingelt es bei Ihnen?

Richtig. Er meint natürlich Äpfel! Das war einfach, denken Sie.

So würden Sie nicht denken, wären Sie ein Däne. Als dänischer Muttersprachler würden sie den (geplagten) Ausländer anschauen, Ihr Gesicht ein einziges Fragezeichen. Sie würden die Augenbrauen hochziehen und Ihr Gegenüber das Wort wiederholen lassen. Dann noch mal. Und noch mal. Sie würden die Stirn runzeln und begriffsstutzig dreinschauen. Sie würden »Epfel« leise vor sich hin murmeln und darauf warten, dass Ihr Gehirn irgendeine Art der Hilfestellung leistet. Doch Fehlanzeige. »Epfel« befindet sich nicht in Ihrem Wortschatz. Dass es dort das Wort »Äpfel« gibt, und dass die beiden Wörter nah, sehr nah beieinander liegen, darauf kommen Sie erst gar nicht.

So weit zu einer Besonderheit der Landessprache in Dänemark. Die dänische Sprache – standardisiert als *rigsdansk* (»Reichsdänisch«) – zählt zu den germanischen Sprachen und dort zur Untergruppe der skandinavischen (nordgermanischen) Sprachen. Lernt ein Deutscher Dänisch, kommt ihm die Sprachverwandtschaft durchaus zugute. Im Vergleich zu anderen Sprachen stellt sich die dänische Grammatik eher als weniger komplex dar, insbesondere im Bereich der verschiedenen Zeitformen und der entsprechenden Beugung von Verben und Hilfsverben. Über Nominativ, Genitiv, Dativ und Akkusativ müssen Sie sich beim Lernen der Sprache ebenfalls nur wenig Gedanken machen. Doch was die dänische Sprache im grammatikalischen Bereich an Komplexität einspart, fordert sie in einem anderen Bereich doppelt und dreifach wieder ein: bei der Aussprache.

Die dänische Aussprache hat es in sich! Die Lautschrift umfasst ganze 22 Vokale und Halbvokale[104], mit derart haarfeinen Unterschieden, dass ein Ausländer diese kaum heraushören, geschweige denn mit einer nicht-dänischen Zunge korrekt reproduzieren kann. Dazu existiert ein merkwürdig abgehackter Laut mit der Fachbezeichnung »stød« (dt.: Stoßlaut), den Dänen bei einigen Wörtern auf Vokale und Konsonanten pressen, abhängig von Dialekt und Region. Dieser Stoßlaut wird an einer Stelle innerhalb der menschlichen Kehle produziert, von deren Existenz Nicht-Dänen vor dem ersten vergeblichen Ausspracheversuch nicht einmal etwas ahnten. Der Teufel der dänischen Sprache liegt im Detail!

Gleichzeitig scheinen dänische Ohren von diesen sprachlichen Details nicht abstrahieren zu können. Bereits geringfügige Abweichungen in der Aussprache führen dazu, dass ein Wort nicht identifiziert werden kann. Äpfel und Epfel sind wie Äpfel und Birnen, zumindest für dänische Ohren. Dabei spielt es absolut keine Rolle, dass Sie von fünf Buchstaben vier korrekt aussprechen. Das dänische Ohr braucht fünf Richtige, um zu verstehen.

Auch heute noch, nach vielen Jahren im Lande, ernte ich regelmäßig Unverständnis. Neulich startete ich einen weiteren diesbezüglichen Versuch am lebenden dänischen Objekt. Anlass: dieses Buch, genauer: dieser Grund. Ich erklärte meinem Testobjekt o.g. Theorie, dass Einheimische bereits bei leichten Abweichungen der Aussprache das Wort nicht mehr verstehen. Ungläubig schüttelte er den Kopf und bat um ein Beispiel.

»Äble«, sagte ich. Ein nicht existentes dänisches Wort, das dem korrekten Wort »Æble« (dt.: Apfel) sehr nahe kommt. Das dänische

»A« wird hierbei englisch ausgesprochen, also »Ä«, während das dänische Æ irgendwo in der Mitte zwischen dem deutschen Ä und dem deutschen E liegt. Also eigentlich fast auch »Ä«. Kurzum: zwei sehr ähnliche Vokale.

»Äble!« Laut und deutlich hallte das Wort durch den Raum. Gespannt sah ich mein dänisches Gegenüber an und wartete auf dessen Reaktion. Nichts. Seine Augen ähnelten zwei Fragezeichen, auf der Stirn erschien eine steile Falte. Geduldig wiederholte ich mein dänisches Pseudo-Wort.

»Ä-B-L-E!« Dieses Mal betonte ich besonders die drei Buchstaben nach dem Anfangsvokal, die in beiden Wörtern völlig identisch sind.

Doch die Falte auf der Stirn wurde lediglich tiefer. Das Testobjekt hatte tatsächlich keinen *blassen Schimmer*, wovon ich sprach. Ich seufzte und gab auf. Dies war der endgültige Beweis. Detailverliebte dänische Ohren und eine nicht-dänische Zunge sind nicht kompatibel.

75. Grund

Weil man sich mit Dänisch auch im Rest Skandinaviens verständigen kann. Falsch. Können sollte.

Lohnt es sich überhaupt, Dänisch zu lernen, die Sprache eines Landes, in dem nicht einmal sechs Millionen Menschen leben? Schließlich kostet es einen erwachsenen Menschen viel Schweiß und Herzblut, sich eine neue Sprache anzueignen.

Wollen Sie in Dänemark leben, insbesondere hier arbeiten, kommen Sie nicht umhin, derartige wenig motivierende Gedanken zu ignorieren und sich stattdessen tapfer der Lernerei zu widmen. Sind Sie der deutschen Sprache mächtig, können Sie dank der Sprachverwandtschaft zumindest das ein oder andere Wort direkt übernehmen. Ziehen Sie nach Dänemark um, sorgt der dänische Staat für Ihre Dänischkenntnisse. Sobald Sie nach Ihrer Registrierung im Lande Ihre CPR-Nummer erhalten, können Sie sich bei Ihrer Kommune an einer Sprachschule anmelden und an Tages- oder Abendkursen teilnehmen. Mittlerweile bieten manche Sprachschulen sogar Online-Unterricht per Mail und Skype an. Je nach Bildungsstand und eventuellen Vorkenntnissen werden Sie in einen passenden Kurs eingestuft und in aufeinander aufbauenden Modulen auf die Sprachprüfung »Dansk Prøve« I, II oder III (abhängig von Ihrem Schulbildungsstand) vorbereitet. Diese Sprachprüfung stellt unter anderem auch eine der Voraussetzungen für den Erwerb der dänischen Staatsbürgerschaft dar. Der ganze Spaß des Dänisch-Lernens ist hierbei (fast) gratis. Als Schüler zahlen Sie pro Modul nur einen überschaubaren Eigenanteil, den weitaus größeren Teil der Kosten übernimmt die Kommune.

Können Sie dann Dänisch, öffnen sich Ihnen mehr Türen und Tore, als Sie anfangs denken mögen. Zunächst natürlich innerhalb der Landesgrenzen. Dänemark galt lange als ein Land, das nahezu in allen Branchen Arbeitskraft benötigte, und zwar derart verzweifelt, dass Arbeitgeber von den Dänischkenntnissen eines Bewerbers nur zu gerne absahen, sofern dieser irgendeine andere brauchbare Eigenschaft für den dringend zu besetzenden Job mitbrachte. Während der Zeit in meiner Dänisch-Schule lernte ich den ein oder anderen Einwanderer kennen, der bereits jahrelang im Lande gearbeitet hatte und sich nach wie vor nur auf Englisch verständigte. Diese Zeiten sind jedoch vorbei. Darüber hinaus mögen es die Dänen sehr gerne, wenn Sie sich bemühen, in der Landessprache zu kommunizieren. Am Arbeitsmarkt ist die dänische Sprache ohnehin wieder ein Muss, außer Sie sind in Ihrem Fachgebiet so spezialisiert, dass Sie dänisch sprechenden Kandidaten vorgezogen werden würden.

Mit Ihren neu erworbenen Dänischkenntnissen eröffnen sich jedoch auch außerhalb der dänischen Landesgrenzen neue Kommunikationsmöglichkeiten. Wie bereits erwähnt, zählt Dänisch zur Gruppe der nordgermanischen (skandinavischen) Sprachen. Daher können sich Dänen, Norweger und Schweden relativ gut untereinander verständigen, auf ihren jeweiligen Landessprachen. Die Schriftsprache der drei skandinavischen Sprachen ähnelt sich sehr, sodass auch Nicht-Muttersprachler mit guten Dänisch-Grundkenntnissen Norwegisch und Schwedisch lesen und damit zumindest schriftlich mit den Bewohnern beider Länder kommunizieren können. Kein unwesentlicher Vorteil auf dem dänischen Arbeitsmarkt, denn viele dänische Firmen sind auf dem gesamten skandinavischen Markt vertreten, sodass eine entsprechende Kontaktfläche zu Norwegen und Schweden besteht.

Mündliche Gespräche mit den nicht-dänischen Skandinaviern spielen allerdings wiederum in einer anderen Liga.

Sie werden imponiert beobachten, wie ein Däne auf Dänisch zu einem Norweger spricht und dieser ihm auf Norwegisch antwortet. Danach nicken beide, als hätten sie sich gut verstanden. Wie praktisch, denken Sie. Eine Sprache gelernt, drei Länder verstanden. So weit zur Theorie.

Die Praxis: Im Kundenservice Skandinavien & Deutschland. Das Telefon klingelt. Tapfer nehme ich den Hörer ab und melde mich, auf Dänisch. Undefinierbares, durchaus freundliches Kauderwelsch schlägt mir entgegen. Das Ganze in einem Tempo, dass mir schwindelig wird. Plötzlich erkenne ich ein vereinzeltes Wort. Meine Rettung. Norwegisch! Ich triumphiere. Auch der Name meines Chefs fällt. Mir fällt ein Stein vom Herzen. Jetzt weiß ich, was der Mann will. Schnell drücke ich am Telefon auf eine Taste, bevor mein Gegenüber noch mehr Wörter auf mich loslässt, und rufe meinem Chef zu: »Für dich! Ein Norweger.« Ich stelle das Gespräch weiter und atme tief durch. Die Skandinavier lassen meinen Stresspegel immer wieder ansteigen. Mein Chef nimmt das Gespräch entgegen, telefoniert einige Minuten und legt dann wieder auf. Er wirft mir einen kurzen Blick zu.

»Das war Stefan«, sagt er trocken. »Aus unserem Büro in Schweden.«

76. Grund

Weil die dänische Sprache auch für Erheiterung sorgt

Dänisch und Deutsch liegen – wie bereits ausgeführt – in derselben Sprachfamilie. Einige Wörter sind völlig identisch, andere ähneln sich sehr. Als Deutscher haben Sie somit den Vorteil, viele Wörter bereits zu »kennen«, obwohl Sie die Vokabel noch gar nicht gepaukt haben. Wo jedoch ein Vorteil ist, versteckt sich oft auch ein Nachteil. Denn nicht hinter jedem identischen bzw. ähnlichen Wort verbirgt sich exakt diejenige Bedeutung, die der deutsche Muttersprachler aus diesem herauszulesen glaubt. Vorsicht also beim Gebrauch von Wörtern, die Sie aus dem Deutschen zu kennen glauben, ansonsten werden Sie aus Ihrer Sicht ganz gekonnt mit dänischen Wörtern jonglieren und dennoch nicht ganz das sagen, was Ihnen ursprünglich vorschwebte …

Es ist aber auch verzwickt. Viele der identischen Wörter dürfen Sie genauso verwenden, wie Sie das Wort aus dem Deutschen kennen, z.B. »lampe«, »telefon«, »produkt«, »grimasse«, »dame«, und so weiter. Andere Wörter ähneln den deutschen Wörtern sehr, und auch hier passt die Bedeutung exakt, z.B. »kvalitet« (Qualität), »papir« (Papier), »kollega« (Kollege), »billede« (Bild), »hånd« (Hand). Lesen Sie ein dänisches Buch, erweitert sich also auf diese Weise ganz automatisch Ihr dänischer Wortschatz, Seite um Seite, völlig ohne Ihr Zutun. Wie praktisch, denken wir dann, und werden etwas mutiger.

Schon bald erkennen Sie auch dänische Wörter, die nicht ganz so dicht am deutschen Pendant liegen, jedoch immer noch so viel Ähnlichkeit mit diesem aufweisen, dass Sie mit etwas Übung die Bedeutung herleiten können. »Fisk« ist natürlich ein Fisch, »sikkerhed« eine lustige Variante der Sicherheit, »stjerne på himlen« die Sterne am Himmel und ein »bjerg« ist selbstverständlich ein Berg.

Sind wir bei unseren Lernbemühungen auf diesem Niveau angelangt, reiben wir uns die Hände. System erkannt, denken wir. Doch ist das tatsächlich so?

»Ejer«

Einfachste Übung, denken wir und klatschen vergnügt in die Hände. Eier natürlich! Was sonst?

Falsch. Die korrekte Antwort lautet: Eigentümer. Dänische Eier heißen »æg«.

»Øl«

Ein bisschen merkwürdig geschrieben, denken wir, zweifeln aber nicht daran, dass es sich hier um Öl handelt.

Und liegen wieder falsch. Denn die richtige Antwort lautet Bier. Nun ja, überlegen wir, ein paar Ausnahmen hier und da bestätigen schließlich nur die Regel.

»Kyst«

»Möglicherweise »küsst« hier jemand?«, fragen wir uns, nach den vorigen Erlebnissen schon etwas vorsichtiger.

Zu Recht, denn bei »kyst« küsst keiner, »kyst« bedeutet Küste. Was ja ebenfalls ziemlich ähnlich klingt.

»Dyne«:

Ganz klar, eine Düne. Wo wir schon bei der Küste sind. Doch wieder Fehlanzeige. Bei »dyne« handelt es sich um eine Bettdecke. Die dänischen Dünen heißen »klit«.

Spätestens hier macht sich erste Verzweiflung breit. Wann dürfen wir unsere deutschen Assoziationen verwenden, und wann führen Sie lediglich zur Erheiterung Ihres (dänischen) Gegenübers oder – schlimmer – zu kommunikativen Missverständnissen?

Ich zuckte beispielsweise jedes Mal zusammen, wenn meine dänischen Landesgenossen polnische Bürger wieder einmal ungerührt als »polakker« bezeichneten und dabei keine Miene verzogen, während ich selbst ob der groben Ausdrucksweise pikiert dreinblickte. Eines Tages konfrontierte ich einen Dänen mit dieser »verbalen Entgleisung«, woraufhin mir erklärt wurde, dass ein Pole auf Dänisch eben ein »polak« ist. Ein ganz neutrales Wort, keineswegs unhöflich und weit entfernt von jeglicher Verunglimpfung des polnischen Volkes. (Trotz dieses Wissens tut das Wort in meinen Ohren immer noch weh ...)

Weitere Beispiele für Missverständnisse, die sich nicht immer auf Anhieb lösen:

»Varm«. »Kold«. Warm und Kalt. »Varm« bedeutet jedoch nicht unbedingt »warm«. »Varm« bedeutet eher »heiß«. Die besten Missverständnisse kommen zustande, wenn die Bedeutungen der Wörter nahe beieinanderliegen, gleichzeitig jedoch doch so weit voneinander abweichen, dass sie Verwirrung stiften können.

»Myg«. Sie wissen, dass es sich hierbei um fliegende Insekten handelt. Aufgrund ihrer Assoziation zur »Mücke« ist Ihnen zunächst schleierhaft, wieso die Skandinavier auf »myg« schlecht zu sprechen sind. Bis Sie herausfinden, dass es sich bei »myg« nicht um Mücken, sondern um Schnaken handelt. Vor diesen sollten Sie sich in Skandinavien – je nach Region – etwas fernhalten. Die harmlosen, schwarzen Mücken heißen dagegen »flue«, in Anlehnung an »Fliege«.

»Gift«. Das klingt einfach. Hier können Sie mit »Gift« doch eigentlich nur ins Schwarze treffen, denken Sie.

Die exakte Interpretation liegt sicherlich im Auge des Betrachters, aber prinzipiell meint der Däne mit »gift« verheiratet ...

Auch englische Assoziationen passen manchmal ganz und gar nicht.

»Kill mig«, sagt der Däne zu Ihnen. Entsetzt reißen Sie die Augen auf. »Kill me?« Vehement schütteln Sie den Kopf. Keine Sorge. Der Däne hat Sie nicht zum Töten aufgefordert, Sie sollen ihn (oder sie) lediglich kitzeln ...

Neben den vielen kleinen, aber feinen Missverständnissen sorgt die dänisch-deutsche Sprachverwandtschaft auch deswegen immer wieder für Erheiterung, weil manche dänische Wörter in deutschen Ohren einfach amüsant klingen. (Umgekehrt klingen manche deutsche Wörter offenbar auch sehr witzig in dänischen Ohren.)

An dieser Stelle daher einige sprachliche Highlights der dänischen Sprache.

»Smuk«. Schmuck? Nein, der heißt »smykke«. Wer »smuk« ist, ist schön. Und wer schöne Zähne hat, hat »smukke bisser«. Alternativ »flotte bisser«!

»Sofakartofler«. Hier hat der Däne krampfhaft versucht, die Couch Potatoe »einzudänischen«.

»Cowboy Bukser«. Direkt übersetzt: Cowboy-Hosen. Gemeint sind ganz einfach Jeans. Aber warum einfach, wenn es auch kompliziert geht.

»Appetitvækker«. Direkt übersetzt: Appetitwecker. Wach auf, Appetit. Gleich gibt es ein Häppchen.

»Gammel«. Auf deutsch: alt. Zum Beispiel: »Jeg er 40 år gammel«, ich bin 40 Jahre alt. Ich persönlich kann mich an dieser Stelle folgender Assoziationen nicht verwehren: Ich bin 40 Jahre und gammlig. Ich gammle schon 40 Jahre. Ich bin 40 Jahre vergammelt. Ich bin wie 40 Jahre altes Gammelfleisch. Doch lassen wir das. Sie haben gelernt: »gammel« heißt einfach nur *alt*, nicht mehr und nicht weniger.

»Gammeldags«. Ein direkter und freier Übersetzungsversuch: »wie in den alten Tagen«. Gemeint ist: »altmodisch«. Möchten Sie in Dänemark ausnahmsweise einmal KEIN Softeis bestellen, müssen Sie »gammeldags is« bestellen. Also »Eis wie in den alten Tagen«. Eis wie früher.

»Lufthavn«. Direkte Übersetzung: Lufthafen. Hierbei handelt es sich um den FLUGhafen. Einmal gehört und im dänischen Alltag verinnerlicht, wird dieses Wort dazu führen, dass Sie künftig nie wieder das Wort FLUGhafen von den Lippen bekommen, zumindest nicht im ersten Anlauf. Irgendwie will sich ständig LUFT vor den Hafen schieben.

»Lækkerbisken«. Der Leckerbissen. Klingt irgendwie niedlich.

»Lokkedue«. Locktaube. Gemeint ist der Lockvogel. In Dänemark scheinen nur die Tauben zu locken.

»Vandhund«. Wasserhund. Gemeint ist die Wasserratte. Wieso ein Hund, wieso nicht wie im Deutschen die Ratte?

»Læsehest«. Lesepferd. Gemeint ist die Leseratte. Seit wann liest ein Pferd? Können wir nicht bei der Ratte bleiben? Oder wenigstens beim Hund, um das Thema zu vereinheitlichen?

»Hestepære«. Pferdebirne. Pferdebirne? Eine Glühbirne in Pferdeform? Nein, es handelt sich um Pferdeäpfel. Dänische Pferde produzieren offensichtlich anders geformte Ausscheidungskunstwerke als deutsche.

»Snitsel«. Der Däne kann sich anstrengen, wie er möchte, er kann einfach kein ordentliches »Sch« sprechen, auch das »Z« ist eine große Herausforderung, also ersetzt er beides durch einfachere Laute. Gemeint ist jedoch genau das, was Sie glauben.

»Slankekur«. Das, was Sie sich jedes Jahr wieder als Neujahrsvorsatz vornehmen und doch nie einhalten. Eine Diät.

»Gamasher«. Wie früher. Gamaschen. Gemeint sind Leggins.

»Morgenhår«. Morgenhaar. Das, was Sie auf dem Kopf haben, wenn Sie direkt nach dem Aufstehen in den Spiegel schauen.

»Vådservietter«. Nasse Servietten. Gemeint sind Feuchttücher.

»Sursød«. Sauersüß. Süßsauer selbstverständlich, wieso muss es bei den Dänen andersherum sein?

»lufte en hund«. Den Hund auslüften. Gassi gehen …

»Klip Klap«. Flip-Flop. Das, was Sie überall in Dänemark sehen können, wenn die Temperaturen es über 15 Grad schaffen.

»Høretelefoner«. Hörtelefone. Also Kopfhörer.

»Vaske gulv«: Boden WASCHEN. Also putzen.

»Børste tænder«: Zähne bürsten. Nein, putzen.

Sie sehen: Die Sprachverwandtschaft hat Vorteile und Nachteile. Vor allen Dingen sorgt sie jedoch auch nach Jahren im Lande immer wieder für Erheiterung, auf deutscher sowie auf dänischer Seite. Wenn auch meist nur ein Part darüber lachen kann.

Weil HC Andersen mit seinen Märchen Weltliteratur schrieb

Anfang des 18. Jahrhunderts wurde in Odense ein Däne geboren, dessen Werke eines Tages in die Weltliteratur eingehen sollten: Hans Christian Andersen (geboren am 2. April 1805, verstorben am 4. August 1875). Der bedeutendste Märchenschreiber und Dichter, den Dänemark je hervorbringen würde, hatte alles andere als eine einfache Kindheit. Seine Eltern, ein Schuhmacher und eine Wäscherin, waren arm, worunter Hans Christian Andersens Schulgang litt. Dennoch las der Vater dem jungen Hans Christian viel vor, spielte Puppentheater für ihn und prägte auf diese Weise die Kreativität seines Sohnes. Als Andersen elf Jahre alt war, starb sein Vater und hinterließ ihn mit dem brennenden Wunsch nach einem anderen, einem besseren Leben. Mit 14 Jahren reiste der junge Andersen daher nach Kopenhagen, mit dem ehrgeizigen Ziel, ans Theater zu gehen. Dank seiner schönen Sopranstimme erhielt er tatsächlich eine Anstellung, doch dieser Weg sollte sich mit dem Eintritt des Stimmbruchs als Sackgasse erweisen. Auch als Schauspieler war Andersen wenig Erfolg vergönnt.

Er begann, erste Gedichte zu schreiben. Im Jahr 1822 reichte er mehrere Theaterstücke ein, wodurch der Theaterdirektor auf das schlummernde Talent aufmerksam wurde und den jungen Andersen unter seine Fittiche nahm. Dank dessen Unterstützung sowie auch der Förderung durch König Friedrich VI. konnte Hans Christian Andersen die Lateinschule und nachfolgend die Universität in Kopenhagen besuchen.

Im Alter von 25 Jahren verliebte er sich in Riborg Voigt, die bildhübsche Schwester seines Studienfreundes. Diese war jedoch längst einem anderen Mann versprochen. Andersens unerfüllte Liebe sollte dazu führen, dass er nie heiratete. Als Riborg Voigt schließlich heiratete, begann Andersen durch die Welt zu reisen. Er bereiste

Italien, England, Spanien, Deutschland und das Osmanische Reich. Diese Reisen – sowie auch seine schwierige Kindheit – spiegeln sich in vielen seiner Werke wider. Eines seiner bekanntesten Märchen, *Die kleine Meerjungfrau*, scheint er unter dem Einfluss seiner Reise nach Italien geschaffen zu haben. Mehrere der landschaftlichen Elemente aus dem Märchen sind eindeutig zu identifizieren.

Hans Christians Andersens literarisches Lebenswerk umfasst rund 1.000 Gedichte, 168 Märchen für Kinder und Erwachsene sowie mehrere Romane[105]. Die populären Werke wurden in über 80 Sprachen übersetzt und haben ihren festen Platz innerhalb der Weltliteratur. Einige seiner bekanntesten Märchen: *Die kleine Meerjungfrau*, *Die Prinzessin auf der Erbse*, *Des Kaisers neue Kleider*, *Das hässliche Entlein*, *Das kleine Mädchen mit den Schwefelhölzern* u.v.m.

Bereits vor seinem Tod im Jahr 1875 in Kopenhagen war Hans Christian Andersen weltberühmt und international für seine Veröffentlichungen hoch anerkannt. Bei seiner Trauerfeier waren daher Prominente und Könige anwesend. Zur Würdigung seines Lebenswerkes wurde ihm ein Denkmal gesetzt, die Statue der kleinen Meerjungfrau, heute Kopenhagens Wahrzeichen und Touristenmagnet. »HC Andersen«, wie die Dänen den Namen gerne abkürzen, wurde zum dänischen Nationaldenkmal erklärt.

78. GRUND

Weil die kleine Meerjungfrau wehmütig am Hafen von Kopenhagen wacht

Seit über 100 Jahren wacht eine kleine Bronzefigur auf einem Felsen an der Hafeneinfahrt Kopenhagens, ganz ruhig und mit melancholischem Blick: Die kleine Meerjungfrau.

Sie lässt sich in ihrer Wehmut nicht von den vielen Touristen stören, die sie tagein, tagaus zu Land und zu Wasser besuchen. Ihr

Kummer ist immens: Der Prinz, den sie unsterblich liebt, vermählte sich mit einer anderen Frau.

Das weltberühmte Märchen *Die kleine Meerjungfrau* des dänischen Schriftstellers und Dichters Hans Christian Andersen ist ein trauriges. Die kleine Meerjungfrau, jüngste und hübscheste Tochter des Meereskönigs, mit einer wunderschönen Stimme, erfüllt sich an ihrem 15. Geburtstag ihren sehnlichsten Wunsch: Sie taucht aus dem Meer empor, um die Welt über Wasser betrachten zu können. Es stürmt, das Meer tobt, und wenig später wird ihre Hilfe dringend benötigt: Aus den tosenden Wogen rettet sie einen schiffbrüchigen bildhübschen Prinzen. Auf der Stelle ist es um die kleine Meerjungfrau geschehen, und sie verliebt sich unsterblich in den jungen Mann. Nichts wünscht sie sich sehnlicher, als diesen Prinzen zu heiraten. Doch wie, als Meerjungfrau? Mit der Meereshexe geht sie daher eine gewagte Abmachung ein: Sie tauscht ihre wundervolle Stimme gegen zwei menschliche Beine ein. Derart in Menschengestalt verwandelt, möchte sie den Prinzen für sich gewinnen. Sie wird jedoch gleichzeitig niemals ins Meer zurückkehren können. Sollte darüber hinaus der Prinz eine andere Frau zu seiner Vermählten machen, würde sich die Meerjungfrau in Meeresschaum verwandeln.

Natürlich kam es, wie es kommen musste …

Dieses wehmütige Märchen inspirierte 1909 einen dänischen Komponisten zu einem gleichnamigen Märchenballett, das noch im Dezember desselben Jahres am Königlichen Theater von Kopenhagen aufgeführt wurde. Die Aufführung faszinierte den Besitzer der Carlsberg Brauerei, Carl Jacobsen, derart, dass dieser umgehend den Bildhauer Edvard Eriksen mit der Erschaffung einer kleinen Meerjungfrau beauftragte.

Auftraggeber und Künstler waren sich jedoch während des Schaffungsprozesses in mehreren Punkten uneinig, sodass sich die Fertigstellung und Platzierung der Statue mehrere Jahre hinzog. Erst 1913 gab der Brauereibesitzer schließlich auch im letzten

Das Wahrzeichen der dänischen Hauptstadt:
Die kleine Meerjungfrau

Grüne Hauptstadt Kopenhagen

Der »Schwarze Diamant« – die Königliche Bibliothek in Kopenhagen

Relikte aus der Vergangenheit: Bunker an der dänischen Küste

Hafen von Kopenhagen

Lakritzeis in Dänemark

Smørrebrød (eine der unzähligen Varianten)

Kopenhagen City by night

»Børsen«, die ehemalige Kopenhagener Börse

Retro-Fahrrad in Kopenhagen

Ein typisch dänisches »Sommerhaus«, eingebettet in den Dünen

Hafenrundfahrt in Kopenhagen – Stadtbesichtigung vom Wasser aus

Ferienhaus auf Læsø

Ferienhäuser bei Hvide Sande an der Westküste Dänemarks

Dünen, soweit das Auge reicht

Schloss Rosenborg in Kopenhagen

Freizeitpark Tivoli

»Fristad Christiania« in Kopenhagen

Sonnenuntergang an der Nordsee

Die Küsten Dänemarks: Ein Surferparadies

Bunte Häuserfassade in Dänemark

Autostrand auf der Insel Fanø

Historischer Stadtkern von Rønne auf der dänischen »Sonneninsel« Bornholm

Abendstimmung am weltberühmten
»Nyhavn« in Kopenhagen (dt.: Neuer Hafen)

Der Strand bei Marielyst auf der Insel Falster

strittigen Punkt nach und ließ dem Künstler freien Lauf. Die Statue wurde im Wasser vor dem Kai »Langelinie« aufgestellt und blickt seither sehnsüchtig an Land, nach wie vor in der Hoffnung auf eine Vereinigung mit dem geliebten Prinzen.

Trotz ihrer geringen Größe ist die kleine Meerjungfrau nicht nur zum Wahrzeichen von Kopenhagen geworden, sondern auch zum Symbol für Dänemark.

Mit einer Größe von etwas über einem Meter stellt sie eines der kleinsten nationalen Wahrzeichen der Welt dar, was hervorragend zur Bescheidenheit der Dänen passt. Die edle Bronzefigur zieht Touristen aus aller Welt an. Leider wollen ihr nicht alle Besucher nur Gutes …

1961 malten Unbekannte der Statue BH und Slip auf und färbten ihr die Haare rot[106].

1964 wurde der kleinen Meerjungfrau der Kopf abgesägt, ein Vergehen, das aufgrund der Materialstärke des Halses der Statue mindestens eine Stunde gedauert haben muss. Der Kopf wiegt zwölf Kilogramm! Die Restaurierung der Statue stellte sich kompliziert dar und dauerte mehrere Wochen. Seit diesem Vandalismus wird das originale Gipsmodell des Bildhauers Edvard Eriksen an einem geheimen Ort aufbewahrt. Die kopflose Statue weckte weltweit Mitgefühl und Empörung. Das Ereignis erschien sogar auf der Titelseite der *New York Times*.

1968 überschütteten unbekannte Täter das Denkmal mit schillernden Farben.

1984 fehlte der Statue plötzlich ein Stück des rechten Arms.

1990 wurde erneut versucht, der Statue den Kopf abzusägen. Es blieb jedoch beim Versuch: Nach einem 18 Zentimeter langen Schnitt hatten die Täter ihr Vorhaben offenbar aufgeben müssen.

1998 beorderten Unbekannte an einem frühen Morgen einen Fotografen an die »Langelinie« mit der Information, dort würde etwas geschehen. Als der Fotograf dort auftauchte, fand er die Statue ohne Kopf vor.

Im Juni 2003 wachte die Meerjungfrau wieder einmal in einem neuen Gewand auf, dieses Mal ganz in Weiß. Im September desselben Jahres wurde sie eines Morgens neben ihrem Felsen im Wasser aufgefunden, mit mehreren »Verletzungen«, Abschürfungen und Kratzern am Bein und Handgelenk.

Die kleine, edle Statue wurde nach sämtlichen Untaten stets originalgetreu restauriert und schnellstmöglich auf ihren angestammten Felsen zurückgebracht.

2010 wurde die kleine Meerjungfrau in Schanghai auf der EXPO ausgestellt.

Die kleine Dame scheint sich nicht unterkriegen zu lassen, auch wenn Ruhe und Frieden nicht ihre wahre Bestimmung sind …

79. Grund

Weil Dänemark wunderbar zum Heiraten geeignet ist

Dänemark ist nicht nur ein Land zum Lieben, Dänemark ist auch ein Land zum Heiraten. Hier können Sie kirchlich oder standesamtlich heiraten, beide Trauungsformen sind gleichwertig und können, müssen aber nicht miteinander kombiniert werden.

Insbesondere auch ausländische Paare heiraten hier sehr gerne. Im Internet tummeln sich mehrsprachige Heiratsseiten mit vielen spannenden Angeboten, eine Heiratsindustrie, die ausländischen Paaren ihre »dänische« Hochzeit von A bis Z organisieren kann. Denn das Heiraten in Dänemark ist unkompliziert und vergleichsweise wenig bürokratisch, für Paare mit unterschiedlichen Nationalitäten oftmals ein entscheidender Faktor bei der Wahl des Heiratslandes. Während binationale Paare in anderen Ländern Formulare über Formulare zusammenstellen müssen, bevor sie sich vor einem Pfarrer oder Standesbeamten das Jawort geben dürfen, sind die notwendigen Papiere für eine dänische Hochzeit schnell zusammengesucht.

Ein Thema, das ich am eigenen Leib austesten durfte. Als dänisch-deutsches Paar hatten mein Däne und ich uns vor einigen Jahren recht spontan zum Heiraten entschlossen. Vor uns lag ein Urlaub an der dänischen Küste, und genau in dieser Zeit wollten wir heiraten. Heimlich. Das Ferienhaus war gebucht, in wenigen Wochen sollte es bereits losgehen. Uns blieb also wenig Zeit für bürokratische Vorkehrungen. Um genauere Infos über die notwendige Bürokratie rund um unser Vorhaben zu sammeln, rief ich also zunächst bei der deutschen Botschaft an. Die etwas strenge Dame am anderen Ende der Leitung hörte sich den Grund meines Anrufes an und befahl mir dann, einen Stift und Zettel zu besorgen. Kurz darauf diktierte sie mir sämtliche Formulare und Dokumente, die für die Beantragung einer binationalen Heirat notwendig waren. Schnell war der eine Zettel beschrieben, ich musste schnell noch einen zweiten holen. Irgendwann war die Dame fertig. Desillusioniert starrte ich auf die beiden vollgekritzelten Zettel in meiner Hand. Aus der Traum von der spontanen Hochzeit.

Am Tag darauf fasste ich neuen Mut. Beherzt rief ich im dänischen »borgerservice« an und informierte mich über Lösungsmöglichkeiten für unsere kurzfristige deutsch-dänische Trauung.

»Kein Problem«, sagte die nette Dame und beglückwünschte mich zunächst einmal dafür, dass ich augenscheinlich den Richtigen gefunden hatte. »Wir finden sicher eine Lösung.«

Auf sehr unbürokratische Weise half sie mir bei der Besorgung eines noch fehlenden Dokumentes, und kurz darauf hatten wir alle notwendigen Papiere in der Tasche. Zwei Wochen später sagten mein Däne und ich Ja.

Je nachdem, welches Standesamt bzw. welche Kirche Sie wählen, können Sie in Dänemark an (fast) allen Orten Ihrer Wahl heiraten. Im Rathaus, in der Kirche, am Meer, im Park, in einer Laube, auf einer kleinen, unbewohnten Insel, in einem Garten, auf einem

Schloss usw. Sofern Sie einen Pastor oder einen Standesbeamten finden, der Ihren Wunschort aufsuchen möchte, sind der Fantasie kaum Grenzen gesetzt.

Auch homosexuelle Ehen sind in Dänemark möglich. Das kleine Land, in dem persönliche Freiheit und Toleranz stets großgeschrieben wurden, führte 1989 als erstes Land der Welt die zivilrechtliche Lebenspartnerschaft für Homosexuelle ein[107] und schrieb damit Geschichte! Die ganze Welt schaute zu, als sich am 1. Oktober 1989 das erste gleichgeschlechtliche Paar im Rathaus zu Kopenhagen das Jawort gab. Eine Weltsensation!

Zwischenzeitlich können sich homosexuelle Paare auch kirchlich trauen lassen, wie in mehreren anderen Ländern auch. Des Weiteren wurde die homosexuelle Ehe der heterosexuellen Ehe gleichgestellt, sodass homosexuelle Paare seit 2010 auch Kinder adoptieren können. Lesbische Paare haben darüber hinaus Recht auf staatlich geförderte künstliche Befruchtung.

80. Grund

Weil die »Rotstrümpfe« der Männerwelt ganz schön eingeheizt haben

Hatten Sie in Dänemark schon einmal Kontakt zu Einheimischen, der über »goddag«, »tak« und »farvel« hinausging? Dann ist Ihnen möglicherweise bereits die selbstbewusste Ausstrahlung der Däninnen aufgefallen.

Die Dänin von heute fühlt sich dem Dänen von heute (fast) ebenbürtig und lebt in der Regel auch ganz ähnlich, unabhängig davon, ob sie Kinder in die Welt gesetzt hat oder nicht.

Der Weg der Däninnen zur Gleichberechtigung begann vergleichsweise früh. Mit dem Eintritt der verheirateten Däninnen in den Arbeitsmarkt im Laufe der 1960er-Jahre gewannen die Frauen zunehmend an Einfluss und brachten das gesellschaftliche Gleichgewicht ins Wanken. Ende der 1960er-Jahre begann schließlich endgültig die Zeit der Rebellion gegen die traditionelle Frauenrolle. Auch international war eine Gleichberechtigungsbewegung in vollem Gange. In Anlehnung an die amerikanischen Feministinnen mit dem Namen »New York Redstockings« gründeten Studentinnen der Kopenhagener Universität im Jahr 1970 die »rødstrømpebevægelse« (dt.: Rotstrumpfbewegung). Der Name »Redstockings« bzw. Rotstrümpfe entstand in Anlehnung an eine frühere »Frauenbewegung« mit dem Namen »Blue Stockings«, die frühe Feministinnen und intellektuelle Frauen des 18. Jahrhunderts umschrieben. Die rote Farbe sollte eine neue, linksorientierte und deutlich radikalere Richtung widerspiegeln.

Mehrere der dänischen »Rotstrümpfe« waren längst erfahrene Aktivistinnen, die in anderen Vereinigungen u.a. bereits Demonstrationen für das Recht auf Abtreibung sowie Abtreibungsreisen nach Großbritannien und Polen organisiert hatten. Zunächst handelte es sich bei den Rotstrümpfen weniger um eine organisierte Gruppe mit konkreter Zielsetzung als einfach um ein paar junge Frauen, die ihre Unzufriedenheit mit dem traditionellen Rollenmodell in Dänemark zum Ausdruck bringen wollten. Diese Frauen demonstrierten nun am 8. April 1970, im Jahr nach der Gründung der New York Redstockings, und weckten mit ihrer Aktion hohe Aufmerksamkeit. Denn die jungen Damen hatten sich als Parodie ihrer selbst verkleidet, mit Perücken, Augenwimpern in Überlänge, Strumpfhaltern und einer riesigen Oberweite aus Luftballons, die sie außen an der Kostümierung anbrachten. In dieser Aufmachung zogen sie über die Einkaufsmeile »Strøget« zum Rathausplatz und trugen hierbei Schilder mit folgenden Aufschriften (frei übersetzt):

Die Umarmung des Mannes = Der Hafen der Frau[108]!
Glück ist, SEINE Kleidung zu waschen. Und die der Kinder!
Frauensache – ich muss erst meinen Mann fragen!

Am Rathausplatz angekommen, legten sie ihre zur Schau getragene »pervertierte Weiblichkeit« ab, entfernten Strapse, Ballonbrüste, künstliche Wimpern und Make-up, um als »neue Frau«, gereinigt und unabhängig, den Rückweg auf der »Strøget« anzutreten. Nun trugen sie plötzlich Schilder mit ganz anderen Texten (ebenfalls frei übersetzt):

Freiheit, Gleichheit und Schwesternschaft!

Wasch nur Deine eigenen Socken – Du hast genug gewaschen!

Diese provokative Demonstration wurde von einer Debatte zu den Themen Arbeitsbedingungen und Lohngleichheit abgerundet. Darüber hinaus fand eine Woche nach dem grotesken Umzug eine öffentliche Debatte statt, eine Veranstaltung, die zahlreiche Menschen anzog, Frauen wie Männer. Die Männer wurden jedoch unverzüglich des Platzes verwiesen. Damit grenzten die Rotstrümpfe sich als reine Frauenbewegung ab. Auf genannter Versammlung wurden 13 Basisgruppen gegründet, diese sollten vernetzt miteinander zusammenarbeiten und eine Basis für die fortan überall entstehenden örtlichen Frauengruppen darstellen. Die Ziele standen fest: Gleiche Bezahlung und Bedingungen für Frauen wie Männer, und zwar in jedem Bereich der dänischen Gesellschaft – in der Politik, am Arbeitsmarkt, in der Familie und im Ehebett!

»Det private er politisk«, lautete einer der zentralen Slogans der Rotstrümpfe. Das Private ist politisch!

Die Rotstrumpfbewegung war dezentral organisiert, ohne leitende Funktionen und ohne ein fest umrissenes übergeordnetes Programm. Die Bewegung stellte anfangs nur ein städtisches Phänomen dar, das sich auf Kopenhagen, Aarhus und Odense konzentrierte. Mitte der 1970er-Jahre breitete sich das Konzept auch auf kleinere dänische Städte aus.

Da kein übergeordnetes Programm existierte, gestalteten sich die Aktivitäten der einzelnen Gruppierungen sehr unterschiedlich. Je städtischer, desto radikaler. Ende 1970 erreichte die Bewegung schließlich ihren Höhepunkt, woraufhin die Mitgliederzahlen und

Aktivitäten in den Folgejahren drastisch abnahmen. Viele der Frauen hatten sich mittlerweile in Politik, Forschung und Beratung etabliert, ihre Radikalität abgelegt und einen moderaten Zugang zum Thema Gleichberechtigung gefunden.

Zehn Jahre lang hatte die dänische Rotstrumpfbewegung ihren rebellischen Feldzug geführt, zehn Jahre, die in der dänischen Gesellschaft viele Spuren hinterlassen hatten. Bis in alle gesellschaftlichen Bereiche hinein war die Rolle der Frau auf die Tagesordnung gebracht, hinterfragt und diskutiert worden. Auf das Konto der Rotstrümpfe gehen mehrere Gesetze, Gesetzesänderungen und politische Maßnahmen, die die Gleichheit der Geschlechter sichern. Um nur einige zu nennen: Recht auf Abtreibung (1973), »ligelønslov« (Gesetz für ein gleiches Gehalt, 1976) und Verbesserungen beim Erziehungsurlaubsgesetz (1980).

Kein Wunder also, dass die Dänin von heute derart selbstbewusst wirkt. Wenn schon Mutter und Großmutter vor über vier Jahrzehnten durch Kopenhagen zogen, mit dem Schild: *Du hast genug gewaschen, wasch nur noch Deine eigenen Socken!*

81. GRUND

Weil mutige Dänen ein kleines Licht in der Finsternis des Holocaust entzündeten

Israel und die Juden dieser Welt werden niemals vergessen. Diese Inschrift lesen Sie auf einer Gedenktafel am »Danmarks Plads« in Jerusalem, in dänischer, schwedischer und englischer Sprache. Die Tafel soll an eine beispiellose Rettungsaktion im Zweiten Weltkrieg erinnern, in der es der dänischen Bevölkerung gelungen war, den Großteil der in Dänemark lebenden Juden vor dem sicheren Tod zu retten. Diese Nacht-und-Nebel-Aktion in Dänemark stellte eine der größten Einzelaktionen gegen die Judenverfolgung Nazideutschlands dar, »ein kleines Licht in der großen Finsternis des Holocausts[109]«.

Als das Land 1940 von den Deutschen besetzt wurde, lebten rund 8.000 Juden in Dänemark. Regierung und König protestierten zunächst gegen die Besetzung Dänemarks, leisteten jedoch keinen nennenswerten Widerstand und waren schließlich zur Kooperation bereit. Da Dänemark sich »unproblematisch« verhielt, überließ die Besetzungsmacht das kleine Land weitgehend sich selbst. Dies schloss auch die im Lande lebenden Juden mit ein.

Als sich im Jahr 1943 jedoch abzeichnete, dass Hitler den Krieg verlieren würde, kam es landesweit zu Streiks und Aufständen in der dänischen Zivilbevölkerung. Der deutsche Wehrmachtsbefehlshaber plante, die Unruhen mit harter Hand niederzuschlagen, woraufhin die dänische Regierung aus Protest zurücktrat. Deutschland übernahm nun vollends die Macht, und damit wurde das Judenproblem auch in Dänemark aktuell. Aus anderen europäischen Ländern, in denen unzählige Juden deportiert worden waren, wusste man bereits, was die Juden erwartete. Längst machten Gerüchte über Gaskammern in den sogenannten »Arbeitslagern« die Runde.

Der deutsche SS-Obergruppenführer und Reichsbevollmächtigte für Dänemark, Werner Best, erhielt auf Nachfrage aus Berlin den Befehl, in der Nacht vom 1. zum 2. Oktober 1943 alle Juden in einer heimlichen Aktion zu deportieren. Das Datum, ein Freitag, war geschickt gewählt worden, denn an diesem Tag feierten die Juden nicht nur ihren Sabbat, sondern auch »Rosh ha-Shana«, das jüdische Neujahrsfest. Die Nazis konnten davon ausgehen, dass die Juden zunächst in den Synagogen und danach zu Hause bei ihren Familien anzutreffen waren.

Werner Best berichtete am 28. September 1943, wenige Tage vor der geplanten Aktion, dem deutschen Diplomaten und NSDAP-Mitglied Georg Ferdinand Duckwitz von der geplanten »Lösung der Judenfrage in Dänemark«.

Duckwitz, der im Verborgenen zu diesem Zeitpunkt schon lange Abstand vom Nationalsozialismus genommen hatte, ließ diese Informationen sofort durchsickern und versicherte sich über seine diplomatischen Kontakte, dass das neutrale Schweden die dänischen Juden aufnehmen würde. In Windeseile verbreitete sich die Nachricht über den geplanten Überfall der Juden. Telefonbücher wurden nach jüdisch klingenden Namen abgegrast, die Betroffenen informiert. Hals über Kopf bereiteten die Juden ihre Flucht nach Schweden vor und versteckten sich innerhalb kürzester Zeit bei Freunden, in Höfen und Kirchen in der Nähe des Öresunds, der Meeresenge zwischen Dänemark und Schweden, über die die Flucht nach Schweden erfolgen sollte.

Der Öresund misst an seiner schmalsten Stelle nur circa fünf Kilometer. Innerhalb von zwei Tagen wurden über 7.000 Juden mit Fischkuttern und Ruderbooten nach Schweden gebracht. Die dänische Bevölkerung unterstützte die Flucht mit Proviant, Decken und Kleidung. Auch spendeten einige den Fischern Geld, um deren Verdienstausfall zu kompensieren. Für die Nazis wurde die Razzia daraufhin ein Fiasko. Anstelle der geplanten 8.000 Juden konnten nur knapp 300 in ihren Heimen vorgefunden werden, diejenigen Juden, die die Flucht z.B. aus Altersgründen nicht antreten konnten oder die die Nachricht nicht rechtzeitig erreicht hatte. Darüber hinaus wurden circa 200 Juden bei ihrem Fluchtversuch nach Schweden abgefangen.

Die wenigen verbleibenden dänischen Juden wurden ins »Vorzeige-Konzentrationslager« Theresienstadt deportiert, eher Durchgangslager statt Todeslager, sodass auch von den verhafteten Juden ein großer Teil überlebte.

Weil uns der Atlantikwall nicht vergessen lässt

Sie sind das erste Mal in Dänemark, genauer: in Westjütland, an der dänischen Westküste. Sie wandern durch die Dünen ans Meer. Als Sie den Strand betreten, verschlägt es Ihnen den Atem. Vor Ihnen die Weite der Nordsee, rechts und links von Ihnen ein breiter Sandstreifen, der sich zu beiden Seiten zum Horizont hin erstreckt, hinter Ihnen Dünen, so weit das Auge reicht. Fantastisch, was sich die Natur hier hat einfallen lassen. Plötzlich bleibt Ihr Auge an einem Gebäude hängen, das inmitten dieser faszinierenden Landschaft merkwürdig deplatziert wirkt. Neugierig treten Sie näher. Ein Betonbunker! Wenige Hundert Meter dahinter gleich noch einer. Und hinter diesem ein weiterer.

Willkommen am Atlantikwall, einem gigantischen Zeitzeugen des Zweiten Weltkrieges.

Hitler ließ diesen Verteidigungswall gegen Ende des Zweiten Weltkrieges errichten, um eine Invasion seines Reiches zu verhindern. Der »Gürtel von Bollwerken«, wie er die Bunkerkette bezeichnete, sollte sich über die viele Tausend Kilometer lange Atlantikküste erstrecken, von Frankreich im Süden bis zum norwegischen Nordkap im Norden. Die Ostfront forderte eine Unzahl an Soldaten, sodass Hitler die Atlantikküste bestmöglich befestigen musste, obwohl derartige feststehende Verteidigungsketten bereits zum Zeitpunkt des Baus eine veraltete Militärmaßnahme darstellten. Der Atlantikwall bestand allein in Dänemark aus circa 1.800 Bunkern[110]

Nach Kriegsende wurden Ausrüstung und Einrichtung binnen kürzester Zeit geräumt und sämtliche Materialien, die anderweitig verwendet werden konnten, abgerüstet, z.B. Metall aus Türen und Schießanlagen. Seither »zieren« die leeren Betonklötze die europäischen Küsten am Atlantik und verwittern dort jedes Jahr ein wenig mehr.

Der Großteil der Bunker ist völlig offen, ohne Türen und ohne jegliche Absicherung, frei zugänglich für Einheimische und Touristen. Die Kombination aus rauem Klima und Meerwasser, das aufgrund der verschobenen Küstenlinie einige Bunker mittlerweile umspült, lassen den Beton nach und nach porös werden. Spitz ragen Stahl- und Eisenkonstruktionen aus dicken Betonwänden heraus. In den Gebäuden häuften sich die Unfälle. Einige der Anlagen waren schließlich derart baufällig, dass sogar Einsturzgefahr bestand.

Vor diesem Hintergrund wurde im Jahr 2013 die Entfernung von 100 Bunkern an der dänischen Westküste beschlossen und hierfür ein Etat von circa zwölf Millionen Dänischen Kronen[111] eingeplant (circa 1,61 Millionen Euro). Mitte 2015 wurde der letzte dieser 100 Bunker gesprengt. Manche Atlantikwall-Bunker wurden zwischenzeitlich zum Kulturerbe erklärt, vereinzelte größere Verteidigungsanlagen zu Museen umfunktioniert, die über ihre Rolle im Zweiten Weltkrieg informieren.

An Tagen mit stürmischem Wetter und aufgewühltem Meer können diese Relikte eine sehr ungemütliche Atmosphäre entstehen lassen, an besonders trüben Tagen gar Endzeitstimmung verbreiten. Die Bunker der Atlantikküste sorgen stets auf ihre ganz eigene Weise dafür, dass dieses dunkle Kapitel der europäischen Geschichte niemals in Vergessenheit geraten wird.

83. Grund

Weil Dänemark als erstes Land weltweit ein Gesetz gegen den Sklavenhandel erließ

Vor einigen Jahrhunderten betrieb Dänemark – wie alle großen Kolonialmächte – im großen Stil Sklavenhandel. Die Zeit des Sklavenhandels in Dänemark begann im 16. Jahrhundert, mit der Gründung der Dänischen Westindien-Kompanie, die später in »Westindien-

Guinea-Kompanie« umgetauft wurde. Die Westindien-Guinea-Kompanie diente dem Handel zwischen den dänischen Kolonien in Westafrika und der Karibik. Bis Anfang des 18. Jahrhunderts verfrachtete und verkaufte die Handelskompanie circa 100.000 afrikanische Sklaven[112] an die westindischen Plantagen. Dort hatten zwar auch vorher schon Sklaven gearbeitet, allerdings in wesentlich geringerem Umfang als schließlich im 17. Jahrhundert, in dem die Plantagen von Baumwolle auf das wesentlich personalintensivere Zuckerrohr umstellten. Das Sklavengeschäft blühte.

Erst in der zweiten Hälfte des 17. Jahrhunderts, als sich das Menschenbild nach und nach wandelte, als die Freiheit und Würde des Menschen mehr und mehr in den Fokus gerieten, wuchsen in der Gesellschaft erste Zweifel an der Anständigkeit des Sklavenhandels. Der Widerstand gegen die Haltung und Behandlung von Sklaven wuchs. Insbesondere in England wurde das Thema sehr kritisch debattiert. Das englische Parlament verwarf zwar 1791 einen Gesetzesvorschlag zur Abschaffung des Sklavenhandels, doch Dänemark musste davon ausgehen, dass die Abschaffung der Sklaverei in England nur noch eine Frage der Zeit war – mit Auswirkungen auf den Sklavenhandel weltweit.

Auf diese Veränderungen wollte Dänemark gut vorbereitet sein. Das kleine Königreich führte somit 1792 als erstes Land der Welt ein Gesetz ein, das den Handel mit Sklaven verbieten sollte. Dieses Gesetz sollte jedoch erst zehn Jahre später in Kraft treten. Plantagenbesitzer hatten somit innerhalb dieses Zeitraumes die Gelegenheit, sich mit genügend Sklaven einzudecken, um nach Inkrafttreten des Gesetzes die benötigte Arbeitskraft selbst reproduzieren zu können. Zu diesem Zwecke wurden den Plantagen darüber hinaus sogar noch günstige Kredite eingeräumt.

Das Geschäft mit den Sklaven zog somit – wie erwartet und beabsichtigt – noch einmal stark an. Ab dem Jahr 1803 durften schließlich auf Schiffen unter der dänischen Flagge keine Sklaven mehr verfrachtet werden. Die Sklaverei an sich war jedoch nach wie vor erlaubt. 1848 wurde die Sklaverei in Dänemark schließlich vollständig abgeschafft[113]. Bei der Abschaffung der Sklaverei waren dem Königreich zu diesem Zeitpunkt allerdings andere Nationen längst zuvorgekommen.

84. GRUND

Weil 13 Nobelpreise an Dänen gingen

Jedes Jahr wieder, am 10. Dezember, ist Nobeltag! An diesem ganz besonderen Tag überreicht der König von Schweden Medaillen und Urkunden an die Nobelpreisträger des aktuellen Jahres. Ins Leben gerufen wurde der Nobelpreis vom schwedischen Erfinder und Industriellen Alfred Nobel, der dank seiner eigenen Erfindungen zu hohem Reichtum gelangt war. Nobel starb am 10. Dezember 1896 und hinterließ ein enormes Vermögen. In seinem Testament hatte er die Gründung einer Stiftung bestimmt. Diese sollte jedes Jahr von Neuem diejenigen Menschen belohnen, die im zurückliegenden Jahr der Menschheit den größten Nutzen gebracht hatten. Der Nobelpreis war geboren. Seit 1901 wird dieser begehrte Preis jährlich am Todestag Nobels in den folgenden Kategorien vergeben: Physik, Chemie, Physiologie/Medizin, Literatur und Friedensbemühungen. Der Friedensnobelpreis wird hierbei in der norwegischen Hauptstadt Olso vom norwegischen Nobelkomitee verliehen. 1969 kam zur schwedischen Zeremonie in Stockholm ein weiterer Preis hinzu: der Alfred-Nobel-Gedächtnispreis für Wirtschaftswissenschaften, auch Wirtschaftsnobelpreis genannt.

Der Nobelpreis gilt als die höchste Auszeichnung und Ehre, die ein Mensch innerhalb der genannten Kategorien erlangen kann. Nicht verwunderlich also, dass jedes Land auf seine Nobelpreisträger ungemein stolz ist. Dänemark kann hierbei 13 Mal stolz sein. Das kleine Land liegt damit in den Top 10 einer weltweiten Rangliste[114] über die Nobelpreisträger eines Landes bezogen auf dessen Bevölkerungsgröße. Schweden und Norwegen sind ebenfalls innerhalb der Top 10 zu finden. Die Vereinigten Staaten müssen sich in dieser Rangliste mit einem mittelmäßigen Platz begnügen, obwohl sie absolut gesehen die höchste Anzahl an Nobelpreisträgern hervorgebracht haben.

Einer der dänischen Nobelpreisträger stammt von den Färöer-Inseln. Betrachtet man die Färöer als eigenständige Nation anstelle als Teil des Königreich Dänemarks, läuft die kleine Inselnation auf genannter Rangliste sämtlichen Ländern dieser Welt den Rang ab[115].

85. Grund

Weil eine dänische Physikerfamilie gleich zwei Nobelpreisträger hervorbrachte

Bleiben wir noch einen Moment beim Nobelpreis. Die Auszeichnung gilt als höchste Ehre innerhalb der ausgeschriebenen Kategorie, als absoluter Gipfel des eigenen Lebenswerkes. Wie stolz wohl eine Familie ist, die einen Nobelpreisträger hervorgebracht hat? Und wie stolz ist sie, wenn gleich mehrere Nobelpreisträger aus ihren Reihen stammen? Die dänische Physikerfamilie mit dem Namen Bohr könnte es Ihnen verraten!

Der dänische Physiker Niels Bohr erhielt im Jahr 1922 den Nobelpreis »für seine Verdienste um die Erforschung der Struktur der Atome und der von ihnen ausgehenden Strahlung«[116]. Im gleichen Jahr kam sein Sohn Aage Niels Bohr auf die Welt, dem ganz offensichtlich die Physik in die Wiege gelegt worden war und der eines Tages in die Fußstapfen seines weltberühmten Vaters treten würde, ohne sich hinter diesem verstecken zu müssen. Denn 53 Jahre später, im Jahr 1975, war es Aage Niels Bohr, der gemeinsam mit zwei anderen Physikern den Nobelpreis im Bereich Physik entgegennehmen durfte.

Nach der dänischen Familie Bohr wurden gleich mehrere physikalische Phänomene benannt, beispielsweise das »Bohrsche Atommodell« (Niels Bohr, 1913) mit den »Bohrschen Bahnen«, das »Bohrsche Korrespondenzprinzip«, der »Bohr-Radius« und das »Bohrsche Magneton«. Darüber hinaus wurde zur Ehrung der Physiker ein chemisches Element mit dem Namen Bohrium (Bh) und ein Mineral mit dem Name Nielsbohrit versehen.

Es ist selten, dass eine Familie gleich mehrere Nobelpreisträger hervorbringt. Die Liste der Nobelpreisträger seit 1901 zählt sechs Vater-Sohn-Paare, ein Mutter-Tochter-Paar sowie ein Vater-Tochter-Paar.[117] Darüber hinaus scheinen kluge Köpfe sich auch anzuziehen: Bislang kamen auch vier Ehepaare in den Genuss von Nobelpreisen. Die berühmteste Familie von Nobelpreisträgern ist die Familie Curie, die insgesamt mit fünf Nobelpreisen innerhalb der Physik und Chemie geehrt wurde.

8. KAPITEL

INNOVATIVES & DIGITALES DÄNEMARK

Weil Dänemark moderner ist, als Sie denken

Wie fortschrittlich ist ein Land mit einer Einwohnerzahl, die unter derjenigen des Bundeslandes Hessens liegt, und das auch nur, wenn die Bewohner der Färöer-Inseln und Grönland mit einbezogen werden? Derartige Gedanken beschlichen mich vor meiner Umsiedelung in den Norden. Mit Skepsis blickte ich auf meine klitzekleine neue Heimat. Würde ich meinen gewohnten Lebensstandard halten können? Wohl eher nicht. Der Liebe wegen war ich jedoch fest entschlossen, meine Ansprüche ein gutes Stück herunterzuschrauben. Dass dies gar nicht notwendig war, sollte ich sehr schnell feststellen. Dänemark ist (deutlich) moderner, als Sie es sich möglicherweise vorstellen.

Wenige Monate nach meinem Umzug benötigte ich ein bestimmtes Medikament. Hierzu musste ich das erste Mal meine dänische Ärztin kontaktieren, die ich bei meiner Anmeldung im Bürgerservice der Stadt nach dem Prinzip »hübschester Name« aus einer Liste der zur Verfügung stehenden Ärzte ausgewählt hatte. Liselotte, das klang doch vertrauenswürdig. Wenige Tage später lag die »gule sygesikringskort« in meinem Briefkasten, die berühmt-berüchtigte dänische Krankenversicherungskarte, die gleichzeitig auch als Personalausweis und Legitimation im ganzen Lande fungiert. Diese kleine weiß-gelbe Karte hatte neben Name und Personennummer auch Liselottes Adresse und Telefonnummer aufgedruckt.

Um besagtem Medikament also näherzukommen, wählte ich Liselottes Nummer. Mein Ziel: ein Rezept, ein rosa Zettelchen für die Apotheke. Ob es das Medikament in Dänemark überhaupt schon gab? In Deutschland war es noch nicht so lange auf dem Markt. Nun ja, Fragen schadete wohl nicht.

Von meiner besseren Hälfte wusste ich bereits, dass man in dänischen Arztpraxen nicht wegen jedes Firlefanzes auftauchen konnte.

Stattdessen rief man innerhalb der täglichen Telefonsprechstunde des Arztes von 8 bis 9 Uhr an, und teilte Arzt oder Ärztin das Anliegen mit. Dieser entschied, ob eine kurze telefonische Beratung ausreichte, ob ein persönlicher Termin zu vereinbaren war oder ob eine Überweisung an eine andere Stelle erfolgen musste.

Meine ersten Versuche endeten in diversen Warteschleifen. Die Telefonsprechstunde schien gut besucht zu sein. Als ich schon nicht mehr mit einem Erfolg rechnete, nahm plötzlich eine Frau ab. Auf holperigem Dänisch brachte ich mein Anliegen vor und fragte nach dem Medikament. Eifriges Tippen am anderen Ende der Leitung.

»Das gibt es noch nicht so lange in Deutschland«, fügte ich hinzu. »Ist das Medikament in Dänemark schon bekannt?«

Das Tippen brach abrupt ab. Einige Sekunden lang herrschte Stille. Ratlos kratzte ich mich am Kopf. Ob mein dänisches Kauderwelsch angekommen war?

Die Stimme der Ärztin riss mich aus meinen Gedanken.

»SELBSTVERSTÄNDLICH kennen wir das Medikament. Es ist hier genauso üblich wie auch in Deutschland.«

Bildete ich es mir nur ein, oder lag in ihren Worten ein merkwürdiger Unterton?

»Fantastisch!«, versuchte ich die Situation zu retten. »Ich brauche ein Rezept. Wann könnte ich dieses abholen?«

»Welche Apotheke?«, fragte die Ärztin.

Apotheke? So weit war ich in meiner Planung nicht gekommen. Ich wollte lediglich ein Rezept beschaffen. Eins nach dem anderen.

»Apotheke?«, murmelte ich schließlich etwas schwerfällig.

Ich konnte die Finger der Ärztin auf dem Schreibtisch trommeln hören. »Ja. Apotheke. Welche Apotheke ziehst du vor? Svane Apotheke oder Lyngby Apotheke?« Sie sprach betont langsam.

»Lyngby Apotheke«, antwortete ich hastig. Wo immer diese auch lag. Ich würde sie schon ausfindig machen. Weit entfernt konnte sie nicht sein, bei dem Namen. Wir wohnten schließlich in Lyngby.

»Gut. Du kannst in zehn Minuten dein Medikament abholen.« Sie setzte zum Abschied an.

»Und das Rezept?«, fragte ich schnell. Wieder sekundenlange Stille. Irgendetwas sagte mir, dass ich keine allzu gute Figur abgab.

»Das ist längst auf dem Weg.«

In meinem Kopf arbeitete es. Ich sah rosa Rezeptzettel vor mir, mit wilden handschriftlichen Kritzeleien vom Arzt, ausgehändigt über einen hohen Praxistresen, vom Patienten in die nächste Apotheke transportiert, vom Apotheker mit Müh' und Not übersetzt, bevor das Medikament schließlich seinen Besitzer wechselte.

Ich schwieg. Liselotte erbarmte sich und erklärte mir, dass der Rezeptversand in Dänemark digital erfolgte. Ich müsse nur meine Krankenversicherungskarte in der vereinbarten Apotheke einscannen lassen, danach würde mir das Medikament ausgehändigt werden.

»Arbeitet Deutschland denn noch mit Rezepten in Papierform?« Ihre Stimme klang amüsiert.

Hastig beendete ich das Telefonat. Meine Überheblichkeit war verflogen. Und sollte auch nie wieder zurückkehren.

87. GRUND

Weil Dänemark eine moderne E-Health-Nation ist

Die digitalen Rezepte sind innerhalb des Gesundheitswesens nur die Spitze des Eisbergs. Generell nutzt Dänemark in nahezu allen Bereichen die digitalen Vorzüge der heutigen Zeit aus und ermöglicht den Bürgern auf diese Weise ein relativ unbürokratisches Dasein.

Innerhalb des Gesundheitswesens nennt sich die Digitalisierung »E-Health«, ein Bereich, in dem Dänemark nahezu Pionierstatus aufweist. Bereits 2001 plante Dänemark ein zentrales digitales

Gesundheitsportal, das sämtliche Daten von Ärzten, Krankenhäusern und Apotheken mit den persönlichen Gesundheitsakten aller Patienten landesweit verknüpfen sollte. Schon zwei Jahre später wurde das Portal eingeführt. Seither ist Dänemark eine moderne E-Health-Nation.

Mithilfe des E-Health-Portals »sundhed.dk« verschaffen sich medizinische Fachkräfte schnell und unkompliziert einen Überblick über die medizinische Vorgeschichte eines Patienten. Die auf diesem Wege erhaltenen Informationen können damit direkt in die bevorstehende Behandlung miteinbezogen werden. Laborwerte, verabreichte Medikamente, vorherige Behandlungen in dänischen Krankenhäusern – alles mit wenigen Klicks einsehbar, ohne zeitraubende Bürokratie. Darüber hinaus können z.B. auch aktuelle Wartezeiten diverser Behandlungen in den verschiedenen Krankenhäusern eingesehen werden.

Doch nicht nur Mediziner nutzen die digitalen Daten, das Portal steht auch Patienten zur Verfügung. Patienten erlangen ebenfalls über das Internetportal Zugang zu ihrer persönlichen digitalen Gesundheitsakte und können jederzeit die Einträge der Mediziner, Apotheken und Krankenhäuser verfolgen. Des Weiteren kann der Patient sehen, wer bislang die Daten seiner Akte abgerufen hat.

Darüber hinaus bietet das Portal eine Vielzahl an Informationen rund um Krankheiten, Symptome und Behandlungsmöglichkeiten, sowohl für medizinisches Fachpersonal als auch für medizinische Laien, in jeweils getrennten Bereichen. Patienten können sich im Krankheitsfalle darüber informieren, wie sie sich bei Auftreten eines Symptoms zu verhalten haben, d.h. wann sie sich umgehend beim Notdienst melden sollten, wann ein Kontaktieren des eigenen Arztes innerhalb der nächsten Praxis-Öffnungszeit ausreicht und welche Symptome erst einmal keine Behandlung erfordern.

Die Inhalte der digitalen Krankenakten werden hierbei an verschiedenen Stellen generiert, in Arztpraxen, Apotheken, Krankenhäusern usw. – je nach medizinischer Vorgeschichte. Auf dem

Portal werden alle diese Daten in den zugehörigen Krankenakten zusammengeführt. Die eindeutige Zuordnung der Daten zur digitalen Krankenakte erfolgt über die CPR-Nummer, die dänische Personennummer, die jedem Einwohner Dänemarks auf Schritt und Tritt durchs Leben folgt.

Das E-Health-Portal stellt die Basis des digitalisierten dänischen Gesundheitswesens dar. Das Konzept wird laufend erweitert. Mittlerweile lassen sich z.B. nicht mehr nur per telefonischem Kontakt digitale Rezepte in die Apotheke schicken, zwischenzeitlich können Sie sich per Internet mit Ihren Zugangsdaten auf der Homepage Ihres Allgemeinmediziners digital einloggen, etwa um dort einen Termin zu vereinbaren, um ein Rezept zu erneuern und dieses an die Apotheke Ihrer Wahl schicken zu lassen oder um eine ärztliche Beratung per E-Mail anzufordern.

Auf diese Weise haben wir als vierköpfige Familie bereits unzählige telefonische Warteschleifen sowie unnötige Stunden in überfüllten Wartezimmern gespart.

Angst vor einem Missbrauch seiner transparenten, »gläsernen« Krankenakte scheint der Däne hierbei nicht zu kennen. Zumindest nicht in nennenswerter Ausprägung, die ihn dazu bewegen würde, auf die Vorteile einer derartigen Datentransparenz zu verzichten. Denn gläserne Krankenakte und E-Health-Portal optimieren die eigene medizinische Behandlung ungemein. Und an Datentransparenz ist der Däne ohnehin seit Jahrzehnten gewöhnt.

88. Grund

Weil Sie in Dänemark eine Nummer sind

Am Anfang (aller Digitalisierung) war die Nummer. Die dänische CPR-Nummer. Diese Personennummer war von Anfang an wichtiger als der Name. Wer urplötzlich den Wunsch verspürt, Klaus-

Heidi zu heißen, wird bei der Umsetzung dieses Wunsches kaum auf Probleme stoßen. Die CPR-Nummer jedoch, die begleitet Sie in Dänemark ein Leben lang. Ob Sie es wollen oder nicht. Denn in Dänemark sind Sie eher Nummer als Name.

CPR steht für »Det Centrale Personregister«, ein zentrales Personenregister, eingeführt im Jahr 1968. In diesem Register ist jeder Einwohner Dänemarks mit einer eindeutigen Identifikationsnummer registriert, und zu dieser Nummer werden wichtige personenbezogene Daten vorgehalten, die von zugangsberechtigten öffentlichen wie privaten Nutzern eingesehen oder bezogen werden können.

Die CPR-Nummer erhält ein Däne entweder wenige Minuten nach seiner Geburt im Lande oder alternativ, sobald er bei der zuständigen dänischen Behörde seinen Umzug ins Land registriert. Die CPR-Nummer besteht aus zehn Ziffern. Die ersten sechs Ziffern stellen das Geburtsdatum dar (TTMMJJ), die letzten vier Ziffern eine fortlaufende Nummer, deren letzte Stelle das Geschlecht kennzeichnet, gerade Zahlen eine Frau, ungerade einen Mann.

Da das eigene Geburtsdatum in den Gehirnzellen stets abrufbereit ist, müssen Sie sich als Däne theoretisch nur die letzten vier Ziffern Ihrer CPR-Nummer einprägen. Diese vier Ziffern werden sich Ihnen auch sehr schnell einprägen, denn sie begleiten Sie in Ihrem Alltag auf Schritt und Tritt.

Was Sie in Dänemark auch anstellen: Sie brauchen hierfür Ihre CPR-Nummer. Ganz egal, ob Sie Ihre (digitale) Steuererklärung einsehen bzw. ändern wollen, ob Sie Ihre (digitale) Steuerkarte für den Arbeitgeber aktualisieren, einen neuen Pass oder Führerschein beantragen, einen Umzug vornehmen, einen Telefonanschluss anmelden, eine Handynummer, Kabelfernsehen oder Internet beantragen, Gehalt beziehen, den Arbeitsplatz wechseln, zum Arzt gehen, eine medizinische Behandlung im Krankenhaus anfordern, Strom und Wasser bezahlen, den Schornsteinfeger bestellen, ein Haus kaufen, ein Sommerhaus an der Küste erwerben, bei der nächsten Bank einen Kredit aufnehmen, umschulden, ein Erbe antreten, ein Kind in die Welt setzen, einen Krippenplatz beantragen, das Kind einschulen, eine Sprachschule besuchen, eine Ausbildung beginnen … (setzen Sie die Liste einfach beliebig fort): Egal, was Sie in Dänemark offiziell tun wollen – ohne CPR-Nummer wird es nicht funktionieren!

Überall im Lande werden also zu Ihrer persönlichen CPR-Nummer diverse Daten und Informationen vorgehalten. Viele dieser Daten sind auf Basis der CPR-Nummer miteinander vernetzt, um Staat und Bürgern bürokratische Vorgänge zu erleichtern.

Der ein oder andere wird an dieser Stelle mit Skepsis reagieren. Wie sieht es bei einem derartig transparenten System mit der Datensicherheit aus? Was könnte passieren, gerieten in Dänemark die »Falschen« an die Macht?

Diskutieren Sie mit Dänen über die Risiken ihrer Datentransparenz, treffen Sie meist auf lockeres Achselzucken, alternativ auf unwilliges Abwinken. Der (gläserne) Däne zeichnet sich auch in diesem Bereich durch Gelassenheit und Optimismus aus.

Drittes Reich? »Schon, aber das war *damals.*« Oder: »Im 21. Jahrhundert passiert doch so etwas nicht mehr. Und schon gar nicht hier im Norden.«

Manchmal kombiniert mit der süffisanten Gegenfrage: »Wäre es strategisch nicht auch äußerst ungeschickt, aufgrund eines derart kleinen Risikos auf sämtliche Vorzüge zu verzichten, die unsere transparenten Daten mit sich bringen?«

Wie Sie zu diesem Thema auch stehen mögen, und ob es Ihnen passt oder nicht: In Dänemark sind Sie eine Nummer. Die CPR-Nummer. Mit allen Vorteilen, mit allen eventuellen Nachteilen. Punkt.

Weil Dänen Nummern lieben

Dänemark liebt also Nummern. Dies beschränkt sich nicht auf die CPR-Nummern, wie auch Touristen und Besucher des kleinen Landes schnell feststellen werden. Denn überall, wo Sie in Dänemark Warteschlangen vorfinden, finden Sie auch Nummern. Bzw. überall dort, wo Warteschlangen entstehen *könnten*, finden Sie Nummern.

Das beginnt klassisch bei Behörden und größeren Anlaufstellen mit Warteräumen, in denen Sie bei Ankunft zunächst einmal eine Nummer ziehen, bevor Sie es sich in Ihrer Warteposition bequem machen. Beispiele hierfür wären das Jobcenter (das dänische Pendant zur Arbeitsagentur), der »Borgerservice« Ihrer Stadtverwaltung, der für sämtliche Anliegen dänischer Bürger zuständig ist, Krankenhäuser, die dänische Post, der Kundenservice der Dänischen Staatsbahn u.v.m.

Derartige Wartezonen kennen wir natürlich auch aus Deutschland. Im Eingangsbereich treffen Sie auf einen kleinen Apparat, der Ihnen Ihre persönliche Wartenummer ausspuckt. Bei größeren Anlaufstellen müssen Sie dem Apparat auf einem Display mit verschiedenen Wahlmöglichkeiten auch gleich Ihr Anliegen »mitteilen«. Der intelligente Zahlenautomat koordiniert nämlich gleichzeitig mehrere Warteschlangen und ordnet Sie auf diese Weise gleich der korrekten Warteschlange zu. Praktisch.

Über den verschiedenen Schaltern und Tresen, hinter denen im Optimalfall auch noch serviceorientierte Mitarbeiter die Warteschlangen geduldig abarbeiten, hängen wiederum Displays, auf denen die diversen Nummern angezeigt werden. Wird Ihre Nummer aufgerufen, treten Sie zum betreffenden Schalter und zeigen die korrekte Nummer vor. Auf dem Tresen finden Sie einen kleinen Behälter, in den Sie danach Ihre Nummer werfen können. Alternativ spießen Sie die Nummer auf einem kleinen Zettelspieß auf. Nach diesem Ritual werden Sie dann bedient.

In größeren Wartezonen, in denen mehrere Mitarbeiter die vorhandenen Warteschlangen abarbeiten, macht ein derartiges Nummernsystem stets Sinn. Zwar war ich zunächst über den Nummernautomaten in meiner kleinen Apotheke verwundert, erkannte jedoch schnell, dass die Strukturierung von Warteschlangen auch bei drei bis vier Mitarbeitern schon zu höherer Effektivität führen kann. Zumal einige Apotheken die Warteschlangen gleich in »recept« (Rezeptabholung) und »håndkøb« (Kauf von rezeptfreien Medikamenten) aufteilen, um die Wartezeiten aller Anwesenden zu optimieren.

Die Nummernliebe der Dänen macht jedoch auch vor kleinen Geschäften keinen Halt. Notgedrungen ziehen Sie auch in einer klitzekleinen Apotheke mit maximal zwei Mitarbeitern tapfer eine Nummer. Oder beim Metzger. Oder beim Bäcker. Auch in diesen Verkaufsräumen könnten die Warteschlangen derart unüberschaubar anwachsen, dass nur per Durchnummerierung die gewünschte Ordnung wiederherzustellen ist. Selbst die kleine Postagentur in unserem Supermarkt installierte vor einigen Jahren Displays über ihren beiden Schaltern, klebte eine Diskretionslinie auf den Boden und stellte einen Nummernapparat davor. Dass ich noch niemals beide Schalter gleichzeitig geöffnet erlebt habe, ist an dieser Stelle unerheblich. Denn die eine Warteschlange, die verläuft stets in geordneten Bahnen. Dank Nummern.

90. Grund

Weil dänische Steuererklärungen sich ganz von selbst erledigen

Der ein oder andere mag sie lieben, bei einem Großteil wird sie jedoch keinen Freudentanz hervorrufen: die jährliche Steuererklärung. Ganz Hartgesottene drücken sich gar ein Leben lang davor und legen das leidige Thema vertrauensvoll in die Hände kompetenter Familienmitglieder, beispielsweise in die Hände geduldiger Väter.

Ich zähle zur letzteren Sorte. Mit Schrecken erinnere ich mich an mehrseitige graugrüne Formulare, die in mehreren Ausfertigungen an das zuständige Finanzamt in Deutschland gesendet werden mussten. Und das per Post! Das Ausfüllen konnte sich unter Umständen tage- und wochenlang hinziehen, so lange, bis man mühsam sämtliche Zahlen zusammengetragen und hoffentlich in die korrekten Felder eingetragen hatte.

Ich erinnere mich darüber hinaus an PC-Steuerprogramme auf CD-ROM, die das Projekt »jährliche Steuererklärung« erleichtern sollten. Aufgrund der Dynamik des deutschen Steuerwesens mussten diese Programme allerdings jedes Jahr in einer aktuellen Version neu angeschafft werden.

Die Steuererklärung: mein persönlicher Angstgegner!

Derart geprägt zog ich nach Dänemark, und nur wenige Monate später drohte die erste Steuererklärung. Mit großem Respekt harrte ich der Dinge, die da kommen mochten. Eines Tages war es so weit. In meinem Briefkasten lag ein Brief von »SKAT«, der dänischen Steuerbehörde. Nervös öffnete ich den Briefumschlag, zog das Schreiben hervor und begann zu lesen. Nach wenigen Zeilen schüttelte ich fassungslos den Kopf. Ich hielt tatsächlich meine erste dänische Steuererklärung in Dänemark in den Händen, und das ganz ohne mein Zutun!

SKAT hatte offensichtlich alle Zahlen selbst ausgefüllt, die Steuer berechnet und sämtliche Informationen in einer leicht verständlichen Übersicht aufbereitet, die gerade einmal eineinhalb Seiten füllte. Dazu gab es noch einige kurze Erläuterungen sowie den streng formulierten Hinweis, dass ich verpflichtet sei, die von der Steuerbehörde zusammengetragenen Beträge zu kontrollieren und etwaige Unstimmigkeiten unverzüglich anzuzeigen. Würde ich dies nicht tun, drohten horrende Gebühren.

Ich ignorierte die Drohung und schickte ein Dankesgebet gen Himmel. Eine Steuererklärung, die sich selbst erledigte? Die dänische Steuerbehörde als Service-Einrichtung? Was für ein Tag!

SKAT Danmark trägt mithilfe der CPR-Nummern einfach alle relevante Daten zur Ermittlung der jährlichen Steuer selbst zusammen. Die Behörde bezieht hierbei Daten von Arbeitgebern, Banken, Stadtverwaltungen u.v.m. All das, was eben für eine ordentliche Steuererklärung benötigt wird. Etwaige Änderungen oder zusätzliche Informationen zur eigenen Steuer sind vom Bürger daraufhin digital zu melden. Hierfür besitzt jeder steuerpflichtige Einwohner Dänemarks seinen persönlichen Zugang auf der Homepage von SKAT. Eingeloggt, Daten geprüft oder geändert, Speichern, fertig.

Ich war begeistert. Schnell kontrollierte ich meine bescheidenen Einkünfte. Alles war korrekt. Als frisch Ausgewanderte musste ich mich lediglich noch mit dem ein oder anderen Thema genauer vertraut machen (z.B. Absetzen von Fahrtkosten des Arbeitsweges und Ansetzen anderer Pauschalen) und diese der Steuerbehörde digital nachmelden. Die von mir selbst gemeldeten Daten standen daraufhin in meiner Steuerakte und wurden für die Folgejahre einfach übernommen. Nach meinen kleinen Korrekturen erhielt ich schließlich eine neue, endgültige Steuererklärung per Post. Damit war das Thema erledigt und ich vom unkomplizierten Ablauf schwer beeindruckt.

Wenige Jahre darauf stellte SKAT den Versand der Steuererklärung in Papierform ein. Seither gibt es die Steuererklärung nur noch in digitaler Form, im persönlichen Steuerportal bei SKAT.dk. Wir Steuerpflichtigen erhalten lediglich eine kurze E-Mail mit der Information, dass die aktuelle Steuererklärung nun abrufbar ist.

Die digitale Steuererklärung in Dänemark: eine Angelegenheit von wenigen Minuten und damit einer der größten Vorzüge des »gläsernen Daseins« in Dänemark.

91. GRUND

Weil die Dänen an der Krone festhalten, sie aber kaum im Geldbeutel haben

Obwohl Dänemark Mitglied der Europäischen Union ist, hält das Land an seiner eigenen Währung, der dänischen Krone, fest. Bei der Volksabstimmung im Jahr 2000 stimmte eine knappe Mehrheit der Dänen für die Krone und damit gegen den Euro. Ließe man die Dänen heute ein weiteres Mal abstimmen, würde das Ergebnis wohl noch deutlicher ausfallen.

Die Dänen lieben ihre Krone. Jedenfalls auf dem Bankkonto, im dänischen Geldbeutel werden Sie in vielen Fällen nämlich keine nennenswerte Anzahl an Kronen auffinden. Denn in Dänemark können Sie nahezu überall mit der Karte zahlen: in Supermärkten, in Geschäften, in Restaurants und Cafés, im Kiosk, an der Tankstelle, beim Bäcker um die Ecke, im Buchladen, sogar bei unserem mobilen »Eismann«, der in den Sommermonaten jeden Freitag die Straßen unseres Ortes abklappert und mit lautem Gebimmel seine Ankunft ankündigt. Letzterer hat ein mobiles Zahlungsgerät dabei. Ohne dieses würde er wohl kaum Umsatz machen. Denn Bargeld? In vielen Haushalten ist keine müde Krone vorhanden. Das Zahlungsmittel in Dänemark heißt »Dankort« und kann einfach überall genutzt werden. Hatte ich in Deutschland stets peinlichst genau darauf geachtet, mindestens 50, besser 100 Euro mit mir zu führen, konnte ich nach einem halben Jahr in Dänemark froh sein, in den Tiefen meines Geldbeutels ein einsames 10-Kronen-Stück zu finden. Ein solches brauchte ich schließlich, um einen der angeketteten Einkaufswägen aus der Gefangenschaft befreien zu können. Wenige Monate später erstand ich einen Einkaufswagenchip aus Plastik. Seither herrscht gähnende Leere in meinem Geldbeutel.

Insbesondere auch, da in den letzten Jahren weitere digitale Zahlungsformen den dänischen Markt eroberten, wie die App »Mobile Pay«. Diese App laden Sie sich auf das Smartphone herunter und verknüpfen Sie mit Ihrem Bankkonto. Fortan können Sie per Handy komfortabel jedem Geld überweisen, der die App ebenfalls eingerichtet hat.

Sehr praktisch in folgenden Situationen:

Im Restaurant mit mehreren Freunden. Um die Bezahlung zu vereinfachen, zahlt einer die Gesamtrechnung, woraufhin intern abgerechnet wird. Dies stellt mit Bargeld gerne eine kleine Herausforderung dar, denn nicht jeder wird den Betrag passend aus dem Geldbeutel abzählen können. Und schon entstehen kleinere und größere Schulden zwischen den einzelnen Personen. Nicht so mit »Mobile Pay«. Die Schuldner zücken ihr Telefon und zahlen in wenigen Sekunden ganz bequem exakt den Betrag, den sie schulden.

Oder: Ein Kollege sammelt Geld für das Geburtstagsgeschenk eines anderen Kollegen. Bargeld? Fehlanzeige. Sie zücken Ihr Handy und haben wenige Sekunden danach ebenfalls Ihren Beitrag geleistet.

Zu guter Letzt: Sonntag. Es klingelt an Ihrer Tür. Ein paar Kinder, im Schlepptau eine Mutter, sammeln für irgendeinen guten Zweck. Bargeld? Fehlanzeige. Sie wittern Ihre Chance, die Gesellschaft vor Ihrer Tür freundlich abzuwimmeln.

»Tut mir leid, ich habe leider kein Bargeld im Haus …«

Die Mutter im Schlepptau richtet sich auf und lächelt. »Die Organisation bietet mittlerweile auch die Möglichkeit, per ›Mobile Pay‹ zu zahlen!«

Pech gehabt. Sie zücken Ihr Handy, und wenige Sekunden später … Nun ja.

Seit einigen Monaten bieten auch mehr und mehr Geschäfte und Supermärkte die Zahlung per »Mobile Pay« an.

Bei aller Liebe zum »digitalen Geld« sind bisher noch alle dänischen Geschäfte zur Annahme von Bargeld verpflichtet. Es wird jedoch regelmäßig darüber diskutiert, diese Regelungen aufzuweichen bzw. für bestimmte (kleinere) Geschäfte abzuschaffen, um diesen die Kosten für die Vorhaltung von Bargeld zu ersparen.

Für viele Einwohner Dänemarks beschränkt sich der Umgang mit Geld also auf digitale Bankkontobewegungen, die von Zeit zu Zeit auf dem Computer zu Hause geprüft werden. Im Geldbeutel herrscht mehr oder weniger Ebbe. Es gibt ja Einkaufswagenchips.

92. Grund

Weil Geldautomaten sowieso überbewertet sind

Auch wenn in Dänemark das Bargeld seit geraumer Zeit auf dem absteigenden Ast ist, gibt es sie natürlich nach wie vor, die Dänen, die mit Bargeld zahlen. Wie gelangen diese nun an ihr traditionelles Bargeld? Welch Frage, denken Sie jetzt, natürlich am Geldautomaten. Wo sonst?!

Der Geldautomat ist jedoch nur die halbe Wahrheit. Zur Verdeutlichung an dieser Stelle eine kleine Geschichte. Schauplatz: Dänemark, ein Supermarkt. Zeitpunkt: vor vielen, vielen Jahren.

Meine Kollegin, ausgewanderte Deutsche, erhält erstmals Besuch in der neuen Heimat. Mutter und Schwester wollen sich persönlich davon überzeugen, wie es sich in Dänemark lebt. Die drei Damen betreten einen Supermarkt und füllen gemeinsam den Einkaufswagen. Als sie damit fertig sind, packen Mutter und Schwester die Waren aufs Band, während meine Kollegin die »heilige Dankort«

zückt. Die Kassiererin scannt ein Produkt nach dem anderen und nennt abschließend den Gesamtbetrag. Meine Kollegin wedelt kurz mit ihrer Karte und sagt ein paar Worte zur Kassiererin, bevor sie ihre Geheimzahl in das Display des Zahlungsgerätes tippt. Währenddessen verstauen Mutter und Schwester die gescannten Waren ordentlich in ein paar bereitliegende Einkaufstaschen. Das Zahlungsgerät rattert und spuckt den Zahlungsbeleg aus. Mit einem Ruck reißt die Kassiererin den Zettel ab, zählt ein paar Geldscheine aus der Kasse und hält diese meiner Kollegin entgegen. Mutter und Schwester starren fassungslos auf meine Kollegin, die sich bei der Kassiererin mit einem Lächeln bedankt und die Scheinchen zusammen mit der Karte in den Geldbeutel stopft.

Mutter und Schwester stehen nach wie vor da, wie angewurzelt, und blicken abwechselnd zu ihrem ausgewanderten Familienmitglied und zur Kassiererin.

»Was ist los?«, fragt meine Kollegin erstaunt.

Die Mutter sieht sich verstohlen um, senkt die Stimme zu einem Flüstern. »Musst du die Waren nicht bezahlen? Bekommst du etwa noch Geld dafür?«

Wie die letzten 91 Gründe belegen, ist Dänemark ein wunderbares Land. So wunderbar dann aber doch nicht. Die Dänen nutzen lediglich ihren Einkauf auch zum Abheben von Bargeld und sparen sich auf diese Weise den Weg zum nächsten Geldautomaten. Supermärkte, Tankstellen, Geschäfte – in Dänemark heben Sie Ihr Bargeld einfach direkt an der Kasse ab. Ohne Gebühren wohlgemerkt. Sie nennen dem freundlichen Kassenmitarbeiter Ihren Wunschbetrag, woraufhin dieser den Betrag zu Ihrem Einkauf addiert und den Gesamtbetrag von Ihrem Konto abbuchen lässt.

Bereits im Jahr 2011 überholten »Geldautomaten des Einzelhandels« die traditionellen Geldautomaten der Banken: 51 Prozent der Einwohner Dänemarks[118] ließen sich schon damals ihr Bargeld direkt beim Einkauf auszahlen. Nur 43 Prozent suchten hierfür einen Geldautomaten auf und nur ein verschwindend geringer Anteil ließ sich das gewünschte Bargeld persönlich am Schalter der Bank auszahlen. An die zahlreichen »Geldautomaten« im Lande müssen sich Auswanderer oft erst einmal gewöhnen. In den wenigen Momenten, in denen ich Bargeld benötige, wandern meine Gedanken immer noch automatisch zum Geldautomaten der nächsten Bankfiliale, und das, obwohl ich an diesem für das Abheben von Bargeld sogar eine Gebühr zahlen müsste. Auf die Idee, das Geld beim Einkauf abzuheben, wenn ich ohnehin die »Dankort« zücke, komme ich oft erst im letzten Moment ... Alte Gewohnheiten eben.

93. GRUND

Weil Briefkästen theoretisch abmontiert werden könnten

Jeden Tag, nach Feierabend, führt mein erster Weg zum Briefkasten. Ich stecke den Schlüssel ins Schloss, drehe ihn um und blicke: in gähnende Leere. Seit die »e-Boks«, eine Art offizieller elektronischer Briefkasten, in Dänemark Einzug gehalten hat, herrscht in den herkömmlichen Briefkästen Ebbe.

Ende 2014 wurden die Bewohner Dänemarks dazu verpflichtet, ihre offizielle Post ab sofort in einem persönlichen digitalen Briefkasten entgegenzunehmen. Die E-Box existierte schon einige Zeit zuvor, und einige Einwohner empfingen das ein oder andere Schreiben bereits elektronisch. Im November 2014 wurde die E-Box jedoch für alle Einwohner ab 15 Jahren Pflicht und gleichzeitig der traditionelle Briefverkehr auf Papier eingestellt.

Briefe von Behörden, Krankenhäusern und Ärzten, von Versicherungen, Telefongesellschaften, Lohnbescheide vom Arbeitgeber, offizielle Informationen zu Kindergarten und Schule, Dokumente von der Stadtverwaltung, Rechnungen – alles wird digital an die E-Box geschickt.

Papierflow? Vergangenheit!

Viele moderne Dänen empfingen auch vor dem Zeitalter der E-Box einen großen Teil ihres bürokratischen Schriftverkehrs digital, damals jedoch noch per E-Mail an die private Mailadresse. Im Gegensatz zur gewöhnlichen E-Mail garantiert die E-Box eine deutlich höhere Sicherheit. Sie ist an die persönliche CPR-Nummer geknüpft und folgt dem Besitzer durchs Leben, unabhängig von der aktuellen physischen Adresse, eventuellen Umzügen oder Änderungen der E-Mail-Adresse. Die elektronischen Schreiben erreichen auf diese Weise stets den richtigen Empfänger, völlig ohne Verzögerungen oder Fehlzustellungen. Die empfangenen Dokumente können bequem in digitalen Ordnern archiviert werden.

In der E-Box empfangen Sie nicht nur Briefe und Dokumente, in manchen Fällen können Sie offizielle Papiere auch gleich mit Ihrer digitalen Unterschrift versehen und an den Absender zurückschicken. Auf diese Weise wickelten wir unsere letzten Bankgeschäfte ab, vom Sofa aus. Die Bank sendete uns sämtliche Formulare in unsere beiden E-Boxen, wir unterschrieben diese mit unseren jeweiligen digitalen Unterschriften und sendeten sie an die Bank zurück. Die E-Box spart also nicht nur Papier, sondern auch wertvolle Zeit.

Landet ein neuer digitaler Brief in Ihrer E-Box, erhalten Sie eine SMS, woraufhin Sie im Optimalfall noch am selben Tag das Schreiben abrufen. Dies tun Sie mit Ihrer CPR-Nummer, einem festen Passwort sowie einem stets wechselnden, persönlichen Zahlenschlüssel.

Mit diesen persönlichen Zugangsdaten loggen Sie sich im Übrigen in alle digitalen Portale Dänemarks ein, in die E-Box, Ihr Bankkonto, Ihre Steuerakte, Ihre Gesundheitsakte, und und und. Dieser universale Portal-Zugang nennt sich »NemID« und ist überaus praktisch. »Einfache Identität«.

Wer nicht in seine E-Box hineinschaut, wird wichtige Informationen einfach nicht mehr erhalten, auf eigene Verantwortung. Denn Staat, Behörden und alle möglichen Firmen senden ihre Briefe an Ihre E-Box, ob Sie diese nutzen oder nicht.

Dänemark drängt seine Einwohner also mit Nachdruck ins digitale Leben. Nur in begründeten Ausnahmefällen können Sie sich von Ihrer E-Box-Pflicht befreien lassen. Hierfür müssen Sie persönlich bei der Kommune erscheinen, die Befreiung beantragen und hierfür einen triftigen Grund angeben.

Der Staat lässt seine Schäfchen bei all den konsequenten Maßnahmen zur Modernisierung der Bürokratie jedoch nicht alleine. Zur Einführung der E-Box wurden in Bibliotheken Schulungen angeboten, für diejenigen Menschen, die mit der zunehmenden Digitalisierung in Dänemark kaum Schritt halten können.

Für die Datensicherheit ist laut e-boks.dk gesorgt. Auf Ihre E-Box können Sie von überall aus zugreifen, vom Computer, Tablet und Telefon aus, sowohl im Inland als auch im Ausland. Sie benötigen hierzu lediglich Ihre »NemID«. Von den 5,6 Millionen Einwohnern Dänemarks sind zwischenzeitlich mehr als fünf Millionen[119] mit einer E-Box registriert. Neben den Behörden nutzen 600.000 Firmen diesen Service.

Ob wir nun unseren Briefkasten vor dem Haus abmontieren?

Auf keinen Fall! Jeden Tag, nach Feierabend, stecke ich den Schlüssel in den Briefkasten, drehe ihn um, und manchmal, wenn auch selten, blickt mir ein Werbezettel entgegen. Vom Gärtner um die Ecke. Alternativ eine Nachricht vom Schornsteinfeger oder ein Schreiben meiner deutschen Bank. Nicht zu vergessen die Post von lieben Menschen aus dem Ausland … Wir behalten den Briefkasten. Erst mal noch.

94. Grund

Weil Dänemark jetzt auch digital pendelt

CPR-Nummer, E-Health-Portal, NemID, E-Box: Dänemark zentralisiert. Dänemark modernisiert. Dänemark digitalisiert. Und dies an allen Ecken und Enden. Vor einigen Jahren war auch der öffentliche Verkehr an der Reihe. Seither pendelt Dänemark digital.

»Rejsekort« nennt sich das nagelneue, landesübergreifende System, das die bunte Papierzehnerkarte »klippekort« abgelöst hat. Nun pendeln Sie im ganzen Land mit einer zentralen »Reisekarte«, egal ob Sie Zug, Bus, Bahn oder Metro nutzen. Die Einführung der »rejsekort« dauerte viele Jahre und brachte alle Hindernisse und Verzögerungen mit sich, die Pionierprojekte so mit sich bringen können.

Doch was lange währt, wird endlich gut. Aufgrund der langen Vorlaufzeit und der daraus resultierenden spöttischen Schlagzeilen wagten sich viele Dänen nur zögerlich aus ihrer »klippekort«-Komfortzone heraus. Irgendwann funktionierte das neue System jedoch, etwas später sogar überraschend stabil, sodass Dänemark seinen Pendlern nach einer Umstellungsfrist endgültig die »klippekort« entzog.

Das digitale Zeitalter des öffentlichen Personenverkehrs war angebrochen. Seit diesem Tag herrscht in Dänemark die »rejsekort«, ein kleines, weiß-blaues Kärtchen mit vielen Vorteilen. Die persönliche Karte ist (natürlich) an die CPR-Nummer sowie an das eigene Bankkonto gekoppelt. Der Pendler loggt sich mit seinen persönlichen Zugangsdaten auf der Internetseite www.rejsekort.dk ein, lädt ein Guthaben auf die Karte und pendelt fortan munter durchs Land. Wer möchte, lässt die »rejsekort« automatisch einen Betrag auf die Karte laden, sobald das Guthaben unter eine bestimmte Grenze fällt. Vorbei die hektischen Situationen, in denen S-Bahn oder Metro in den Bahnhof einfahren und Ihnen siedend heiß einfällt, dass Sie nicht mehr genügend »Klips« auf Ihrer »klippekort« haben, um unbehelligt an Ihr Ziel zu gelangen.

Vorbei folgendes Dilemma:

A: Schwarzfahren (mit dem Risiko einer drakonischen Geldstrafe)

B: Kauf einer neuen »klippekort« = Automat suchen = Warteschlange = Warten auf den nächsten Zug = Zuspätkommen. Garantiert.

Heute lautet die Lösung C. Rejsekort.

Parallel zur »rejsekort« wurde auch die traditionelle Dauerkarte für den täglich identischen Pendelweg, ein aufklappbares kleines Mäppchen mit Passbild, durch eine digitale Variante ersetzt. Hierzu laden Sie sich die App »mobilperiodekort« auf das Smartphone und kaufen, ändern oder erneuern Ihre Dauerkarte fortan bequem vom Sofa aus. Dies war bislang nur an größeren Bahnhöfen, den Knotenpunkten des öffentlichen Verkehrsnetzes, möglich. Wollen Sie nach Ihrem derart abgedeckten Pendelweg noch ein paar Stationen weiterfahren, lassen sich die benötigten Zusatzzonen mit der App schnell dazubuchen.

Überaus praktisch, das digitale Pendeln. Doch wo eine Sonnenseite, ist auch ein (kleiner) Schatten nicht weit.

Ich war von Anfang an überzeugte digitale Pendlerin, Pionierin des digitalen Verkehrs.

Stolz zeigte ich einem dänischen Kollegen die neue mobile Dauerkarte auf dem Handy und erklärte ihm begeistert die Vorzüge. Der Kollege, damals ein (noch) traditioneller Pendler, stand der Fahrkartendigitalisierung skeptisch gegenüber.

»Hast du keine Angst, dass dein Akku genau dann leer ist, wenn du in eine Kontrolle gerätst?«

Ich runzelte die Stirn. Wer war denn hier der moderne, gelassene Däne – er oder ich?!

Ich schüttelte den Kopf. »Das Handy lädt man doch heutzutage täglich auf.«

Zwei Tage später in der S-Bahn Richtung Kopenhagen. Plötzlich gab mein Handy einen beunruhigenden Laut von sich. Ich blickte aufs Display und erschrak. Sieben Prozent Akkuleistung. Offenbar hatte ich vergessen, das Gerät über Nacht ans Ladegerät zu stöpseln. Sieben Prozent Das musste reichen. Sicherlich kam ich ohnehin nicht genau jetzt in eine Fahrkartenkontrolle. Nicht heute. Mit diesen Gedanken setzte ich mich und beruhigte mich wieder.

Det skal nok gå!

Fünf Stationen später stiegen vier Damen und Herren in dunkelblauen Uniformen in meinen Waggon. Mein Herz begann zu galoppieren. Kurz darauf stand ein grimmig dreinblickender Mann vor mir. Hastig zückte ich mein Handy und schickte ein Stoßgebet gen Himmel, doch der liebe Gott schien an diesem Tag kein Einsehen mit mir zu haben. Oder auch er wollte mir eine kleine Lektion erteilen. Jedenfalls bäumte das Handy-Display sich noch ein letztes Mal auf und blinkte grell, bevor es in undurchdringliche Schwärze abtauchte.

Stotternd erklärte ich dem Mann, wieso ich ohne gültigen Fahrausweis unterwegs war. Neugierig wurden wir von den anderen Fahrgästen beobachtet. Der Mann in Uniform nickte vielsagend, bevor er schließlich nach meiner CPR-Nummer fragte. Er tippte die Ziffern in ein kleines mobiles Gerät ein, das daraufhin einen Strafzettel ausspuckte. Mein Gesicht glühte.

750 Kronen. 100 Euro. Ich schluckte.

Freundlich informierte der Kontrolleur mich, dass man bei leerem Akku gegen das Bußgeld Einspruch erheben könne, denn ich besaß ja eine digitale Dauerkarte für diese Fahrt. Ich hatte lediglich meine Pflicht verletzt, diese zu jedem Zeitpunkt der Fahrt vorweisen zu können.

Wieder zu Hause, meldete ich also über ein digitales Reklamationsformular Widerspruch an. Kurz darauf wurde mir das Bußgeld erlassen. Da darüber hinaus im entscheidenden Moment offenbar einige Akkus den Geist aufgeben, können Sie sich mittlerweile mit Ihrer CPR-Nummer bei einem Programm anmelden, bei dem Sie bis zu zweimal jährlich Ihre digitale Fahrkarte vergessen dürfen, ohne hierfür belangt zu werden.

Weil auch dänische Autos gläsern sind

Nicht nur Dänemarks Einwohner sind gläsern, sondern auch deren Fahrzeuge! Stellen Sie sich vor, Sie wären keine sonderlich ehrliche Haut und wollten Ihr Auto verkaufen. Hierzu formulieren Sie eine kleine Annonce. Das Auto ist ganz schön in die Jahre gekommen, und Sie sind, sagen wir mal, nicht gerade pfleglich mit ihm umgegangen. In der Annonce verschweigen Sie daher ein paar kleinere Macken. Sind Sie besonders unverfroren, auch ein paar größere.

Dank verkaufstüchtigem Text dauert es nicht lange, und es melden sich die ersten Interessenten. Einen davon kriegen Sie herum: Verkauft wie besehen und getestet. Privatverkauf, Rücknahme ausgeschlossen. Das Auto rollt von Ihrem Grundstück, und Sie reiben sich die Hände. Geschafft!

Nicht so in Dänemark!

In Dänemark wissen die potenziellen Käufer, die Ihr Auto besichtigen, höchstwahrscheinlich mehr über das Fahrzeug als Sie selbst. Denn im Internet sind – für jeden frei zugänglich – interessante Informationen zu allen Fahrzeugen im Lande zu finden. Die Interessenten wälzen vor ihrem Besichtigungstermin also erst einmal Daten. Hierzu benötigen sie lediglich das Kennzeichen des Autos, das sie entweder auf dem Foto der Annonce entziffern oder bei Ihnen erfragen. Steht das Auto ohne aktuelles Kennzeichen bei einem Händler, wird der Händler nach der Fahrgestellnummer gefragt. Eines ist sicher – werden Kennzeichen oder Fahrgestellnummer nicht herausgerückt, zieht der Interessent einfach weiter. Der Markt ist schließlich voll von Gebrauchtwagen.

Hat der Käufer Kennzeichen oder Fahrgestellnummer in Erfahrung gebracht, gibt er diese in eine Webseite ein, z.B. auf www.nummerplade.net. Hier befinden sich sämtliche *»synsrapporter«* seit dem Jahr 2005, eine Art TÜV-Bericht mit allen Anmerkungen der jeweiligen Fahrzeugprüfung. Weiterhin kann eingesehen werden, ob auf dem Fahrzeug eine Restschuld registriert ist. Bequem lässt sich dann auch die Kilometerzahl des letzten *synsrapports* mit den in der Verkaufsannonce angegebenen Informationen vergleichen. Etwaige Manipulationen des Kilometerstandes sind auf diese Weise schnell aufgedeckt. Last but not least erfahren Sie, ob das Fahrzeug früher einmal als Taxi o.ä. unterwegs war. Die Käufer haben somit mehr als genug Möglichkeiten, sich im Vorfeld eines Gebrauchtwagenerwerbs ein Bild über das Objekt ihrer Begierde zu machen. Der Verkäufer sollte sich unter diesen Umständen tunlichst in Ehrlichkeit üben. Für den Käufer ist das »gläserne Auto« damit ein Stück Sicherheit auf einem Markt voller Unsicherheiten.

Das »gläserne Auto« bietet darüber hinaus weitere Vorteile, z.B. beim Kauf von Ersatzteilen. Man (oder frau?) fährt zum nächsten Ersatzteile-Händler und nennt dem netten Mann (oder der netten Frau?) am Tresen das Kennzeichen des Autos. Dieses wird in den Computer getippt, der daraufhin das gewünschte Ersatzteil in der passenden Variante genau für diese Automarke, dieses Modell und diese Serie ausgibt. Im Kennzeichen sind nämlich alle hierzu relevanten Angaben gespeichert. An Fahrzeugscheine oder ähnliche Papiere erinnere ich mich nach neun Jahren Dänemark nur noch dunkel – in meinem Auto befindet sich jedenfalls nichts dergleichen. Wie sollte ich also dem netten Mann (oder der netten Frau) erklären können, für welches Auto, Marke, Modell, Serie usw. das Ersatzteil benötigt wird? Gelobt sei das gläserne Kennzeichen!

Das »gläserne Auto« führt jedoch auch zu Erlebnissen der anderen Art. Vor einigen Jahren überführte ich mein deutsches Auto nach Dänemark. Bei der Versicherung des Fahrzeuges sollte ich die jährliche Kilometerleistung schätzen, die zu diesem Zeitpunkt weit unter 5.000 Kilometern pro Jahr lag. Jahre später wechselte ich den Job und pendelte fortan nicht mehr mit der S-Bahn, sondern mit besagtem Auto. Versicherungsanmeldung und Jahreskilometer waren jedoch längst in Vergessenheit geraten. Bis das Auto zur nächsten »syn« (TÜV) einbestellt wurde. Nach der Fahrzeugprüfung verging keine Woche, und in meiner E-Box lag ein offizielles Schreiben meiner Versicherung.

Lieber Kunde. Dein Auto war vor wenigen Tagen zur syn. In diesem Zusammenhang wurde festgestellt, dass sich der Kilometerstand seit der letzten »syn« vor zwei Jahren um mehr als 20.000 Kilometer erhöht hat. Dies deckt sich nicht mit deiner Angabe »Jährliche Kilometerleistung < 5.000 Kilometer«. Dein Tarif wird somit auf die nächste Stufe »5–12.000 Kilometer pro Jahr« angehoben. Der neue Preis beträgt XY, die Änderung tritt ab sofort in Kraft. Mit freundlichen Grüßen, Deine Versicherung.

Big brother is watching you. (And your car.)

96. Grund

Weil Bibliotheken (fast) rund um die Uhr zum Lesen einladen

Mögen Sie Büchereien, kennen Sie womöglich das Problem: Abends oder am Wochenende, wenn Sie Zeit und Muße hätten, in hohen Büchereiregalen nach unentdeckten Schätzen zu stöbern und in diesen gleich vor Ort in aller Ruhe ein paar Seiten zu lesen, hat die Bücherei garantiert geschlossen. Die regulären Öffnungszeiten passen nicht zu Ihren persönlichen Zeitfenstern.

Dieses für Büchereiliebhaber nicht unwesentliche Problem wurde in Dänemark vielerorts gelöst: Mit dem Konzept der »offenen Bibliothek«. Wie in vielen anderen Bereichen setzte Dänemark in den vergangenen Jahren auch bei den Bibliotheken mehr und mehr auf Selbstbedienung. Das Büchereipersonal sollte sich um wichtigere Dinge kümmern als um die Ausgabe und Rücknahme von Büchern. Büchereinutzer scannten somit ihre auszuleihenden Bücher an Terminals selbst ein und ließen diese mithilfe ihres »Büchereiausweises«, der gelben Krankenversicherungskarte, auf ihre CPR-Nummer registrieren. Bei der Rückgabe dasselbe, mit umgekehrten Vorzeichen. Die Ausgänge der Bibliotheken sind mit elektronischen Sperren diebstahlgesichert, die jeden entlarven, der ein Buch ohne Registrierung herauszuschmuggeln versucht.

Derart ausgestattet, war es somit nur noch ein Katzensprung zur Selbstbedienungsbibliothek. Die regulären, mit Büchereipersonal besetzten Öffnungszeiten wurden um Zeiten erweitert, in denen die Besucher sich alleine in den Räumen aufhalten dürfen. Dank dieser Selbstbedienungszeiten können Sie viele Bibliotheken bereits am frühen Morgen ab sieben Uhr, am Abend bis 21 Uhr sowie an Wochenenden und Feiertagen den ganzen Tag über besuchen, je nachdem, wann es Ihnen am besten passt. Sie müssen sich in den Randzeiten eben selbst bedienen.

Einige der kleinen, ländlich gelegenen Büchereien, deren Besucheranzahl in keinem Verhältnis zur Personalbesetzung stand und die damit von der Schließung bedroht waren, stellten vollständig auf Selbstbedienung um. Diese reinen Selbstbedienungsbibliotheken sind einer größeren Bücherei zugeordnet und werden vom dortigen Personal mit betreut.

Der Besuch einer unbesetzten Bibliothek hat seinen ganz eigenen Charme. Sie ziehen Ihre Versicherungskarte durch ein kleines Terminal vor dem Eingang und tippen einen PIN-Code ins Display. Schon summt der Türöffner und gewährt Ihnen Eintritt in die Welt der Bücher. Je nach Ort und Größe der Bibliothek kann es am frühen Morgen, späten Abend oder am Wochenende passieren, dass Sie ganz alleine sind. Die Stille wird nur vom Knarzen der Dielen unterbrochen. Fast können Sie die Bücher flüstern hören, so leise ist es zwischen den hohen Regalen. Etwas ungewohnt zunächst, diese Ruhe, doch auch eine Wohltat für die Seele.

Dänemark zeigte sich mit diesem Konzept der »offenen Bibliotheken« sehr innovativ. Die ersten dänischen Bibliotheken wurden bereits im Jahr 2004 auf das offene Konzept umgestellt, als Antwort auf die Kürzung der Ressourcen sowie auf die drohende Schließung wenig frequentierter Einrichtungen. Während es sich zunächst nur um vereinzelte Bibliotheken handelte, folgten in den Jahren 2010 und 2011 zahlreiche weitere.

Meine kleine Lieblingsbibliothek liegt in Ganløse, nur zwei Ortschaften von meinem Wohnort entfernt. Sie wurde 2009 auf eine reine Selbstbedienungsbibliothek umgestellt, als erste Einrichtung Seelands. Bereits im ersten Jahr nach der Umstellung stieg die Besucheranzahl um 28 Prozent. Mit den neuen Öffnungszeiten verbesserte sich darüber hinaus auch die Zufriedenheit der Besucher signifikant.

Mittlerweile sind auch in Deutschland Self-Service-Bibliotheken im Kommen. Das Landesbibliothekszentrum Rheinland-Pfalz informierte Anfang 2013 über die ersten Selbstbedienungszeiten rheinland-pfälzischer Einrichtungen nach dänischem Vorbild und präsentierte das dänische Konzept. Der Bericht schloss mit den Worten: »Wer wissen will, wie die Bibliothek von morgen und übermorgen innen und außen, konzeptionell und technisch ausgestattet aussehen könnte, sollte demnächst eine Fahrt ins nördliche Nachbarland einplanen[120].«

Dänemarks »offene Bibliotheken« – ein Konzept, das auch über die Landesgrenzen hinaus Anklang findet.

97. Grund

Weil Dänen auf Selbstbedienung stehen

Erinnern Sie sich noch an damals, als an der Tankstelle ein Mann auf Ihren Wagen zu trat, sobald Sie neben der Zapfsäule anhielten? Ein Mann, der seine öligen Hände am Blaumann säuberte, Sie fragte, welches Benzin Sie tanken möchten, um kurz darauf flugs Ihrer Aufforderung nachzukommen? Wenig später lief auch schon frisches Benzin in Ihren Tank, während der Herr geschwind Ihre Windschutzscheibe putzte, alternativ die Felgen. War der Tank voll und die störenden Hinterlassenschaften sämtlicher Vögel beseitigt, zahlten Sie durchs Autofenster, mit echtem Bargeld, ohne Ihr Auto auch nur zehn Zentimeter verlassen zu müssen.

Die Welt heute ist anders. Längst haben die Blaumänner die Tankstelle verlassen. In Dänemark regieren stattdessen die Tankautomaten. Diese entfernen zwar keinen Vogeldreck und säubern genauso wenig Ihre Felgen, jedoch müssen Sie sich beim Tanken dank dieser Automaten ebenfalls keinen Meter von Ihrem Auto mehr wegbewegen. Mit Bargeld kann der Tankautomat allerdings nichts anfangen.

Dänemark ist sicherlich nicht das einzige Land mit vollautomatischen Tankstellen, die derart ausgestattet rund um die Uhr »geöffnet« haben. Allerdings ist diese Art von Tankstellen in Dänemark bereits seit vielen Jahren etabliert und derart verbreitet, dass ich in neun Jahren Dänemark noch kein einziges Mal Benzin persönlich bei einem Mitarbeiter der Tankstelle bezahlt habe. In neun Jahren. Kein einziges Mal! Nicht, dass ich Tankstellenshops nicht auch hin und wieder nutzen würde. Zumindest vor der Abschaffung des dänischen Ladenschließungsgesetzes im Jahr 2012, als ich regelmäßig spätabends an der Tankstelle noch schnell Snickers, Gummibärchen, Cola, Milch, Sahne oder Brot besorgte, all jene Produkte, die ganz plötzlich fehlen, wenn weit und breit kein Supermarkt mehr geöffnet hat. Die Tankstelle als letzte Rettung!

Doch Benzin? DAS kaufen Sie in Dänemark am Automaten, direkt neben der Zapfsäule. Mit einer »Dankort« oder einer Kreditkarte. Rund um die Uhr, an sieben Tagen der Woche.

Selbstverständlich können Sie an vielen dänischen Tankstellen trotz Automaten auch im Shop bezahlen. Und offenbar existieren sogar noch Tankstellen ohne Automaten, obwohl ich selbst in Kopenhagen und Umland noch keine gesehen habe. Die Anzahl dieser traditionellen Tankstellen ist jedoch rückläufig, da sich für die

Betreiber das Geschäft rund ums Benzin seit der Abschaffung des Ladenschließungsgesetzes nicht in gleichem Maße lohnt wie zuvor. Snickers, Milch & Co sind seit 2012 auch abends, am Wochenende und an Feiertagen im Supermarkt zu erwerben, zu deutlich billigeren Preisen. Viele Tankstellen wurden daraufhin mit Tankautomaten ausgestattet, die Öffnungszeiten der Shops reduziert oder mancherorts gar komplett eingestellt. Vor diesem Hintergrund tauschen sich Dänemark-Urlauber sogar über die letzten noch existierenden »bargeldfreundlichen« Tankstellen im Lande aus, um böse Überraschungen im bevorstehenden Urlaub zu vermeiden.

Vollautomatisierte Tankstellen sind dabei nicht das Ende der Fahnenstange: Auch in anderen Bereichen werden Selbstbedienungskonzepte gerne auf dem dänischen Markt getestet. Der dänische Supermarkt »Netto« setzte als einer der ersten Discount-Märkte weltweit »Do-it-yourself-Kassen« in mehreren Filialen in Dänemark ein. Die Kunden konnten damit selbst entscheiden, ob sie sich in die lange Warteschlange vor einer gewöhnlichen Kasse einreihten oder ob sie den Scanner selbst in die Hand nehmen wollten, um ihre Waren zu bezahlen. Die Selbstbedienungskasse wurde von einem Mitarbeiter betreut, der jedoch gleichzeitig mehrere Kassen beaufsichtigen konnte und nur eingriff, falls es beim Scannen und Bezahlen der Ware am Terminal zu Problemen kam.

Auch der dänische Supermarktriese »Føtex« sowie das skandinavische Einrichtungshaus IKEA führten diese Art von Selbstbedienungskassen in ihren Märkten ein. Bei beiden Konzernen scheint sich das System auch zu bewähren, denn sie setzen diese Kassen nach wie vor ein. Føtex sowie IKEA betonen, dass die Do-it-yourself-Kassen lediglich zusätzlich zu den traditionellen Kassen geöffnet werden, um die Wartezeiten im Kassenbereich zu verringern. Es sei nicht das Ziel, Personal einzusparen.

Netto hat das Projekt zwischenzeitlich erst mal wieder eingestampft. Laut den Verantwortlichen war der Markt »einfach noch nicht reif«.[121] Offenbar wollen auch die Dänen – neben all der Modernität und Digitalisierung – nicht vollständig auf persönlichen Kontakt verzichten!

98. Grund

Weil dänische Kinder täglich ein- und auschecken

Die zunehmende Digitalisierung macht auch vor Kindern keinen Halt: Längst hat sie sich auch in dänischen Kindergärten, Krippen, Schulen und Nachmittagsbetreuung fest etabliert und modernisiert dort den Alltag.

Das beginnt bereits bei der Anmeldung des Kindes in einer der o.g. Einrichtungen. Die Platzvergabe aller staatlichen Betreuungseinrichtungen erfolgt zentral, von der zuständigen Abteilung der jeweiligen Kommune (= Stadt- bzw. Kreisverwaltung). Hier melden Eltern den Platzbedarf für ihr Kind an und dürfen je nach Einrichtungsart mehrere Wunscheinrichtungen angeben, inklusive einer Rangliste. Die Kommune versucht nun, den Bedarf sowie die Wünsche aller Eltern bestmöglich miteinander zu koordinieren und die Kinder auf die vorhandenen Plätze aller Einrichtungen zu verteilen. Die Anmeldung des Bedarfes erfolgt (natürlich) online, über das Internetportal der Kommune. Auch für dieses Portal nutzen die Dänen ihren zentralen Online-Zugang »NemID«. Nach erfolgter Anmeldung steht das Kind auf den Wartelisten der gewünschten Einrichtungen. Diese Wartelisten können über das Portal online eingesehen werden, sodass Eltern die Bewegungen mitverfolgen können.

Irgendwann erhalten Sie einen Anruf von der Kommune. Ihr Kind hat einen Platz erhalten, hoffentlich in Ihrer absoluten Wunscheinrichtung und hoffentlich zum Wunschtermin. Wenn Sie dort dann das erste Mal auftauchen, an der Hand Ihr aufgeregtes Kind, drückt man Ihnen einen Zettel mit Ihrem Zugang für das Online-Portal dieses Hauses in die Hand. Über dieses Portal werden Sie künftig eine Reihe wertvoller Informationen rund um die Betreuung Ihres Kindes erhalten. Sie finden dort das Konzept der jeweiligen Einrichtung, Sie lesen, welche pädagogischen Themen aktuell im Vordergrund stehen, Sie lesen praktische Informationen über anstehende Aktivitäten, Projekte, Ausflüge und Termine. Gleichzeitig können Sie an so manchem Nachmittag über das Portal auch erfahren, was die Gruppe Ihres Kindes heute gemacht hat, welche Lieder gesungen wurden und welche Tätigkeiten im Fokus standen. Manchmal laden die Erzieher zur Untermalung der Informationen auch Fotos hoch. Auf diese Weise können Sie sich – neben den Gesprächen mit den Erziehern – stets ein gutes Bild darüber machen, was Ihr Kind den Tag über erlebt. Besonders bei Krippen- und kleinen Kindergartenkindern eine gute Sache für die Eltern!

Das Online-Portal dient jedoch nicht nur dazu, die Eltern umfassend über den Alltag Ihrer Kinder zu informieren. Sinn und Zweck des Systems ist gleichzeitig die Steuerung der Anwesenheitszeiten. Betreten Sie eine Krippe, einen Kindergarten, die Schule oder den Hort, wird Ihnen im Eingangsbereich ein Computer oder ein Touchscreen an der Wand auffallen. Dort checkt sich das Kind am Morgen selbst ein. Jedes Kind wird im System mit einem Foto versehen, sodass sich bereits die Allerkleinsten voller Stolz selbst einchecken können – für viele ein Highlight des Tages. Holen Sie Ihr Kind nachmittags wieder ab, checkt es sich wieder aus.

Damit die ErzieherInnen einer Einrichtung wissen, zu welcher Zeit Sie das Kind morgens abliefern und zu welchem Zeitpunkt es wieder abgeholt wird, teilen Sie dem Portal einmalig einen Wochenplan mit und ändern diesen, sofern sich Ihre Bring- und Abholzeiten wesentlich ändern. Urlaube und freie Tage werden ebenfalls über das Portal registriert. Und ist Ihr Kind krank, melden Sie dieses bequem per Handy, Computer oder Tablet für diesen Tag ab. Dank Check-in-Modul und Abwesenheitskalender können die Erzieher somit stets einsehen, welche Kinder am jeweiligen Tag noch auftauchen werden und welche nicht. Darüber hinaus wird auf Basis der im Portal angegebenen Anwesenheits- und Urlaubszeiten die Personaleinsatzplanung vorgenommen.

Das Portal reduziert die rein terminbezogene Kommunikation mit Erziehern auf ein absolutes Mindestmaß. Die Erzieher können somit stärker auf die Tätigkeit fokussieren, zu deren Ausübung sie angestellt wurden: auf die Kinderbetreuung.

99. Grund

Weil sich das unbürokratische Dänemark auch einen echten Patzer erlaubt

Das Kapitel »Innovatives & digitales Dänemark« zeigt: In Dänemark lebt es sich unkompliziert, modern und ohne unnötige Bürokratie. Gleichzeitig wissen Sie auch, dass in Dänemark nicht alles perfekt sein muss (s. Grund 32: Weil nicht alles perfekt sein muss).

Insofern verwundert es nicht, dass sich das kleine Königreich, von dem sich andere Länder in Sachen Digitalisierung noch einige Scheiben abschneiden können, auch einen Patzer erlaubt. Und zwar gleich einen gründlichen, der seinesgleichen sucht und der mittlerweile auch die EU-Kommission auf den Plan gerufen hat.

Es geht um das dänische Urlaubssystem. Dieses basiert auf einem circa 80 Jahre alten komplexen Gesetz, dem das fortgeschrittene Alter stark anzumerken ist …

Die Regelungen beginnen zunächst undramatisch. Laut Gesetz hat ein Arbeitnehmer Recht auf 25 Tage Urlaub, auf 25 »feriedage«. Viele Firmen bieten neben diesen 25 »Ferientagen« noch einige zusätzliche freie Tage mit dem ähnlichen Namen »feriefridage«. Ich persönlich habe z.B. 25 »Ferientage« und 5 »freie Ferientage«. Nicht, dass ich erstere 25 Ferientage nicht auch frei hätte, aber bereits an dieser Stelle wird ein Unterschied in der bürokratischen Abwicklung definiert, der aus Arbeitnehmersicht wenig bis keinen Sinn macht. Schwamm drüber. Es handelt sich hier noch um ein relativ unwesentliches Detail.

Nun zum ersten Drama des Aktes. Der Arbeitnehmer hat also Recht auf 25 »Ferientage« plus eventuell noch ein paar vereinzelte »freie Ferientage«. Diese sammeln sich im ersten Jahr seiner Tätigkeit nach und nach an, bis er sie schließlich im Folgejahr abnehmen darf. Sie lesen richtig. Im F-O-L-G-E-J-A-H-R! Als Arbeitnehmer mögen Sie laut dänischem Urlaubsgesetz zwar Recht auf 25 Tage haben, aber das Gesetz gibt Ihnen diese Tage leider nicht sofort. Sie müssen erst einmal ein Jahr darauf warten! Konsequenz: Im ersten Jahr am dänischen Arbeitsmarkt haben Sie keinen bezahlten Urlaub. Sie können natürlich trotzdem Urlaub nehmen, müssen an diesen Tagen jedoch auf Ihr Gehalt verzichten.

Sollte das ein Problem für Ihre Finanzen darstellen, ist das Ihr Problem. Warten Sie doch einfach. Ein Jahr geht schnell vorüber …

Zum nächsten Drama. In manchen Fällen müssen Sie ganze 16 Monate (!) auf Ihren lang ersehnten Urlaub warten! Denn das marode Gesetz sieht nicht nur vor, dass Sie Ihren angesparten Urlaub erst im Folgejahr nehmen dürfen, sondern gestaltet auch noch Ansparungszeitraum und Abnahmezeitraum unterschiedlich: Das Ansparen der Urlaubstage erfolgt vom 1.1. bis 31.12. eines Jahres, was durchaus Sinn macht. Reell abgenommen werden die angesparten Urlaubstage jedoch vom 1.5. des Folgejahres bis zum 30.4. des wiederum darauf folgenden Jahres! Ergo: Auch wenn Sie ein ganzes Jahr lang fleißig gearbeitet haben, dürfen Sie Ihre 25+x Urlaubstage frühestens vier Monate später, ab dem 1.5. des Folgejahres, nutzen.

Kommen Sie noch mit? Gut. Denn das dänische Urlaubsdrama ist noch lange nicht beendet. Sollten Sie Ihren Ansparungszeitraum einmal mitten im Jahr unterbrechen, wird die bürokratische Katastrophe erst endgültig perfekt. Das heißt: immer dann, wenn Sie z.B. ein Kind in die Welt setzen und ein Erziehungsjahr nehmen, wenn Sie mitten im Jahr den Job wechseln oder erstmals einen Job in Dänemark antreten. Alles Dinge, die auf dem flexiblen dänischen Arbeitsmarkt nicht unbedingt eine Seltenheit darstellen.

Am Beispiel der Autorin: Stellen Sie sich vor, Sie treten am 7.5.2008 einen Job in Dänemark an. Vom 7.5. bis 31.12.2008 sparen Sie circa 16 Urlaubstage an. Ab 1.5.2009 dürfen Sie über diese endlich auch verfügen. Bleiben Sie nun auch im Jahr 2009 ohne jegliche Änderungen bei derselben Firma, steht Ihnen ab 1.5.2010 erstmals die volle Anzahl bezahlter Urlaubstage zu. Nur »schlappe« zwei Jahre nach Antritt Ihres Jobs. Dies stellt für obiges Beispiel den Optimalfall dar.

Stellen Sie sich nun jedoch vor, Sie werden in dieser Zeit schwanger. Anstatt den vollen Ansparungszeitraum durchzuarbeiten und auf diese Weise die vollen Urlaubstage anzusparen, sind Sie vollauf mit der Betreuung Ihres Nachwuchses beschäftigt. Ihr Erziehungsjahr haben Sie dabei leider nicht exakt zwischen dem 1.1. und dem 31.12., gelegt, da Ihrem Nachwuchs das dänische Urlaubssystem völlig gleichgültig war und die Geburt somit in einem März stattfand. Bei Ihrem Arbeitgeber sparen Sie daher für das Folgejahr wieder nur einen Teil des Gesamturlaubes an. Netterweise wird der fehlende Urlaub von Ihrer Arbeitslosenkasse übernommen, wobei sich mir persönlich die Logik dieser Vorgehensweise auch heute, nach zwei Kindern, noch nicht erschließt. Aber Gesetz ist Gesetz, auch wenn dieses bereits 80 Jahre alt ist.

Sie nehmen also im Folgejahr nach Beendigung Ihres Erziehungsjahres Urlaub. Einen Teil davon bezahlt Ihr Arbeitgeber, den anderen Teil müssen Sie bei Ihrer »A-Kasse« beantragen. Zwar online, auf einem digitalen Formular, jedoch überschlägt sich dieses geradezu an (unnötiger) Bürokratie.

In all diesem Urlaubschaos kündigt sich ganz plötzlich Kind Nr. 2 an. Oje. Mittlerweile sind Sie Experte im dänischen Urlaubsdrama und können sowohl Ihrem Chef als auch anderen schwangeren Kollegen die Details des dänischen Urlaubsgesetzes näherbringen.

Sie nehmen das Erziehungsjahr und wiederholen danach urlaubstechnisch gesehen die Prozedur »Urlaub im Folgejahr nach Kind 1«.

Ihre Nachwuchsplanung ist nun beendet. Im sechsten Jahr am dänischen Arbeitsmarkt erholt sich Ihre Urlaubstageansparung gerade von Ihrem unruhigen Leben der letzten Jahre, als etwas ganz Neues geschieht!

Sie wechseln den Job! Das Ganze auch noch mitten im Jahr, am 1.8. Wie können Sie nur?! Wer bis hierhin noch nicht den Faden verloren hat, erkennt: Nun geht das Spiel von vorne los. Und es wird sogar noch bürokratischer. Ihr bisheriger Arbeitgeber wird Ihnen die angesparten Urlaubstage nämlich jetzt auf ein »Ferienkonto« überweisen, und Sie müssen (digital) bei einer zentralen »Ferienkontostelle« dieses Geld anfordern. Natürlich erst im Folgejahr, Sie erinnern sich. Vorher steht Ihnen das Geld ja noch nicht zu. Sie schreiben sich also einen Zettel für den 1.5. des Folgejahres, damit Sie auch daran denken, wenn es irgendwann so weit ist.

Ihr neuer Arbeitgeber überweist Ihnen erst einmal gar nichts, schließlich müssen Sie vom 1.8. bis Ende des Jahres arbeiten, bevor Sie im neuen Job erste Urlaubstage angespart haben. Diese Tage dürfen Sie dann auch ab 1.5. des neuen Jahres endlich abnehmen.

Sicherlich haben Sie längst genug vom dänischen Urlaubsdrama – dabei ist der letzte Akt immer noch nicht erreicht. Es geht noch dramatischer. Wechseln Sie – wie ich – den Job von Teilzeit auf Vollzeit, sparen Sie im Ansparungszeitraum etwas anderes an als das, was Sie im Abnahmezeitraum des Folgejahres reell abnehmen. Solange Sie bei derselben Firma arbeiten, hat das auf die Anzahl der Urlaubstage keine Auswirkungen. Wechseln Sie jedoch in einer solchen Phase – wie ich – den Job, sodass Ihr alter Arbeitgeber die angesparten Urlaubstage auf Ihrem Ferienkonto monetarisiert, werden Ihnen – sofern Sie im neuen Job irgendwann Urlaub nehmen – von Ihrem neuen Vollzeitgehalt höhere Beträge abgezogen, als Sie über das Ferienkonto anfordern können. Die auf dem Ferienkonto eingezahlten Beträge bezogen sich ja nur auf Ihr Teilzeitgehalt.

Fazit: Um unnötige Bürokratie, Differenzen und Probleme im dänischen Urlaubssystem zu vermeiden, empfiehlt es sich:

- sämtliche Änderungen des Lebenswegs immer an einem 1.1. vorzunehmen
- keine Kinder in die Welt zu setzen
- nicht den Job zu wechseln, sofern dies nicht exakt zum 1.1. geschieht.

Das dänische Urlaubssystem – ein bürokratischer Patzer, der nirgends mehr fehl am Platze sein könnte als in einem Land wie Dänemark, dessen Arbeitsmarkt von Dynamik und Flexibilität geprägt ist und dessen Frauen im europäischen Vergleich noch relativ viel Nachwuchs produzieren.

Kein Zweifel, dass dieses System einer grundlegenden Veränderung bedarf! Die dänischen Verantwortlichen sahen dies bislang nicht so. Nun naht jedoch Hilfe von außen. Im September 2014[122] schickte die EU-Kommission Dänemark eine Abmahnung mit der Begründung, das Urlaubssystem Dänemarks sei nicht mit den EU-Richtlinien konform. Einem Arbeitnehmer dürfen angesparte Urlaubstage nicht erst 12–16 Monate nach Antritt der Beschäftigung zur Verfügung stehen. Zunächst sah Dänemark keinerlei Handlungsbedarf, hielt vollumfänglich am Urlaubssystem fest und schickte ein paar Erläuterungen nach Brüssel, die die EU-Kommission jedoch nicht überzeugen konnten. Im April 2015 trudelte die zweite Abmahnung ein. Sollten die dänischen Politiker nicht einlenken, würde der Fall vor dem EU-Gerichtshof entschieden werden. Dass die Vorzeichen in einem solchen Falle für Dänemark eher ungünstig stehen, muss an dieser Stelle wohl kaum erwähnt werden.

Doch so weit wird es nicht kommen. Die dänische Regierung hat zwischenzeitlich den Handlungsbedarf eingesehen und gründete im August 2015 einen Ausschuss, der das dänische Urlaubsgesetz vereinfachen, modernisieren und in Einklang mit den EU-Richtlinien bringen soll. Das komplizierte dänische Urlaubssystem wird also in geraumer Zeit Geschichte sein.

9. KAPITEL

MADE IN DENMARK

Weil LEGOs aus Dänemark stammen

Die ganze Welt spielt mit LEGOs! Und woher stammen die kleinen bunten Steine, mit denen sich unzählige Bauwerke, Konstruktionen, ja – ganze Welten erschaffen lassen? Aus Dänemark!

Im Jahr 1932 gründete der Däne Ole Kirk eine Firma. Zu diesem Zeitpunkt ahnte noch niemand, dass sich diese eines Tages zu einem Weltkonzern entwickeln sollte. Im Gegenteil. Die Familie Kirk war von den Geschäftsideen des Firmengründers wenig begeistert und drängte ihn dazu, sich eine sinnvollere Betätigung zu suchen. Nichtsdestotrotz konnte Ole Kirk seine Familie zum ein oder anderen Familiendarlehen überreden und arbeitete hartnäckig an seinen Visionen. Er begann mit der Produktion von Holzspielzeug und stellte Autos, Flugzeuge und Jojos her. Außerdem produzierte er anfangs auch Leitern und Christbaumständer. Erst 1949 entstand die Idee, die sich für die LEGO Group als bahnbrechend erweisen sollte: Kleine Bausteine aus Plastik, die sich bequem ineinanderstecken und damit zu beliebigen Bauwerken kombinieren ließen. Nicht alle Familienmitglieder waren gleichermaßen von dieser neuen Idee begeistert, da sie im Plastikspielzeug keine Zukunft sahen und lieber am etablierten Holzspielzeug festhalten wollten.

Ole Kirk setzte sich jedoch durch, und wenig später entwickelte die LEGO Group den Vorgänger der heute existierenden LEGO-Steine. Die ersten Plastikbausteine waren innen hohl und die hiermit zusammengesteckten Bauten aus diesem Grund noch etwas instabil. Es sollte noch knapp zehn Jahre dauern, bis das Innenleben der Steine um die kleinen hohlen Röhren ergänzt wurde, die für die bekannte Stabilität der LEGO-Bauwerke sorgten. Auf das Röhrenkonzept wurde sofort Patent angemeldet. Die »LEGOs« waren geboren!

Die ersten LEGOs, so wie wir sie heute kennen, gingen 1958 über die Ladentheke und eröffneten eine wahre Goldgrube für Familie

Kirk. Heute beschäftigt die LEGO Group weltweit über 17.000 Mitarbeiter, die Jahr für Jahr für ein beachtliches Umsatzwachstum des Konzerns sorgen. Im Jahr 2015 stieg der Umsatz von 28,6 Milliarden auf 35,8 Milliarden Dänische Kronen (circa 4,8 Milliarden Euro), was im Vergleich zum Vorjahr einer Steigerung von 25 Prozent entspricht[123]! Die LEGO-Produkte werden in 130 Ländern der Welt verkauft. Der Hauptsitz der Firma liegt im dänischen Billund. Der riesige Konzern befindet sich nach wie vor im Besitz der Familie Kirk Christiansen.

»LEGO« leitet sich ab von den dänischen Worten »leg godt«, auf Deutsch: »Spiel gut/schön«. Das Motto der LEGO Group: »Det bedste er ikke for godt«. Das Beste ist nicht zu gut! Der Weltkonzern sieht seine Mission darin, die junge Generation in ihrer Entwicklung und Inspiration zu fördern. Diese Generation wird schließlich eines Tages die Zukunft bauen.

Was den dänischen Konzern sympathisch macht: Er stellt sich auch seiner Verantwortung der Umwelt gegenüber und fokussiert konsequent auf die nachfolgenden Generationen. Das Unternehmen steigert seine Effektivität kontinuierlich, um den Energieverbrauch senken zu können. Gleichzeitig investiert es in erneuerbare Energien, z.B. in den Windpark »Borkum Riffgrund 1« in der Nordsee. Dieser unterstützt das Ziel der LEGO Group, bis zum Jahr 2020 mehr nachhaltige Energie zu produzieren als zu verwenden[124]. Borkum Riffgrund 1 soll mit insgesamt 78 Windturbinen die Energieversorgung von 320.000 Haushalten gewährleisten. 2016 beteiligte sich der Konzern auch am britischen Offshore-Windpark-Projekt »Burbo Bank Extension«.

Weil auch das LEGOLAND nicht weit ist

Geht es um LEGOs, darf auch das LEGOLAND nicht fehlen. Der Grundstein für die beliebten Freizeitparks wurde bereits im Jahr 1968 gelegt, nur zehn Jahre nach dem Verkauf der ersten »richtigen« LEGOs, die schnell die Herzen sämtlicher kleiner und großer LEGO-Konstrukteure eroberten. Das Konzept der bunten Plastikbausteinchen, aus denen einfach alles erschaffen werden konnte, was dem glücklichen Käufer vorschwebte, war im Markt eingeschlagen wie eine Bombe. Die LEGO Group errichtete somit in ihrer Fabrik eine erste Ausstellung, um den Verkauf weiter zu fördern und die Besucher zu neuen Ideen zu inspirieren. Kunden und Interessenten reisten von nah und fern an und bewunderten die kunstvolle Dekoration der aktuellsten LEGO-Modelle. Es dauerte nicht lange, bis die Ausstellungsräume in der Fabrik an ihre Kapazitätsgrenze stießen und dem Besucherandrang nicht mehr gewachsen waren. Das Interesse an der Besichtigung einer LEGO-Ausstellung schien immens zu sein.

Vor diesem Hintergrund entwickelte sich die Idee einer Outdoor-Ausstellung, die deutlich mehr Platz bieten sollte als bisher. Zunächst stellte sich die Familie Kirk Christiansen einen kleinen Garten vor, der mit diversen LEGO-Modellen bestückt werden sollte. Als das LEGOLAND in Billund jedoch 1968 fertiggestellt war, hatte es mit einem »kleinen LEGO-Garten« nichts mehr gemein. Die LEGO Group hatte eine spannende Erlebniswelt aus Millionen bunter LEGO-Steine errichtet, ein Paradies für kleine und große LEGO-Fans, die in den kreativen, farbenfrohen Landschaften künftig auf eine ausgedehnte Entdeckungsreise gehen würden.

Der innovative Freizeitpark wurde am 7. Juni 1968 eröffnet. Gleich am ersten Tag zeichnete sich ab, dass man sich hinsichtlich Besucherzahlen komplett verschätzt hatte. Unzählige Besucher strömten in den Park und warfen sich voller Begeisterung ins LEGO-Getümmel. An allen Ecken und Enden fehlte es an Personal, sodass auch die Chef-Etage der LEGO Group kurzerhand die Ärmel hochkrempelte und in der Restaurantküche aushalf. Vom Millionär zum Tellerwäscher innerhalb von wenigen Stunden …

Die Entwickler des LEGOLANDS hatten mit etwa 300.000 Besuchern pro Saison gerechnet. Doch allein in der ersten Saison fanden 625.000 LEGO-Begeisterte[125] den Weg in den neuen Vergnügungspark, ließen sich von kleinen Schiffen und Zügen durch die großzügig angelegten LEGO-Welten fahren, in denen Landschaften und Gebäude in Maßstäben zwischen 1:20 und 1:40 realistisch nachgebildet worden waren, und bewunderten kreative Dekorationen und berühmte Bauwerke aus Millionen kleiner LEGOs. Die erste LEGOLAND-Saison übertraf sämtliche Erwartungen um ein Vielfaches. Schnell wurde das LEGOLAND zur beliebtesten Touristenattraktion Dänemarks außerhalb Kopenhagens. Diesen Status hat der Vergnügungspark im Übrigen bis heute beibehalten[126].

Mittlerweile haben sich zum ersten LEGOLAND in Billund eine Reihe weiterer LEGO-Parks in aller Welt hinzugesellt: Heute können Sie in England, Deutschland, den Vereinigten Staaten und in Malaysia ausgiebig auf LEGO-Entdeckungsreise gehen. Im Oktober 2016 wird das LEGOLAND Dubai eröffnet. Darüber hinaus sind weitere Parks in Japan, Südkorea und China geplant.

102. Grund

Weil we are red, we are white, we are Danish Dynamite

Auf einem Familienfest in Deutschland, wenige Monate nach meinem Umzug in den Norden. »Wie ich höre, hast du dir ›Danish Dynamite‹ geangelt!«

Mein Onkel, der Frechste unter ihnen, zwinkerte mir zu. Überrascht starrte ich zurück. Bildete ich es mir ein, oder erkannte ich einen süffisanten Zug um seine Lippen?

Danish Dynamite. Keine üble Bezeichnung für den personifizierten Grund meiner Auswanderung. War mein Onkel rhetorisch derart kreativ?

Nicht unbedingt. Der Begriff existiert bereits, und das seit Jahrzehnten.

»We are red, we are white, we are Danish Dynamite!«

Dieser Siegesgesang entstand in den Glanzzeiten der dänischen Fußballnationalmannschaft, die durchaus schon ein Weilchen zurückliegen, deswegen jedoch nicht weniger fest in fußballbegeisterten Köpfen verankert sind. Die glorreichen Zeiten der »Danish Dynamites« begannen um das Jahr 1979. Vor dieser Zeit gab es über das dänische Nationalteam eher wenig Ruhmreiches zu berichten, bewegten sich die fußballerischen Künste dieser Mannschaft doch eher auf Amateurniveau. 1978 investierte die Brauerei Carlsberg in den heimischen Fußball, unter der festen Bedingung, dass ein neuer, professioneller Standard gesetzt wurde[127].

Viele der dänischen Nationalspieler spielten im Ausland, was ihre Entwicklung förderte. Darüber hinaus wurde ein neuer Nationaltrainer angeheuert, der Deutsche Sepp Piontek, der mit großem Eifer und hoher Professionalität an seine Herausforderung heranging. Piontek reiste in die Länder, in denen die dänischen Fußballer spielten, um sich von seinen potenziellen Nationalspielern ein genaues Bild zu machen. Daraufhin begann er, die Spieler mit Beharrlichkeit und viel Fingerspitzengefühl davon zu überzeugen, dass es »süß und ehrenvoll ist, fürs Vaterland zu kicken[128]«.

Zu guter Letzt versuchte er, den dänischen Fußballern eiserne Disziplin anzutrainieren – zunächst mit mäßigem Erfolg. Deutsche Disziplin prallte auf dänische Liebe zur Freiheit und Gelassenheit. Irgendwann fanden Trainer und Mannschaft jedoch einen gelungenen Kompromiss aus beiden Welten und wuchsen zu einer effektiven Einheit zusammen. Die »Danish Dynamites« waren geboren! Plötzlich waren guter Fußball und Qualifizierungen für EM und WM an der Tagesordnung.

Ihren Höhepunkt hatten die »Danish Dynamites« während der Europameisterschaft 1992 in Schweden. Zwar hatte die dänische Nationalelf bei der Qualifikation nicht gerade geglänzt und war aus dem Wettbewerb geflogen, aufgrund des Krieges auf dem Balkan wurde die jugoslawische Nationalmannschaft jedoch disqualifiziert, und Dänemark sollte nachrücken. Und zwar schnell! Zu diesem Zeitpunkt befanden sich die Herren Fußballer bereits in ihren wohlverdienten Sommerurlauben, entspannten sich von der langen Fußballsaison und frönten der »Hygge«.

Der zu diesem Zeitpunkt amtierende Nationaltrainer Richard Møller Nielsen griff nach der Telefonliste seines Teams und wählte beherzt die erste Telefonnummer. Der Spielführer nahm ab.

»Pack die Tasche«, sagte der Trainer zu ihm, »wir fahren nach Schweden und spielen die EM![129]«

Der Spielführer rief den Nächsten auf der Liste an, den Torwart, und teilte ihm die Nachricht mit. So nahm die Telefonkette ihren Lauf, bis sich die ursprüngliche Nachricht gegen Ende der Kette zu folgendem Wortlaut entwickelt hatte: »Beeil dich, komm nach Schweden. Wir fahren nach Schweden und gewinnen die EM!« Letzterer Spieler fasste die Nachricht als schlechten Urlaubsscherz auf und ignorierte sie einfach. Eine Reaktion, die er später sicherlich bereute …

Zahlreiche Sommerurlaube wurden also abgebrochen, die Koffer für Schweden neu gepackt. Hals über Kopf reisten die »Danish Dynamites« ins Nachbarland und … gewannen die Europameisterschaft.

(Nach einem 2:0 im Finale gegen Deutschland, by the way.)

Weil Smørrebrød eben kein simples Butterbrot ist

Unabhängig davon, ob Sie Dänemark schon einmal besucht haben oder nicht, EIN dänisches Wort kennen Sie ganz gewiss: »smørrebrød«!

Spätestens mit dem lustigen Gesang des Meisterkochs aus der Muppet-Show gelangte das dänische Wort auch in den deutschen Sprachraum. »Smörebröd, Smörebröd, römm, pömm, pömm, pömm«. Nicht sonderlich dänisch ausgesprochen, dafür umso einprägsamer für uns Deutsche.

Direkt übersetzt bedeutet »smørrebrød« Butterbrot. Dabei stellt die dänische Spezialität alles andere als nur ein langweiliges Stück Brot mit Butter dar. Der Ursprung des »smørrebrød« liegt viele Jahrhunderte zurück. Die Arbeiter verbrachten ihre Mittagspause oft weit von ihrem Zuhause entfernt und waren somit gezwungen, sich belegte Brote mitzunehmen. Diese Begebenheit beschränkte sich natürlich nicht auf Dänemark, aus exakt dieser Tradition entwickelte sich jedoch hierzulande im späten 18. Jahrhundert schließlich das »smørrebrød«.

Die Dänen bestreichen eine Scheibe Schwarz- oder Vollkornbrot mit Butter, Margarine oder anderem Fett und belegen diese mit allem, was einem hungrigen Dänen mit knurrendem Magen so einfallen kann … und zwar – ganz wichtig – **üppig!** Zum krönenden Abschluss wird das kulinarische Kunstwerk hübsch verziert. Das Auge isst bekanntlich mit. Das »smørrebrød« ist damit alles andere als ein einfaches Butterbrot und sehr beliebt bei Firmenfeiern und privaten Festen.

Neben dem »gewöhnlichen« *smørrebrød* existiert die besonders festliche Variante, bei der sich die Brote mit Belag und kunstvoller Dekoration derart aufgetürmt präsentieren, dass sie die Brotscheibe gänzlich unter sich begraben. Die Fertigung dieser extravaganten

Brot-Türmchen erfordert einiges an Geschick und Fingerspitzengefühl. Sie wird von eigens hierzu ausgebildeten »smørrebrødsjomfruer«, den »Butterbrot-Jungfrauen«, vorgenommen. Die festliche Variante des dänischen »smørrebrød« finden Sie eher in smørrebrød-Restaurants. Die Ausbildung eines Gastronomen mit Spezialisierung innerhalb des Bereiches »smørrebrød« dauert dreieinhalb Jahre.

Für das »smørrebrød« werden neben klassischem Belag wie Käse, Leberpastete und Wurst viele weitere leckere Zutaten verwendet. Sie finden u.a. Varianten mit Heringsfilet, Mayonnaisesalat, Gewürzgurken, Roter Beete, gebratenem Speck, Krabben, Eiern, dünnen Roastbeef-Scheiben, Schinken, Lachs, Meerrettich, Röstzwiebeln, Gurken, Rotkohl, Tomaten, Petersilie, Dill, Zitronenscheiben und vielem mehr. Der Fantasie sind hierbei kaum Grenzen gesetzt. Stellen Sie sich nur einige dieser Leckereien auf einer Scheibe Brot vor, und schon wissen Sie, warum das »smørrebrød« zivilisiert mit Messer und Gabel verspeist wird.

Das »smørrebrød«, insbesondere die festliche Variante, ist als eines der ersten typisch dänischen Gerichte über die Landesgrenzen hinaus bekannt geworden. Als fester Bestandteil der dänischen Kultur wurde das »smørrebrød« vor einigen Jahren daher auf vier Briefmarken verewigt. Der Designer Peter Dam aß sich zur Inspiration durch zahlreiche smørrebrød-Varianten, bevor er schließlich vier auswählen und passende Motive entwickeln konnte.

104. GRUND

Weil auch ein Däne im Weltall unterwegs war

»Tja, weißt du, Dänemark hatte noch nie einen Astronauten.« Diese Antwort erhielt der kleine Andreas Mogensen, wenn er Familie und Freunde über seinen Berufswunsch aufklärte. Beirren ließ er sich davon allerdings nicht und entgegnete: »Nun gut, aber einer muss ja der Erste sein!«[130]

An dieser Stelle lächelte der Gesprächspartner des kleinen Jungen sicherlich milde über so viel simple Kinderlogik.

War er klug, behielt er weitere Antworten einfach für sich. Wer will schon die Träume eines kleinen ehrgeizigen Jungen zerstören …

In Andreas Mogensens Fall hätte man sich hierüber jedoch keine Gedanken machen müssen. Denn der sympathische Däne sollte am 2. September 2015 tatsächlich das Weltall betreten. An diesem Tag brach er gemeinsam mit zwei anderen Astronauten in einem russischen Raumschiff zu einer zehntägigen Mission zur Internationalen Raumstation ISS auf. Als erster Däne überhaupt.

Auf diesen Moment hatte sich Andreas Mogensen, der 1976 in Gentofte, einem Vorort Kopenhagens, geboren wurde, sein Leben lang vorbereitet. Die Europäische Weltraumorganisation wählte den promovierten Doktor der Luft- und Raumfahrttechnik im Jahr 2009 als ESA-Astronaut aus, aus vielen Tausend Bewerbern. 2013 wurde Mogensen besagter Mission zugeteilt, die 2015 stattfinden sollte. Die Vorbereitungen auf den Einsatz im All begannen. Unter anderem lernte der dänische Astronaut Russisch und musste einige Zeit unter der Erde sowie unter Wasser leben.

Schließlich kam der große Tag für den Dänen und damit für eine ganze Nation. Am 2. September 2015 um 6.37 Uhr MESZ wurde die Sojus TMA-18M von Kasachstan aus gestartet. Mission »Iriss« begann. Nach zwei Tagen Erdumrundung dockte die Sojus-Kapsel an der ISS an. Mogensen und seine zwei Kollegen wurden von den sechs Astronauten in Empfang genommen, die sich bereits auf der Raumstation aufhielten.

Der dänische Astronaut stürzte sich in seine umfangreichen Aufgaben. Unter anderem betrieb er Grundlagenforschung über die Auswirkungen der Schwerkraft auf chemische, physikalische und biologische Prozesse und testete einen neuen, speziell anliegenden Raumanzug, der verhindern soll, dass sich die Wirbelsäule eines Astronauten aufgrund der Schwerelosigkeit streckt, was u.a. Rückenschmerzen verursacht. Darüber hinaus testete der dänische Astronaut weitere neue Technologien, unter anderem eine Membran zur Reinigung von Wasser. Im Rahmen ihrer Mission tauschten die drei Astronauten gleichzeitig ein Raumschiff auf der ISS.

Auch wenn Mogensen einen Berg voller Aufgaben bewältigen musste und im Vorfeld der Mission befürchtet hatte, zwischen all den Projekten das gigantische Erlebnis »Weltall« kaum bewusst genießen zu können: Eines Morgens wachte die dänische Bevölkerung auf und wurde von einem ganz besonderen Foto begrüßt. Der dänische Astronaut hatte aus dem Weltall sein Heimatland fotografiert und das Foto als kleinen Morgengruß für seine Landsleute auf Twitter gestellt. Das Dänemark-Foto geisterte landesweit durch alle Medien.

Am 12. September 2015 um 2.51 Uhr MESZ, zehn Tage nach dem Abflug, landete Andreas Mogensen wieder sicher auf der Erde, in Kasachstan. Seine Frau und seine kleine Tochter mussten sich noch etwas gedulden, bevor sie ihren Heimkehrer in die Arme schließen konnten. Zunächst standen reihenweise medizinische und wissenschaftliche Untersuchungen an.

Einige Tage nach Missionsende lud Königin Margrethe II. von Dänemark den Astronauten zu einer persönlichen Audienz ein, plauderte mit ihm über seine Mission und überreichte anschließend die königliche Belohnungsmedaille 1. Grades, mit Krone und Gravur. Diese Medaille für besonders risikoreiche Einsätze im Namen des Königreiches wurde letztmalig 1993 vergeben.

Weil Skype eine dänische Erfindung ist

Haben Sie bereits einmal per »Skype« völlig kostenlos telefoniert, über alle Landesgrenzen hinweg, und dabei per Webcam Ihrem Gesprächspartner zugewunken?

Falls ja: Diesen Luxus verdanken Sie zwei klugen Köpfen aus Skandinavien! Denn es waren ein Däne und ein Schwede, die mit ihrem gemeinsam entwickelten Programm »Skype« die Ära der kostenlosen, weltweiten Internettelefonie einleiteten.

Der dänische Kopf hinter dem weltbekannten Internettelefondienst Skype heißt Janus Friis und wurde 1976 in Dänemark geboren. Im Alter von fünf Jahren schenkte seine Mutter ihm einen kleinen Computer, nichts ahnend, dass dieser ihrem Sohn den Weg zu einem Milliardenverdienst ebnen würde. Im Alter von 20 lernte Janus Friis über seinen Job bei Tele2 den Schweden Niklas Zennström kennen, ein Zusammentreffen, das nur wenige Jahre später den weltweiten Telefoniemarkt auf den Kopf stellen sollte.

Doch zunächst tüftelten die beiden IT-Spezialisten in anderen Bereichen und entwickelten das Filesharing-Programm »KaZaA«, mit dem angemeldete Nutzer Musik, Videos und andere Dateien miteinander austauschen konnten. Einige Jahre später kombinierten Friis und Zennström ihre für KaZaA entwickelte P2P-Technologie mit VoIP, der Internettelefonie, die zwar bereits seit 1995 existierte, aber noch zu kompliziert war und somit keine ernst zu nehmende Alternative zum herkömmlichen Telefon darstellte. Den beiden Skandinaviern gelang es, im Jahr 2003 ein bedienerfreundliches Programm auf den Markt zu bringen, mit dem die User untereinander kostenlos über ihre Internetverbindung telefonieren, chatten und Dateien austauschen konnten. Die User mussten sich lediglich das Programm »Skype« herunterladen, es installieren und sich registrieren. Schon bald telefonierte auf diese Weise die ganze

Welt miteinander, und das kostenlos. »Skype« wurde in Rekordzeit zu einem Massenphänomen!

Nicht viel später klopften Weltkonzerne wie Google, News Corporation (MySpace), Yahoo und eBay bei den beiden Skandinaviern an. Diese Firmen hatten schnell erkannt, welch enormes Potenzial in »Skype« steckte, welche immense Bedeutung es für die weltweite Telefonie haben würde. Friis und Zennström verkauften 2005 ihr Programm für 2,6 Milliarden Dollar[131] an eBay.

Als eBay wiederum einige Jahre später das Programm an eine Investorengruppe weiterverkaufen wollte, warfen Friis und Zennström dem Unternehmen vor, es nutze die seinerseits entwickelte P2P-Technologie ohne ihr Einverständnis. Daraufhin begann ein Rechtsstreit, der über etwaige Urheberrechtsverletzungen entscheiden sollte. Nach langem Hin und Her erhielten die beiden Skandinavier einen Anteil von 14 Prozent an Skype zurück. Diese Vereinbarung sollte sich für Friis und Zennström als zweite Goldgrube erweisen. Denn im Jahr 2011 erwarb Microsoft »Skype«, zum stolzen Preis von 8,5 Milliarden Dollar[132]!

106. Grund

Weil Magrethe II. alles andere als »nur« eine Königin ist

Königin Margrethe II. von Dänemark ist alles andere als ein langweiliges Staatsoberhaupt. Die dänische Königin fällt nicht nur gerne durch einen farbenfrohen Kleidungsstil auf, vielmehr ist sie auch eine außergewöhnliche Frau mit zahlreichen Talenten und Facetten.

Beispielsweise studierte sie Archäologie und nahm an mehreren Ausgrabungen teil. Neben ihren vielseitigen Aufgaben als Staatsoberhaupt und zahlreichen repräsentativen Pflichten zeigt sich die dänische Königin äußerst kreativ, und dies gleich in mehreren Bereichen.

Die Königin ist beispielsweise eine anerkannte Malerin, deren Werke in vielen Ausstellungen im In- und Ausland präsentiert wurden und die nationale wie internationale Preise einheimsten. Eine Ausstellung mit Gemälden einer königlichen Malerin sorgt stets für großes Interesse und stellt Kritiker vor die Herausforderung, den Werken unvoreingenommen gegenüberzutreten, um sie unabhängig von deren »königlichem Etikett« bewerten zu können.

Neben ihrer Malerei entwirft die Königin Dänemarks auch Kostüme und Bühnenbilder fürs Theater. Sie gestaltete des Weiteren auch kirchliche Gewänder. Darüber hinaus illustrierte Margrethe II. von Dänemark zahlreiche Bücher. In den 70er-Jahren ließ sie sich beispielsweise von *Der Herr der Ringe* inspirieren und schickte einige Illustrationen an den Autor Tolkiens. Mit Erfolg: 1977 erschien die dänische Übersetzung des Werkes bei Gyldendal, in jedem Kapitel eine Illustration Ihrer Majestät, unter dem Pseudonym Ingahild Grathmer. Die Illustrationen der dänischen Königin schmückten auch die ein oder andere englische Ausgabe des Werkes sowie CD-Layouts der dänischen Band »The Tolkien Ensemble«, die Songs und Gedichte von *Der Herr der Ringe* musikalisch interpretierten. Neben *Der Herr der Ringe* illustrierte Margrethe II. von Dänemark eine Reihe weiterer Bücher, unter anderem im Jahr 2000 die gemeinsame Bibel für Dänemark, die Färöer-Inseln und Grönland sowie einen Gedichtband ihres Ehemannes Prinz Henrik. Mit Ihrem Mann betätigte sie sich auch als Übersetzerin, zusammen übersetzten die beiden mehrere Romane ins Dänische.

Ein weiteres Highlight in der künstlerischen Karriere der dänischen Königin ist das Design der »julemærke«, einer Weihnachtsbriefmarke mit Sondermotiven, die jedes Jahr von einem anderen Künstler gestaltet wird. In den Jahren 1970, 2003 und 2015 gestaltete keine geringere Künstlerin als Margrethe II. von Dänemark die Weihnachtsmarke, deren Verkauf wohltätigen Zwecken zugute kommt. Auch die grönländische Weihnachtsmarke des Jahres 1983 geht auf das Konto der Königin.

Archäologie, Illustrationen, Gemälde, Design, Grafik, Übersetzungen – Margrethe II. von Dänemark ist nicht nur Königin, sondern auch vielseitige Künstlerin.

107. GRUND

Weil ein Däne Eltern aus aller Welt erklärt, wie Erziehung funktioniert

Die Gelassenheit der Dänen ist viel gerühmt. Nicht verwunderlich also, dass ausgerechnet ein (gelassener) Däne der Welt erklärt, wie Erziehung funktioniert. Der dänische Erziehungsguru Jesper Juul wurde 1948 in Dänemark geboren und ist als einer der bedeutendsten Pädagogen Europas anerkannt. Er hat eine kräftige Statur, raucht Kette und entspricht ganz und gar nicht dem Klischee eines klassischen Familien- und Erziehungstherapeuten.

Nichtsdestotrotz überschlagen sich internationale Medien mit Titulierungen wie »unerschütterlicher Helfer verzweifelter Eltern«, »Papst der Gelassenheit«, »Fels in der Brandung«, »der Familienflüsterer« und ähnlichen kreativen Bezeichnungen.

Juuls Veranstaltungen sind gut besucht, seine zahlreichen Bücher mit Titeln wie »Dein kompetentes Kind«, »Grenzen, Nähe und Respekt«, »Nein aus Liebe«, »Die kompetente Familie« und »Eltern-Coaching – Gelassen erziehen« verkaufen sich sehr erfolgreich. Denn er gibt Eltern, die in der heutigen Gesellschaft unter dem immensen Druck stehen, ihre Kinder perfekt zu erziehen und hierbei alles richtig zu machen, folgende Botschaft mit auf den Weg: Bleibt gelassen! Es gibt nicht DIE EINE Erziehungsmethode, dazu seien Familien viel zu unterschiedlich. Kinder brauchen keine perfekten Eltern, Kinder brauchen Eltern, die ihre Kinder als Individuum wahrnehmen, die ihnen auf Augenhöhe begegnen. Kinder brauchen Eltern, die ihnen Vorbilder sind. Und zwar echte

Vorbilder, keine »perfekten Vorbilder«. Das perfekte Vorbild existiert laut Juul ohnehin nicht. Wichtig ist, dass Eltern als Vorbilder ihre Fehler anerkennen, die Verantwortung für diese übernehmen und dass sie den Kindern auch ihre Schwächen zeigen, fest zu ihren eigenen Grenzen stehen.

Im Gegensatz zu traditionellen Erziehungsansichten geht Juul von einer sozialen und emotionalen Kompetenz des Kindes aus, wenn auch nur im Rahmen seiner kindlichen Reife. Diese Kompetenz muss dem Kind also nicht erst durch unzählige Ermahnungen anerzogen werden. Eltern sollten daher die Emotionen ihrer Kinder, auch wenn diese nach elterlicher Logik nicht immer nachvollziehbar sind, anerkennen, ihr Kind und dessen kleine Gefühlswelt akzeptieren. Die grundlegende Kommunikation mit einem Kind sollte der Kommunikation mit einem Erwachsenen entsprechen. Hört Ihr Ehepartner zu laut Musik und nervt Sie damit unsäglich, bauen Sie sich ja auch nicht vor ihm auf wie eine Gewitterfront, stemmen die Arme in Ihre Seiten und verkünden mit strenger Miene ein sofortiges *Sportschau*-Verbot. Vielmehr erklären Sie ihm, was seine laute Musik mit Ihrem Nervenkostüm anrichtet, bitten um Rücksichtnahme und arbeiten an einer gemeinsamen Lösung. Das geht laut Juul auch mit Kindern, wenn auch auf anderem Niveau als mit einem Erwachsenen. Wichtig ist es, authentisch zu sein. Kommen Sie mit Ihrem Kind nicht weiter, dürfen Sie diesem auch gerne Ihre Verzweiflung hierüber mitteilen.

»Sag mal, jetzt kämpfen wir hier jeden Abend stundenlang. So ein Vater will ich nicht sein. Aber ich weiß nicht, was ich tun soll.«[133] Heulen dürfen Sie dann auch. Denn Ehrlichkeit schafft Kontakt. Die Devise lautet »authentische Kommunikation auf Augenhöhe«, Kinder und Eltern müssen ihre jeweiligen unterschiedlichen Welten und Wahrnehmungen gegenseitig akzeptieren. Nach Juuls Ansicht passen übrigens auch Belohnungen nicht zu einer Kommunikation auf Augenhöhe. Ihren Partner belohnen Sie ja auch nicht unbedingt, wenn er etwas richtig macht.

Jesper Juul wird in seinem grundlegenden Ansatz gerne missverstanden. Es geht ihm keinesfalls um eine übertrieben kooperative Erziehungsmethode, bei der die Kinder zu viele eigene Entscheidungen treffen und damit auf lange Sicht vollkommen überfordert sind. Laut Juul brauchen Kinder Führung. Unbedingt. »Sie sind gleichwürdig, aber nicht gleichberechtigt.«[134] Sie brauchen Eltern, die wissen, was sie wollen, und die wissen, was sie nicht wollen. Sie brauchen Eltern, die ihnen klipp und klar sagen, dass sie jetzt lieber ein Buch lesen möchten, ganz für sich, dass sie jetzt nicht spielen wollen, weil sie viel zu müde sind. Kinder lernen ungemein von Eltern, die zugeben können, dass sie eben gerade auch einmal nicht glücklich sind.

Juuls erlösende Botschaft an alle Eltern: Setzt euch diesem Perfektionsdruck doch nicht aus! Es gehört dazu, Fehler zu machen. Die Lösung: Gelassenheit. Authentisch sein. Auch einmal in Tränen ausbrechen, wenn der Nachwuchs Sie (wieder einmal) an die eigene Grenze gebracht hat, oder weit darüber hinaus. Vor dem Kind weinen, schreien, toben ist erlaubt, natürlich ohne es hierbei zu verletzen und ohne es zu kränken. Man habe immer geglaubt, die negativen Gefühle der Eltern schadeten dem Kind. Es ist jedoch die Abwesenheit der Gefühle, die ihm schaden.

Und Eltern aus ganz Europa atmen kollektiv auf!

108. Grund

Weil Dänen aus Eis kleine Kunstwerke zaubern

Geografisch betrachtet, stellt Dänemark nicht unbedingt eine optimale Gegend für ungehinderten Eis-Genuss dar. Aufgrund der gemäßigten Temperaturen beschränkt sich die Eissaison auf wenige Monate im Jahr. Schafft es jedoch der Sommer erst einmal in nördliche Breiten, kennt der Genuss keine Grenzen. Denn in Dänemark wird das Eis nicht einfach nur gegessen, es wird zelebriert! Die traditionelle Waffel mit Eiskugeln in verschiedenen Geschmacksrichtungen nennt sich auf Dänisch »gammeldags isvaffel«. Eiswaffel »wie früher«. Im Optimalfall bestellen Sie gleich mehrere Kugeln, die die nette Eisverkäuferin kunstvoll in einer riesigen, knusprigen Waffel aufschichten wird. Danach fragt sie Sie, ob Sie »guf« dazubestellen möchten. Sobald Sie in Dänemark nach »guf« gefragt werden, sagen Sie unbedingt und ohne Nachdenken JA! Hinter »guf« verbergen sich stets Leckereien, im Falle des Eises eine Art luftiger, süßer Schaum, hergestellt aus Eischnee und Zucker, der großzügig über dem Eis aufgetürmt wird. »Guf« ist das I-Tüpfelchen des dänischen Eises. Mancher Däne wird gar behaupten, ein Eis ohne »guf« sei kein Eis. Besonders hartgesottene Eisliebhaber lassen sich neben dem süßen Schaum zusätzlich noch Sahne aufs Eis schichten. Vollendet wird das eisige Kunstwerk schließlich mit einer Sauce, z.B. Erdbeer- oder Schokosauce. Nun fehlt nur noch »drys«, Streusel aller Art, z.B. Schokostreusel, bunte Zuckerstreusel, Kakaopulver, Krokant, Pistazienstücke, Kokosraspeln – kleine Leckereien, die Ihr Eis sowohl geschmacklich als auch optisch perfektionieren. Lieben Sie Lakritze, können Sie mancherorts auch Lakritzstreusel auf Ihr Eis rieseln lassen.

Mit all diesen Eis-Toppings können Sie natürlich auch ein Softeis dekorieren. Das dänische Softeis erfreut sich hierzulande ebenfalls größter Beliebtheit, denn mit seinem hohen Fettgehalt schmeckt es äußerst lecker. Auf Ihre schlanke Linie können Sie auch nach dem Urlaub wieder achten. Mancher Dänemark-Urlauber ist vom dänischen Softeis auf Anhieb derart begeistert, dass er es nach dem Urlaub ins Heimatland importiert, im praktischen Tetrapak, zum Selbermachen. Jeder gut sortierte Supermarkt sollte ein paar Softeis-Geschmacksrichtungen im Regal haben. Probieren Sie es doch einmal aus! Vergessen Sie jedoch nicht: Ohne »guf« und »drys« kein dänisches (Soft-)Eis!

109. Grund

Weil die Dänen die spannendsten TV-Dramen produzieren

Ein Sonntagabend im Herbst. Kurz vor acht Uhr abends. Draußen vollkommene Dunkelheit. Mond und Sterne verstecken sich hinter schweren Wolken, die so tief hängen, als wollten sie demnächst den Boden berühren. Der Wind pfeift um die Häuser, lässt regelmäßig die Fensterscheiben erzittern. Dänemark sitzt in seinen »hyggeligen« vier Wänden auf dem Sofa und wartet. Die Kulisse könnte geeigneter nicht sein für das, was bevorsteht. In wenigen Minuten beginnt die aktuellste dänische TV-Serie, produziert im eigenen Lande und damit Garant für Spannung und Unterhaltung allerhöchsten Grades! Nach der nächsten Stunde sind für einen Großteil der Zuschauer die nächsten neun Sonntagabende gesetzt. Es müsste schon die Welt untergehen, bevor sie sich zur heiligen dänischen Sendezeit vom Fernseher wegreißen lassen. Eine dänische Serie erstreckt sich meist über zehn Folgen, bevor sie ihre Fans wieder in sonntagabendliche Leere entlässt.

Dänische TV-Serien sind wie die dunkle Jahreszeit in Skandinavien: Düster. Dramatisch. Launisch. Finster. Eine Kombination, die aktuell die ganze Welt in ihren Bann zu ziehen scheint. Denn dänische TV-Serien beschränken sich längst nicht mehr auf ihren Heimatmarkt, sie verkaufen sich in alle Welt. Die Filmbranche tituliert die skandinavisch-düsteren TV-Formate mittlerweile ganz passend mit »Nordic Noir«. Und Nordic Noir hat Hochkultur!

Der Weg dänischer TV-Dramen in die weite Welt begann mit der Krimiserie *Forbrydelsen* (deutscher Titel: *Kommissarin Lund – Das Verbrechen*). Diese startete exakt an dem Wochenende, an dem ich frisch aus Deutschland angereist war, um mein Leben im Norden zu versuchen. Nach der ersten Folge, die ich mühsam mithilfe der Untertitel verfolgte, stand fest: Egal wie es mir im neuen Lande auch ergehen würde, die nächsten neun Wochen würde ich hier wohnen bleiben. Unter allen Umständen.

Forbrydelsen gilt heute als Durchbruch der dänischen Serien auf dem Weltmarkt, denn BBC wurde auf die 2007 ausgestrahlte erste Staffel aufmerksam und erwarb vom öffentlich-rechtlichen Fernsehsender DR (Danmarks Radio) die Rechte. Der englische Sender zeigte die Krimiserie in England ohne Synchronisation, im dänischen Originalton mit englischen Untertexten – zu dieser Zeit ein Novum in der dominierenden englischsprachigen Filmszene. Mit großem Interesse verfolgten auch australische und amerikanische Fernsehsender das gewagte Experiment BBCs mit der dänischen Krimiserie auf einem englischsprachigen Markt. Das Risiko, das BBC eingegangen war, zahlte sich jedoch aus: Die Engländer waren von Plot und skandinavisch-düsterer Atmosphäre des Krimis begeistert. Sofort stürzte sich BBC auf weitere dänischen TV-Produktionen, um auch diese dem heimischen Markt präsentieren zu können. Kurz darauf schlugen auch Australien und die USA zu.

Die Serie »Forbrydelsen«, die nach der dritten Staffel zum Leidwesen unzähliger Fans mittlerweile endgültig abgeschlossen ist, verkaufte sich in 130 Länder[135]. *Forbrydelsen* war jedoch lediglich der Anfang. Seither wurden fast alle der in Dänemark neu produzierten TV-Serien direkt in die weite Welt exportiert, die ein oder andere sogar, noch bevor sie in Dänemark überhaupt ausgestrahlt worden war. Titel wie *Borgen* (jeweils deutsche Titel: *Gefährliche Seilschaften*), *Arvingerne* (*The Legacy – die Erbschaft*), *Broen* (*Die Brücke*), *Den som dræber* (*Nordlicht – Mörder ohne Reue*), *1864* und viele mehr gingen um die Welt und fesselten Zuschauer ganz unterschiedlicher Nationen an die Mattscheibe. Die ausländischen Fernsehsender richteten zwischenzeitlich ihren Blick auch auf ältere dänische TV-Serien, von denen einige auf ihre alten Tage ebenfalls noch ins Ausland verkauft werden konnten.

Die Krimiserie *Broen*, deren dramatischer Auftakt auf der Öresundbrücke stattfindet, exakt auf der Grenzlinie zwischen Dänemark und Schweden, verkaufte sich in ganze 157 Länder[136]. Manche Länder kauften die Remake-Rechte diverser Serien und produzierten diese für ihren jeweiligen Heimatmarkt neu. Aus dem dänisch-schwedischen Brücken-Plot entstand somit unter anderem eine Serie, in der Kriminalbeamte ein Verbrechen im Tunnel zwischen England und Frankreich aufklären mussten, sowie ein ähnlicher Krimi mit Schauplatz an der amerikanisch-mexikanischen Grenze.

Die aktuellste Serie *Bedraget* (dt.: *Der Betrug*, BBCs TV-Titel: *Follow the money*), war bereits ins Ausland verkauft worden, bevor die erste Folge im Januar 2016 in Dänemark gezeigt wurde. Der Sender DR begann außerdem mit der Produktion der 2. Staffel, bevor die Dänen die erste gesehen hatten, setzte also ganz selbstbewusst auf den Erfolg der Serie. Nordic Noir = Erfolgsgarantie?

Filmemacher aus aller Welt suchen nach der Zauberformel, dem Erfolgsrezept skandinavischer Produktionen. Die Antwort aus Dänemark: Vertrauen![137] Einige wenige Drehbuchautoren haben eine zündende Idee, entwickeln diese zu einem Konzept und präsentieren ihre Vision dem Sender DR. Der Sender lässt die Idee auf sich wirken, wägt Erfolgschancen und Risiko ab, liefert noch einige konstruktive Hinweise und gibt dann grünes Licht. Danach liegt das Zepter in der Hand der Drehbuchautoren und Produzenten. Und zwar nur dort! Der Sender übt sich zwischenzeitlich im Vertrauen und mischt sich nicht mit »zuschauerfördernden Ideen« in das Projekt ein. Er überlässt die kreative Arbeit den Künstlern, gibt ihnen die Freiheit, die sie brauchen, damit aus der Version eine spannende TV-Verfilmung wird. Niemand verdirbt den Brei, niemand zensiert oder verhalbherzigt einen Plot, nur der Quote zuliebe. Die Künstler sitzen am langen Hebel. Flache Hierarchien, auch beim dänischen Fernsehen. Die Fernseh-Bosse zittern sicherlich ganz schön oft, während sie sich im Vertrauen üben. Doch der Erfolg scheint dem skandinavischen Konzept recht zu geben. Fernsehen, bei dem es kein Happy End gibt, wenn die Drehbuchautoren hierzu keine Lust haben. Fernsehen, das nicht nur auf Zuschauerquoten zugeschnitten ist. Fernsehen, dass möglicherweise genau aus diesem Grunde für gute Quoten sorgt?

110. Grund

Weil der Olsenbande einfach kein großer Coup gelingen will

Ein Sonntagnachmittag in Dänemark. Der Himmel grau in grau, draußen regnet es Bindfäden. Mein Däne zappt durchs TV-Programm und bleibt nach 21 Sendern endlich hängen. Ein Schwarz-Weiß-Film. Er legt die Fernbedienung weg und lehnt sich genüsslich im Sofa zurück. Ich verdrehe die Augen. Müssen wir etwa diesen alten Schinken sehen? Widerstrebend schiele ich hin und wieder zur Mattscheibe, immer dann, wenn es neben mir auf dem Sofa unkontrolliert kichert. Kurz darauf kichere ich hier und da mit, ein paar Minuten später bin ich mitten im Geschehen. Wir sehen *Die Olsenbande*, ein Stück dänischer Kulturgeschichte.

Die Olsenbande stellt eine der erfolgreichsten Filmserien in der dänischen Filmhistorie dar und genießt Kultstatus. Bei den 14 Kriminalkomödien handelt es sich um abgeschlossene Filme, die nicht aufeinander aufbauen. Die Figuren und das generelle Handlungsschema ziehen sich jedoch stets als roter Faden durch die Filme. Erschaffen wurde die originelle Serie von Henning Bahs und Erik Balling, die bis ins hohe Alter noch die Drehbücher schrieben und fast bis zuletzt Regie führten.

Die Filme beginnen üblicherweise mit der Szene, in der Egon Olsen (gespielt von Ove Sprogøe) nach einer Haftstrafe aus dem Gefängnis entlassen wird. Auf der Straße vor dem Gefängnis warten die beiden Bandenmitglieder Benny Franzen (Morten Grunwald) und Kjeld Jensen (Poul Bundgaard) und empfangen Egon mit wedelnden Dänemark-Fähnchen. Das Trio fährt in Kjelds

Wohnung, in der sich dessen Frau Yvonne (Kirsten Walther) aufhält. Die Olsenbande setzt sich an den Küchentisch und schmiedet Zukunftspläne. Trotz gerade verbüßter Zeit im Knast hat Egon ganz und gar nicht vor, die kriminelle Karriere an den Nagel zu hängen. Im Gegenteil. Er hat einen neuen Plan.

»Jeg har en plan«, sagt Egon also einleitend. Ich habe einen Plan!

»Skidegodt, Egon!« ruft Benny daraufhin stets mit unverhohlener Begeisterung. Direkt übersetzt: »Scheißgut, Egon!« Ins Deutsche wurde dies später etwas gemäßigter mit *»mächtig gewaltig«* synchronisiert.

»Nu er det vel ikke farligt?«, fragt Kjeld etwas vorsichtig. Das ist doch wohl nicht gefährlich?

Keineswegs. Denn Egons Plan ist dieses Mal »genial« und absolut »todsicher«. Er wird dem Banden-Trio viele Millionen Dänische Kronen einbringen. Egons im Gefängnis geschmiedete Pläne weisen stets hohe Kreativität auf. Niemals basieren sie auf Gewalt, sondern auf einfallsreichen Ablenkungsmanövern. Oft führen sie sogar zum gewünschten Erfolg. Dennoch endet Egon in sämtlichen Filmen exakt an dem Ort, den er zu Beginn des Filmes gerade verlassen hat, im Knast. Meist wegen eines unglücklichen Zufalls oder aufgrund nicht bedachter Kleinigkeiten wie z.B. fehlenden Benzins oder einer nicht abgegebenen Steuererklärung. Seinen beiden Kumpanen dagegen gelingt es auf wundersame Weise stets, der Polizei zu entkommen, manchmal in letzter Sekunde.

Der erste Film der »Olsenbande« erschien 1968. 1974 und fünf Filme später wollten die beiden Serienmacher, Balling und Bahs, eigentlich mit der Serie aufhören, nahmen jedoch kurz darauf ihre Arbeit wieder auf und produzierten sieben weitere Filme. 1998 gab es einen Epilog: Die Olsenbande, mittlerweile im Rentenalter, versuchte sich an ihrem letzten großen Coup. Während der Drehzeit des letzten Films verstarb Poul Bundgaard, der die Rolle des Kjeld spielte. Für die restlichen Dreharbeiten wurde ein Double eingesetzt.

Die Olsenbande wurde auch außerhalb Dänemarks ausgestrahlt, in einigen Ländern mit ähnlichem Erfolg wie hierzulande. In der ehemaligen DDR erreichte die Serie ebenfalls Kultstatus, im Gegensatz zur BRD, in der die »Panzerknacker-Bande«, wie das dänische Trio hier genannt wurde, nicht in gleichem Maße überzeugen konnte. Experten gehen davon aus, dass der Erfolg der Olsenbande in der ehemaligen DDR der dortigen professionellen Synchronisation geschuldet ist, die auf eine detailgetreue Umsetzung des dänischen Originals fokussierte, während das westdeutsche Fernsehen viele Änderungen vornahm, z.B. Namen änderte und Szenen kürzte, und damit den originellen dänischen Jargon nicht auf ähnlichem Niveau weitervermitteln konnte, wie dies der DDR-Version gelang.

Von der Original-Crew der Olsenbande lebt heute nur noch »Benny«, Morten Grunwald. Die Straße vor »Egons Gefängnis«, dem Staatsgefängnis Vridsløselille im Kopenhagener Vorort Albertslund, wurde nach dem Tod des Schauspielers Ove Sprogøes in »Egon Olsens Vej« umbenannt.

111. Grund

Weil Mads Mikkelsen einen exzellenten Bad Boy abgibt

Fällt in Dänemark der Name »Mads Mikkelsen«, verdrehen nahezu alle anwesenden Damen verzückt die Augen. Dabei ist der 1965 in Kopenhagen geborene Schauspieler nicht als »klassische« Schönheit zu bezeichnen. Doch es sind gerade die markanten Gesichtszüge, die auffällig hohen Wangenknochen und der wilde Ausdruck in den tief liegenden Augen, die Mads Mikkelsen den Weg in die Filmwelt ebneten.

Bevor Mads Mikkelsen mit der Schauspielerei durchstartete, arbeitete er jahrelang als Profitänzer und Turntrainer. Der Durchbruch in Dänemark gelang dem Schauspieler im Jahr 1996, mit seiner Rolle als Junkie und Dealer im dänischen Film *Pusher*. In den Jahren 2000 bis 2004 konnten die Dänen ihn als forschen Kriminalbeamten in *Rejsehold* erleben, einer beliebten dänischen Krimiserie über eine mobile Spezialeinheit der dänischen Polizei, die landesweit auf die kniffligsten Fälle angesetzt wird und diese von einer mobilen Kommandozentrale in der Nähe des Tatortes aus löst.

Der Schauspieler erlangte internationale Bekanntheit unter anderem mit seinen Rollen als Tristan in *King Arthur* (2004), als Erzbösewicht Le Chiffre im James-Bond-Klassiker *Casino Royale* (2006) und als russischer Komponist Igor Strawinski im Liebesdrama *Coco Chanel & Igor Stravinsky* (2009).

2012 wurde Mads Mikkelsen bei den Filmfestspielen in Cannes ausgezeichnet, für seine Rolle im Thriller *Die Jagd*, in dem er als vermeintlicher Pädophiler der Hetzjagd und Selbstjustiz einer eingeschworenen Kleinstadt gegenübersteht.

2013 spielte der attraktive dänische Schauspieler den berüchtigten Psychopathen und Kannibalen Dr. Hannibal Lecter in der TV-Serie *Hannibal* – eine Rolle, die perfekt zu Mikkelsen passte und die er würdig ausfüllte, auch wenn Anthony Hopkins vor vielen Jahren an dieser Stelle den Standard bereits sehr hoch angesetzt hatte.

Mads Mikkelsen wirkte neben den erwähnten Produktionen in zahlreichen weiteren Produktionen mit. Er spielte hierbei höchst unterschiedliche Charaktere: Vom Chefarzt, Kriminalbeamten, Metzger, Wikinger, Bauernsohn, bisexuellen Liebhaber und Gangster bis hin zum Dealer und zwangsgestörten Loser ist (fast) alles dabei. Es sind jedoch besonders die »bad boy«-Rollen, in denen Mikkelsens besondere Ausstrahlung voll zur Geltung kommt.

Mads Mikkelsen ist mit der Schauspielerin Hanne Jacobsen verheiratet und hat zwei Kinder. Er stammt aus einer eingefleischten Schauspielerfamilie, auch sein eineinhalb Jahre älterer Bruder Lars Mikkelsen spielte in zahlreichen Filmen und Serien mit und erlangte inzwischen auch internationale Aufmerksamkeit.

Ein paar Dankesworte

Ein solches Buch schreibt sich nicht im Alleingang. Die letzten Zeilen widme ich daher meinem dänischen und deutschen Umfeld, dem ich herzlichst für die Unterstützung im vergangenen Jahr danken möchte, ganz gleich ob praktischer oder mentaler Art, ganz gleich ob von weiter Ferne oder ganz in meiner Nähe.

Ich danke besonders meinem dänischen Mann Mikkel für die wunderbare Chance, Dänemark in allen Details kennenzulernen und hier Fuß fassen zu dürfen, ich danke außerdem für die praktische Unterstützung an der »Nachwuchsfront« und für das stets glaubwürdig und geduldig hervorgebrachte »JA« auf folgende Fragen:

»Skat (Schatz), ich habe soeben Grund 17 geschrieben. Findest du nicht, dass ich in Anbetracht unseres straffen Alltagsprogramms bereits sehr weit gekommen bin?«

»Skat, heute schreibe ich Grund 33. 111 Gründe sind langwieriger, als ich dachte. Ob ich diese tatsächlich schaffen werde?«

»Skat, Grund 64! Ich werde wahnsinnig! Noch unzählige Gründe bis zu dieser verfluchten 111. Wie viele es genau sind, kann ich nicht mal im Kopf ausrechnen. Glaubst du, ich werde JEMALS fertig mit diesem Buch?«

»Skat, immer noch Grund 101. Es ist zum Heulen! Immer noch 10 Gründe to go! 111 ist echt ein Fass ohne Boden. Ob ich den ganzen Kram einfach hinwerfen sollte? Meinst Du WIRKLICH, ich werde IRGENDWANN ein brauchbares Manuskript abgeben!«

Ohne meinen Dänen gäbe es dieses Buch nicht.

Meinen beiden kleinen Kindern danke ich für ihre Geduld, wenn Mama mal wieder etwas weniger Zeit hatte und gleichzeitig ein bisschen häufiger in die Luft ging als sonst. Ich gelobe Besserung.

Ich danke meiner deutschen Familie und Freunden für die mentale Stärkung sowie für das Vertrauen in meine schriftstellerischen Fähigkeiten, insbesondere danke ich meinem Bruder für die nahezu tägliche mentale Begleitung während meiner schöpferischen Phase. Danke, Jürgen. Du bist eben mein Lieblingsbruder, und das nicht nur, weil du mein einziger bist.

Ich danke meinem gesamten Umfeld in Dänemark - Familie, Kollegen und Freunden - für das großzügig ausgeteilte Wissen über das Land, in dem wir gemeinsam leben, für spannende Diskussionen und für ihre Rollen in all den kleinen eingearbeiteten Anekdoten, die das Leben im Norden besser veranschaulichen als es neutral beschreibende Literatur je könnte.

Ich danke dem Literaturagenten Martin Brinkmann für meine »Entdeckung« sowie für die stets zeitnahe Betreuung während der Entstehungsphase des Buches. Ich danke dem Schwarzkopf & Schwarzkopf Verlag für die freundliche und professionelle Zusammenarbeit im Vorfeld des Erscheinungstermins.

Auch ein Dankeschön an die eigene Person ist stets angebracht - insofern danke ich Körper und Seele dafür, dass sie sich bei der zurückliegenden Dreifachherausforderung mit Job, Familie und Buch als verlässliche Pfeiler gezeigt haben.

Zu guter Letzt danke ich ganz besonders Dänemark, diesem wunderbaren Land, in dem ich mich neu finden und entfalten durfte, für die Inspiration zu diesem Buch! Mögen wir uns ein Leben lang zusammen »hyggen«.

Tak til alle.

Quellenangaben

1 Danmarks Statistik: »Danmark I tal 2015«. URL: www.dst.dk/Site/Dst/Udgivelser/GetPubFile.aspx?id=19005&sid=dk2015 (Stand: 12/2015)

2 Peter Jørgensen, »Ø-Kuller: Er der seriøst ingen, der kan fortælle, hvor mange øer Danmark består af?«. URL: http://politiken.dk/indland/ECE2789833/oe-kuller-er-der-serioest-ingen-der-kan-fortaelle-hvor-mange-oeer-danmark-bestaar-af/ (Stand: 12/2015)

3 Storebælt, Sund og Bælt, »Fakta og historie«. URL: www.storebaelt.dk/omstorebaelt/fakta (Stand 12/2015)

4 Faktlink, et tilbud fra bibliotek og skole, »Fakta om storebæltsbroen«. URL: www.faktalink.dk/titelliste/storebaeltsbroen/fakta-om-storebaeltsbroen (Stand: 12/2015)

5 Femern, Sund & Bælt »Über uns«. URL: www.femern.de/servicemenu/ber-uns (Stand: 12/2015)

6 Der Spiegel, »Von Dänemark nach Deutschland«. URL: www.spiegel.de/wirtschaft/soziales/fehmarnbelt-querung-eu-erlaubt-staatshilfen-a-1045052.html (Stand 12/2015)

7 Sebastian Balzter, »Der Tunnelbau vor Fehmarn«, 28.4.2015. URL: www.faz.net/aktuell/wirtschaft/wirtschaftspolitik/fehmarnbelt-tunnel-der-tunnelbau-von-fehmarn-13559542-p2.html (Stand 12/2015)

8 Wikipedia Danmark, »Danmark Geografi«. URL: https://da.wikipedia.org/wiki/Danmarks_geografi (Stand 12/2015)

9 Orte in Deutschland. URL: www.orte-in-deutschland.de/entfernungen-und-richtungen.html (Stand 12/2015)

10 Länderdaten.de, »Küstenlänge«. URL: www.laenderdaten.de/geographie/kuestenlaenge.aspx (Stand 12/2015)

11 DR.dk, »Danmarks kyst er blevet 1.436 kilometer længere«. URL: www.dr.dk/nyheder/indland/danmarks-kyst-er-blevet-1436-kilometer-laengere (Stand 12/2015)

12 Blaaflag.dk, »262 gode grunde til at tage på stranden eller havnen«. URL: www.blaaflag.dk/nyheder/2016/maj/262-gode-grunde.aspx (Stand 5/2016)

13 Visitdenmark.dk, »Danmarks usædvanligt lange kyst«. URL: www.visitdenmark.dk/da/danmark/natur/danmarks-usaedvanligt-lange-kyst (Stand 1/2016)

14 Berlingske, »Danskerne knuselsker kongehuset«. URL: www.b.dk/nationalt/danskerne-knuselsker-kongehuset (Stand: 12/2015)

15 Grønlands Statistik, »Statistik Årbog 2015«, afsnit Geografi. URL: www.stat.gl/sa/saD2015.pdf. (Stand 12/2015)

16 Europas-Lande.dk, »Grønland er verdens største ø«. URL: http://europas-lande.dk/dan/Lande/Gr%C3%B8nland/Sv%C3%A6r/ (Stand 12/2015)

17 Danmark Statistik, »Færøerne og Grønland«. URL: www.dst.dk/Site/Dst/Udgivelser/GetPubFile.aspx?id=20196&sid=faro (Stand 2015, abgerufen 1/2016)

18 Statista, Bevölkerung Deutschlands am 31.12.2014. URL: http://de.statista.com/statistik/daten/studie/2861/

umfrage/entwicklung-der-gesamtbevoelkerung-deutschlands/ (abgerufen/ Stand 12/2015)

[19] The Faroe Islands, »Lage und Größe«. URL: www.visitfaroeislands.com/de/ueber-die-faeroeer-inseln/lage-und-groesse/ (Stand 1/2016)

[20] Danmark Statistik, »Færøerne og Grønland«. URL: www.dst.dk/Site/Dst/Udgivelser/GetPubFile.aspx?id=20196&sid=faro (Stand 2015, abgerufen 1/2016)

[21] Deutsche Botschaft Kopenhagen, »Die Färöer«. URL: www.kopenhagen.diplo.de/Vertretung/kopenhagen/de/03/bilaterale-beziehungen/faeroeer.html (Stand 1/2016)

[22] Politiken, »To kilometer tykt lag skiller færinger fra muligt olieeventyr«. URL: http://politiken.dk/oekonomi/dkoekonomi/ECE2152920/to-kilometer-tykt-lag-skiller-faeringerne-fra-muligt-olieeventyr/ (Stand 9.12.2013, abgerufen 1/2016)

[23] Danmark Statistik, »Færøerne og Grønland«. URL: www.dst.dk/Site/Dst/Udgivelser/GetPubFile.aspx?id=20196&sid=faro (Stand 2013, abgerufen 1/2016)

[24] WKO Wirtschaftskammer Österreich, Eurostat, »Geburts- und Sterberaten«. URL: http://wko.at/statistik/eu/europa-geburtenrate.pdf (Stand 2014, abgerufen 1/2016)

[25] Visitdenmark.dk, »Ferie på Bornholm«. URL: www.visitdenmark.dk/da/danmark/natur/ferie-paa-bornholm (Stand 1/2016)

[26] Danmarks Statistik, Statistikbanken, Befolkning Bornholm. URL: www.statistikbanken.dk/10022 (Stand 1.1.2015, abgerufen 1/2016)

[27] Danske Regioner, Statistik, Region Hovedstaden www.regioner.dk/om+regionerne/statistik+opdateret+dec+2014 (Stand 4. Quartal 2014, abgerufen 1/2016)

[28] Danmarks Statistik, Statistikbanken, Kopenhagen Kommune. URL: www.statistikbanken.dk/ (Stand 1.1.2015, abgerufen 1/2016)

[29] Denmark.dk, »Dänische Fahrradkultur«. URL: http://denmark.dk/de/green-living-de/danische-fahrradkultur/ (Stand 1/2016)

[30] Visitdenmark.de, »So bequem reist man in Dänemark«. URL: www.visitdenmark.de/de/denmark/aktivitaten/mit-kindern-im-urlaub-danemark (Stand 1/2016)

[31] Supercykelstier.dk. URL: www.supercykelstier.dk/ (Stand 1/2016)

[32] Denmark.dk, »Die Kopenhagener lieben ihre Fahrräder«. URL: http://denmark.dk/de/green-living-de/danische-fahrradkultur/die-kopenhagener-lieben-ihre-fahrrader/ (Stand 1/2016)

[33] Denmark.dk, »Die Kopenhagener lieben ihre Fahrräder«. URL: http://denmark.dk/de/green-living-de/danische-fahrradkultur/die-kopenhagener-lieben-ihre-fahrrader/ (Stand 1/2016)

[34] European Commission, »København – Europas Grønne Hovedstad 2014«. URL: http://ec.europa.eu/environment/europeangreencapital/wp-content/uploads/2012/07/ENV-13-004_Copenhagen_DA_final_webres.pdf (Stand 1/2016)

[35] Visitdenmark.dk, »Eine grüne und entspannte Hauptstadt«. URL: www.visitdenmark.de/de/kopenhagen/nachhaltiges-reisen/eine-grune-und-entspannte-hauptstadt (Stand 1/2016)

36 European Commission, »København – Europas Grønne Hovedstad 2014«, »Hvad gør København til noget særligt?«. URL: http://ec.europa.eu/environment/europeangreencapital/wp-content/uploads/2012/07/ENV-13-004_Copenhagen_DA_final_webres.pdf (Stand 1/2016)

37 Denmark.dk, »Die Kopenhagener lieben ihre Fahrräder«. URL: http://denmark.dk/de/green-living-de/danische-fahrradkultur/die-kopenhagener-lieben-ihre-fahrrader/ (Stand 1/2016)

38 Transport- & Bygningsministeriet, »Københavns Metro« URL: www.trm.dk/da/temaer/koebenhavns-metro/koebenhavns-metro (Stand 1/2016)

39 Metro, »Køreplan«. URL: www.m.dk/#!/om+metroen/rejseinformation/koereplan (Stand 1/2016)

40 Rambøll Danmark, »The Copenhagen Metro«. URL: www.ramboll.dk/projects/rdk/copenhagen metro (Stand 1/2016)

41 The Metros, »The Metros Awards Winners 2011«. URL: www.terrapinn.com/awards/the-metros/winners.stm (2011, abgerufen 1/2016)

42 Metro, »Om Cityringen«. URL: http://m.dk/#!/om+metroen/metrobyggeriet/om+cityringen (Stand 1/2016)

43 Metro, »Om Cityringen«. URL: http://m.dk/#!/om+metroen/metrobyggeriet/om+cityringen (Stand 1/2016)

44 DMI – Danmarks Meteorologiske Institut, »Vejrkorset«. URL: www.dmi.dk/vejr/til-lands/maaned-og-saeson/vejrkorset-sommervejrets-fire-hjoerner/ (Stand 1/2016)

45 Gyldendal – Den store danske – »Danmark Klima«. URL: www.denstoredanske.dk/Geografi_og_historie/Geografi/Naturgeografi/Klimatologi_og_klimatyper/Danmark_-_klima (Stand 1/2016)

46 Arkitektskolen Aarhus, »Vind og vejr i Danmark«. URL: http://rum1.aarch.dk/uploads/media/Vind_uddrag.pdf (Stand 1/2016)

47 Klimatilpasning, »Klimaændringer i Danmark«. URL: www.klimatilpasning.dk/viden-om/klima/klimaaendringeridanmark.aspx (Stand 1/2016)

48 Sunrise-and-sunset.com, »Sonnenaufgang und Sonnenuntergang, Frankfurt am Main«. URL: www.sunrise-and-sunset.com/de/sun/deutschland/frankfurt-am-main/ (Stand 21.6.2015, abgerufen 1/2016)

49 Sunrise-and-sunset.com, »Sonnenaufgang und Sonnenuntergang, Kopenhagen«. URL: www.sunrise-and-sunset.com/de/sun/danemark/copenhagen (Stand 21.6.2015, abgerufen 1/2016)

50 DMI – Danmarks Meteorologische Institut, »lyse nætter lister sig ind«. URL: www.dmi.dk/nyheder/arkiv/nyheder-2015/04/lyse-naetter-lister-sig-ind/ (Stand 1/2016)

51 Sunrise-and-sunset.com, »Sonnenaufgang und Sonnenuntergang, Kopenhagen«. URL: www.sunrise-and-sunset.com/de/sun/danemark/copenhagen/2015/dezember (Stand 21.12.2015, abgerufen 1/2016)

52 Statistisk Årbog 2015 Danmark, »klima og areal«. URL: www.dst.dk/Site/Dst/Udgivelser/GetPubFile.aspx?id=20196&sid=staa (Stand 2015, abgerufen 1/2016)

53 World Happiness Report. URL: http://worldhappiness.report/ (Stand 2015, abgerufen 1/2016)

54 World Happiness Report 2015 »Summary – Chapter 2: The geography of Happiness«. URL: http://worldhappiness.report/summary/ (Stand 1/2016)

55 Institut for Lykkeforskning, »Der er et lykkeligt land«. URL: www.lykkeforskning.dk/ (Stand 1/2016)

56 Institut for Lykkeforskning, »Der er et lykkeligt land«. URL: www.lykkeforskning.dk/ (Stand 1/2016)

57 Spiegel.de, »Erbgut-Vergleich – Dänisch sein macht glücklich«. URL: www.spiegel.de/wissenschaft/mensch/glueck-aehnliche-gene-wie-daenen-machen-gluecklich-a-982056.html (Stand 1/2016)

58 Opposingviews.com, »The worlds happiest countries take most antidepressants«. URL: www.opposingviews.com/i/society/worlds-happiest-countries-take-most-antidepressants (Stand 2/2015, abgerufen 1/2016)

59 Institut for Lykkeforskning, »Der er et lykkeligt land«. URL: www.lykkeforskning.dk/ (Stand 1/2016)

60 Wikipedia Danmark, »Hygge«. URL: https://da.wikipedia.org/wiki/Hygge (Stand 2/2016)

61 Danish Naval History, »Flagets historie«. URL: www.navalhistory.dk/Danish/Flaget/FlagetsHistorie.htm (Stand 2/2016)

62 Danmarks Radio, »Dronningen til journalist: Tror ikke, vi er dus«. URL: www.dr.dk/nyheder/indland/video-dronningen-til-journalist-tror-ikke-vi-er-dus (Stand 13.4.2015, abgerufen 2/2016)

63 Nyheder TV2, »Nummer et I verden – Danmark er det mest lige samfund«. URL: http://nyheder.tv2.dk/2015-06-10-nummer-et-i-verden-danmark-er-det-mest-lige-samfund (Stand 10. Juni 2015, abgerufen 2/2016)

64 Business Danmark, »Danmark er nu klodens mest lige samfund«. URL: www.business.dk/oekonomi/danmark-er-nu-klodens-mest-lige-samfund (Stand 9.6.2015, abgerufen 2/2016)

65 Business Danmark, »Danmark er nu klodens mest lige samfund«. URL: www.business.dk/oekonomi/danmark-er-nu-klodens-mest-lige-samfund (Stand 9.6.2015, abgerufen 2/2016)

66 SCIENCE ORF.at, »Hygge schlägt Gemütlichkeit«. URL: http://science.orf.at/stories/1760177/ (Stand 2/2016)

67 Faktalink.dk, »Hvordan lyder den positive jantelov?« . URL: www.faktalink.dk/titelliste/jant/janthele (Stand 2/2016)

68 Transparency International, »Corruption Perceptions Index 2015 – Results«. URL: www.transparency.org/cpi2015#results-table (Stand 2015, abgerufen 2/2016)

69 Transparency International Austrian Chapter, »Korruption«. URL: www.ti-austria.at/korruption/was-ist-korruption.html (Stand 2/2016)

70 Videnskab.dk, »Lav dansk korruption begyndte med enevælden«. URL: http://videnskab.dk/kultur-samfund/lav-dansk-korruption-begyndte-med-enevaelden (Stand 4.12.2014, abgerufen 2/2016)

71 Stiftung für Zukunftsfragen, »Dänemark kinderfreundlichstes Land Europas – Deutschland auf dem vorletzten Platz«. URL: www.stiftungfuerzukunftsfragen.de/nc/de/presse/pressemitteilungen/pressemitteilungen/article/daenemark-kinderfreundlichstes-land-europas-deutschland-auf-dem-

vorletzten-platz.html (Stand 26.9.2011, abgerufen 2/2016)

72 Stiftung für Zukunftsfragen, »Wie kinderfreundlich ist Europa? Dänemark Spitzenreiter – Deutschland Schlusslich«. URL: www.stiftungfuerzukunftsfragen.de/de/newsletter-forschung-aktuell/243.html (Stand 21.1.2013, abgerufen 2/2016)

73 Morgenpost.de, »Studie: Das kinderfreundlichste Land Europas ist Dänemark«. URL: www.morgenpost.de/familie/article105115721/Studie-Das-kinderfreundlichste-Land-Europas-ist-Daenemark.html (Stand 29.9.2011, abgerufen 2/2016)

74 Danmarks Statistik, »Fertilitet 2014«. URL: www.dst.dk/da/Statistik/NytHtml?cid=19190 (Stand 2014, abgerufen 2/2016)

75 Danmarks Statistik, »Fertilitet 2015«. URL: www.dst.dk/Site/Dst/Udgivelser/nyt/GetPdf.aspx?cid=20930 (Stand 2015, abgerufen 5/2016)

76 OdderNettet – Odder Kommune, »DR2 sætter fokus på sukker – og på nul sukker I Odder«. URL: www.oddernettet.dk/site.aspx?LangRef=75&newsid=11396 (Stand 10.9.2012 , abgerufen 2/2016)

77 Danmarks Radio, »Danskere spiser næstmest slik i hele verden«. URL: www.dr.dk/ligetil/kultur/danskere-spiser-naestmest-slik-i-hele-verden (Stand 2013, Artikel vom 2.3.2015, abgerufen 2/2016)

78 Danmarkshistorien.dk, »Regentens nytårstale«. URL: http://danmarkshistorien.dk/leksikon-og-kilder/vis/materiale/regentens-nytaarstaler/(Stand 2/2016)

79 Beredskabsstyrelsen, »Sirenevarsling«. URL: http://brs.dk/beredskab/varsling/sirenevarsling/Pages/default.aspx (Stand 2/2016)

80 RESET – Smart Approaches to Sustainability, »Trinkwasser aus dem Rohr statt aus der Plastikflasche«. URL: https://reset.org/act/trinkwasser-aus-dem-rohr-statt-aus-der-plastik-flasche (Stand 2/2016)

81 Antwort 1: Faster

82 Antwort 2: Farmor

83 Antwort 3: Mormor

84 Global Piece Index 2015, Übersicht. URL: www.visionofhumanity.org/#/page/indexes/global-peace-index (Stand 2015)

85 Global Peace Index 2015, »GPI Methodology«. URL: www.visionofhumanity.org/sites/default/files/Global Peace Index Report 2015_0.pdf (Stand 2015, abgerufen 3/2016)

86 Danmarks Radio, »Bilejere er sure over stigende priser på parkeringsbøder«. URL: https://www.dr.dk/nyheder/regionale/hovedstadsomraadet/bilejere-er-sure-over-stigende-priser-paa-parkeringsboeder (Stand Juli 2015, abgerufen 3/2016)

87 Bilmessen, »Nye regler og højere p-bøder«. URL: http://bilmesser.dk/nyhed.php?id=423 (Stand 2014, abgerufen 3/2016)

88 FDM, »Bødetakst for at køre for stærkt I bil«. URL: www.fdm.dk/biler/love-regler/boeder-afgifter/boede-takst-koere-staerkt-bil (Stand 7/2015, abgerufen 3/2016)

89 Wikipedia Danmark, »registreringsafgift«. URL: https://da.wikipedia.org/wiki/Registreringsafgift (Stand 3/2016)

90 Ingeniøren, »Finanslov – registreringsafgift nedsat til 150 procent«. URL: http://ing.dk/artikel/finanslov-

registreringsafgift-nedsat-til-150-procent-180338 (Stand 19.11.2015, abgerufen 3/2016)

91 Wikipedia Danmark, »Navnelov«. URL: https://da.wikipedia.org/wiki/Navnelov (Stand 3/2016)

92 Politiken.dk, »Navneskift er en følsom sag for mange«. URL: http://politiken.dk/forbrugogliv/livsstil/familieliv/ECE1959530/navneskift-er-en-foelsom-sag-for-mange/ (Stand 4.5.2013, abgerufen 3/2016)

93 Lufthansa Gewinnspiel in Schweden. URL: http://klaus-heidi.se/ (abgerufen 3/2016)

94 Berlingske, »11 danske skuespillere går igen. Og igen. Og igen.« URL: www.b.dk/kultur/11-danske-skuespillere-gaar-igen.-og-igen.-og-igen (Stand 30.4.2015, abgerufen 3/2016)

95 Netdoktor.dk, »Regler og lovgivning om fertilitetsbehandling I Danmark«. URL: www.netdoktor.dk/fertilitet/behandling/regler.htm (Stand 3/2016)

96 Cryos Denmark. Homepage. URL: https://dk-de.cryosinternational.com/ (Stand 3/2016)

97 Brigitte MOM, »Kinderwunsch, aber ohne Partner? Ab nach Dänemark«. URL: http://mom.brigitte.de/schlau-werden/kuenstliche-befruchtung-ohne-partner-1259862/ Stand 11/2015, abgerufen 3/2016)

98 Jyllands-Posten, »Danskerne er job-shoppere«. URL: http://jyllands-posten.dk/ECE7131356/Danskerne-er-job-shoppere/ (Stand 2006, Artikel vom 22.10.2014, abgerufen 3/2016)

99 Jyllands-Posten, »Danskerne er job-shoppere«. URL: http://jyllands-posten.dk/ECE7131356/Danskerne-er-job-shoppere/ (Stand 2013, Artikel vom 22.10.2014, abgerufen 3/2016)

100 Politiken, »Danskere er europamestre i at skifte job«. URL: http://politiken.dk/oekonomi/ECE822355/danskere-er-europamestre-i-at-skifte-job/ (Stand 10/2009, abgerufen 4/2016)

101 Systime – De danske kvinders historie, »Flere danske kvinder på arbejdsmarkedet«. URL: https://kvinder.systime.dk/index.php?id=157 (Stand 3/2016)

102 SU.dk – Uddannelses- og Forskningsministeriet. Videregående uddannelser, S.U. satser hjemmeboende. URL: www.su.dk/su/om-su-til-videregaaende-uddannelser-universitet-journalist-laerer-mv/satser-for-su-til-hjemmeboende-paa-videregaaende-uddannelser/du-er-startet-paa-din-uddannelse-1-juli-2014-eller-senere/ (Stand 3/2016)

103 SU.dk – Uddannelses- og Forskningsministeriet. Videregående uddannelser, S.U. satser udeboende. URL: www.su.dk/su/om-su-til-videregaaende-uddannelser-universitet-journalist-laerer-mv/satser-for-su-til-udeboende-paa-videregaaende-uddannelser/ (Stand 3/2016)

104 Videnskab.dk, »Vokaler gør det svært at lære dansk«. URL: http://videnskab.dk/krop-sundhed/vokaler-gor-det-svaert-laere-dansk (Stand 13.5.2011, abgerufen 3/2016)

105 Hans-Christian-Andersen.de, »Biografie«. URL: http://hans-christian-andersen.de/biografie/ (Stand 4/2016)

106 Visit HC Andersen, »Historien om »Den lille Havfrue« på Langelinie i København«. URL: www.visithcandersen.dk/havfrue-historie-da.htm (Stand 4/2016)

107 Faktalink.dk, »Homoseksualitet, ægteskab og familieliv«. URL:

www.faktalink.dk/titelliste/homoseksualitet-1/homoseksualitet-aegteskab-og-familieliv (Stand 4/2016)

[108] Faktalink, »Rødstrømpernes årti«. URL: www.faktalink.dk/titelliste/feminister-og-roedstroemper/roedstroempernes-aarti (Stand 4/2016)

[109] Frankfurter Rundschau, Online, »Weil es mutige Helfer gab«. URL: www.fr-online.de/politik/daenemark-juden-rettung-weil-es-mutige-helfer-gab,1472596,24446520.html (Stand 26.9.2013, abgerufen 4/2016)

[110] Atlantikwall-Dänemark, »Der Atlantikwall in Dänemark«. URL: www.atlantikwall-daenemark.de/ (Stand 4/2016)

[111] Ingeniøren, »Så må der sprænges: 100 bunkere på Vestkysten skal fjernes«. URL: http://ing.dk/artikel/saa-maa-der-spraenges-100-bunkere-paa-vestkysten-skal-fjernes-159259 (Stand 5/2013, abgerufen 4/2016)

[112] Danmarkshistorien.dk, »Forordning om negerhandelen 1792«. URL: http://danmarkshistorien.dk/leksikon-og-kilder/vis/materiale/forordning-om-negerhandelen-1792/ (Stand 4/2016)

[113] Faktalink, »Den danske slavehandel«. URL: www.faktalink.dk/titelliste/den-danske-kolonisering-og-slavehandel/den-danske-slavehandel (Stand 4/2016)

[114] Jyllands Posten, »Færøerne og USA har vundet flest Nobelpriser«. URL: http://jyllands-posten.dk/nyviden/ECE7088226/F%C3%A6r%C3%B8erne-og-USA-har-vundet-flest-Nobelpriser/ (Stand 8.10.2014, abgerufen 4/2016)

[115] Wikipedia England, »List of countries by Nobel laureates per capita«. URL: https://en.wikipedia.org/wiki/List_of_countries_by_Nobel_laureates_per_capita (Stand 2015, abgerufen 4/2016)

[116] Wikipedia Deutschland, »Niels Bohr«. URL: https://de.wikipedia.org/wiki/Niels_Bohr#cite_note-2 (Stand 4/2016)

[117] NTV.de, Wissen, »Wie der Nobelpreis bisher verliehen wurde«. URL: www.n-tv.de/wissen/Wie-der-Nobelpreis-bislang-verliehen-wurde-article13726506.html (Stand 6.10.2014, abgerufen 4/2016)

[118] Politiken, »Vi hæver penge i butikken og ikke i banken«. URL: http://politiken.dk/oekonomi/privatoekonomi/ECE1393634/vi-haever-penge-i-butikken-og-ikke-i-banken/ (Stand 15. Sept. 2011, abgerufen 4/2016)

[119] E-Boks.dk, Brug af e-Boks. URL: www.e-boks.dk/page.aspx?pageid=f7b9da3d-2ee8-4309-ba0e-ae4cf895eb9b (Stand 4/2016)

[120] Landesbibliothekszentrum Rheinland-Pfalz, »bibliotheken heute«. URL: https://lbz.rlp.de/fileadmin/lbz/Ueber_uns/Publikationen/bibliotheken_heute/bibliotheken-heute13-1.pdf (Ausgabe 1/2013, Seite 18)

[121] Politiken, »Supermarkeder skrotter selvbetjeningskasser«. URL: http://politiken.dk/oekonomi/privatoekonomi/ECE1562205/supermarkeder-skrotter-selvbetjeningskasser/ (Stand 3/2012, abgerufen 5/2016)

[122] SJ Law, »Den danske ferielov er I strid med EU-retten«. URL: www.sjlaw.dk/nyheder/vis/artikel/den-danske-ferielov-er-i-strid-med-eu-retten/ (Stand 21.10.2015, abgerufen 5/2016)

[123] Lego.com, »News-Room«, »2015 Annual results«. URL: www.lego.com/

de-de/aboutus/news-room/2016/march/2015-annual-result (Stand 3/2016, abgerufen 5/2016)

124 Lego.com, »News-Room«, »Investment in offshore wind farm«. URL: www.lego.com/de-de/aboutus/news-room/2015/february/investment-in-offshore-wind-farm-lands-first-power (Stand 2/2015, abgerufen 5/2016)

125 Lego.com, »The first LEGOLAND«. URL: www.lego.com/da-dk/legohistory/the-first-legoland (Stand 5/2016)

126 VisitDenmark.dk, »Mest besøgte attraktioner«. URL: www.visitdenmark.dk/da/denmark/attraktioner/mest-besogte-attraktioner (Stand 5/2016)

127 Politiken.dk »Britisk avis hylder Danish Dynamite«. URL: http://politiken.dk/kultur/ECE809303/britisk-avis-hylder-danish-dynamite/ (Stand 10/2009, abgerufen 5/2016)

128 Spiegel.de, »Leistung nur, wenn sie auch Spaß haben«. URL: www.spiegel.de/spiegel/print/d-13518142.html (Stand 6/1986, abgerufen 5/2016)

129 Wikipedia.dk, »Danmarks fodboldlandshold«. URL: https://da.wikipedia.org/wiki/Danmarks_fodboldlandshold (Stand 5/2016)

130 Skagen.com, »Wie Dänemark inspiriert, Dänemarks erster Mann im All: 5 Fragen an den Astronauten Andreas Mogensen«. URL: www.skagen.com/de/de/journal/danish-happiness-hygge/how-denmark-inspires/andreas-mogensen-astronaut-interview.html (Stand 5/2016)

131 Computerwoche, »Skype, der preiswerte Einstieg in VoIP-Firmennetze«. URL: www.computerwoche.de/a/skype-der-preiswerte-einstieg-in-voip-firmennetze,1861204 (Stand 4/2008, abgerufen 5/2016)

132 Spiegel, »Microsofts Megakauf – Skype-Deal macht Milliardäre noch reicher«. URL: www.spiegel.de/wirtschaft/unternehmen/microsofts-megakauf-skype-deal-macht-milliardaere-noch-reicher-a-761930.html (Stand 5/2011, abgerufen 5/2016)

133 Süddeutsche Zeitung, »Man kann seine Kinder auch einfach nur genießen«. URL: www.sueddeutsche.de/wissen/erziehung-man-kann-seine-kinder-auch-einfach-nur-geniessen-1.1062666 (Stand 5/2012, abgerufen 5/2016)

134 Süddeutsche Zeitung, »Man kann seine Kinder auch einfach nur genießen«. URL: www.sueddeutsche.de/wissen/erziehung-man-kann-seine-kinder-auch-einfach-nur-geniessen-1.1062666 (Stand 5/2012, abgerufen 5/2016)

135 Business.dk, »TV-Serier er dansk eksportsucces«. URL: www.business.dk/media/tv-serier-er-dansk-eksportsucces (Stand 3/2014, abgerufen 5/2016)

136 Politiken, »Broen – Sådan blev den dansk-svenske serie så stor en succes«. URL: http://politiken.dk/kultur/filmogtv/ECE2859803/broen-saadan-blev-den-dansk-svenske-serie-saa-stor-en-succes/ (Stand 9/2015, abgerufen 5/2016)

137 Zeit, »Danmarks Radio – dieses Fernsehen lebt«. URL: www.zeit.de/2013/22/fernsehen-danmarks-radio-borgen/seite-2 (Stand 5/2013, abgerufen 5/2016)

Bildnachweis

COVERFOTOS 1. Reihe: © kirych; © kenneththunes; © Andrei Nekrassov; © camema; © Oleksiy Mark; 2. Reihe: © Lotti Fabio; © tlorna; © Tamara_k; © ABCDK; © Oleksandr Prykhodko; 3.Reihe: © anshar; © Konsti K.; © Kiwar; © fotokate; © Oleksiy Mark; 4.-5. Reihe: © Frank Bach; © Frank Bach; © Patrick Lienin; © Figurniy Sergey; © Birute Vijeikiene; © Dhoxax; © Frank Bach; 6. Reihe: © Voyagerix; © Frank Bach; © jacek_kadaj; © Troels Kjems; © sepavone (alle Bilder des Umschages: www.depositphotos.de) | **KAPITELAUFMACHER IM INNENTEIL:** © Maritta G. Demuth: Seite 2, 54–55, 84-85, 211; Seite 3: © frankix/depositphotos.com; Seite 11: © sepavonedepositphotos.com; Seite 121: © dbrechmann/pixabay.com; Seite 154–155: Mariusz Prusaczyk/fotolia.com; Seite 188–189: © william87/fotolia.com; Seite 240–241: © lavizzara/fotolia.com; Seite 277: © ProMotion/fotolia.com; Seite 304: © Dmitrydesign/ depositphotos.com | **BILDTEIL 1:** Seite I: © Vlada.Z/depositphotos.com; Seite II: © art63/fotolia.com (oben), © kenneththunes/depositphotos.com (unten); Seite III: © reetdachfan/pixabay.com (oben), © sebafi/fotolia.com (unten); Seite IV: © frankix/depositphotos.com (o. li.), © weinstock/pixabay.com (o. re.), © Thomas Kranenberg/fotolia.com (unten); Seite V: © Kiwar/depositphotos.com; Seite VI: © sepavone/depositphotos.com; Seite VII: © lazysunbathers/fotolia.com; Seite VIII: © Maslov Dmitry/fotolia.com (oben), © smoke666/fotolia.com; Seite IX: © Birute Vijeikiene/depositphotos.com (o. li.), © Laschi/fotolia.com (o. re.), © panama7/depositphotos.com (u. li.), © Dolfilms/depositphotos.com; Seite X: © cmfotoworks/fotolia.com; Seite XI: © scanrail/depositphotos.com, © Frankix/fotolia.com; Seite XII: © nekit_d-pils2/depositphotos.com; Seite XIII: nantonson/pixabay.com; Seite XIV–XV: © juhumbert/fotolia.com; Seite XVI: © Rocho_Grande/pixabay.com (oben), © fmu64/fotolia.com (unten) **BILDTEIL 2:** Seite I: © bloodua/depositphotos.com; Seite II: © tpsdave/pixabay.com (oben), © Jose/fotolia.com (unten); Seite III: © Tobilander/fotolia.com (oben), © lavizzara/fotolia.com (unten); Seite IV: © dbrechmann/pixabay.com (o. li.), © kristina rütten/fotolia.com (o. re.), © anshar/depositphotos.com (unten); Seite V: © Mikhail Markovskiy/fotolia.com (oben), © matfron/depositphotos.com (unten); Seite VI–VII: © camema/depositphotos.com; Seite VIII: © anderm/fotolia.com (oben), © JanneG/pixabay.com (unten); Seite IX: © mema/fotolia.com (oben), © Thomas Reimer/fotolia.com (unten); Seite X: © borisb17/fotolia.com; Seite XI: © SeanPavonePhoto/fotolia.com (oben), © Oleksandr Prykhodko/depositphotos.com (unten); Seite XII: © Dhoxax/depositphotos.com (oben), © Patrick Lienin/depositphotos.com (unten), Seite XIII: © kirych/depositphotos.com (o. li.), © jeancliclac/depositphotos.com (o. re.), © cmfotoworks/fotolia.com; Seite XIV-XV: © Oleksiy Mark/depositphotos.com; Seite XVI: © Tomtsya/fotolia.com

SCHWARZKOPF & SCHWARZKOPF

111 GRÜNDE, SCHWEDEN ZU LIEBEN

SCHWEDEN – LAND DER SELBSTBAUREGALE, ELCHE UND DES ILLEGALEN SCHNAPSES. HELLE NÄCHTE, NEUTRALITÄT UND UNENDLICHE WÄLDER. VERLIEBEN SIE SICH 111 MAL.

111 GRÜNDE, SCHWEDEN ZU LIEBEN
EINE LIEBESERKLÄRUNG AN DAS SCHÖNSTE LAND DER WELT
Von Stefanie Andersson
240 Seiten, plus zwei Farbteile auf Bilderdruckpapier | Taschenbuch
Mit separatem Farbteil
ISBN 978-3-86265-615-8 | Preis 12,99 €

Hier oben im Norden, wo die Welt noch in Ordnung ist, wo die Sonne im Sommer rund um die Uhr scheint, wo die Menschen in Postkartenhäusern wohnen und der Schnaps vom Staat verkauft wird, lebt es sich in einem ganz eigenen Takt.

Hier, an der Außenkante Europas, sind die Wälder noch intakt und das Gesundheitssystem nicht mehr so ganz. Die Menschen lieben und pflegen ihre eigene Kultur und schauen eher im Vorbeigehen auf das Europa jenseits der Ostsee.

In Schweden lebt man mit den Jahreszeiten, feiert Feste, die noch aus der Wikingerzeit stammen, und pflegt Bräuche, an deren Ursprung sich niemand mehr so richtig erinnern kann. Es ist ein Land, nach dem sich viele sehnen, aber das nur wenige wirklich verstehen. Es gibt viele Gründe, Schweden zu lieben. 111 davon stehen in diesem Buch.

WWW.SCHWARZKOPF-SCHWARZKOPF.DE

MARITTA G. DEMUTH, * 1976 in Südhessen, schreibt seit ihrer Jugend leidenschaftlich gern, wählte für den »Broterwerb« jedoch eine betriebswirtschaftliche Laufbahn. Im Alter von 30 Jahren siedelte sie der Liebe wegen nach Dänemark um und bloggt auf www.4nordlichter.com über das Leben in dem skandinavischen Land. Mit ihrem dänischen Ehemann und zwei Kindern lebt sie in der Nähe von Kopenhagen.

Maritta G. Demuth
111 GRÜNDE, DÄNEMARK ZU LIEBEN
Eine Liebeserklärung an das schönste Land der Welt

ISBN 978-3-86265-612-7

Dritte Auflage Februar 2018

VERLAG
Schwarzkopf & Schwarzkopf Verlag GmbH
Kastanienallee 32, 10435 Berlin
Telefon: 030 – 44 33 63 00
Fax: 030 – 44 33 63 044

INTERNET | E-MAIL
www.schwarzkopf-schwarzkopf.de
www.facebook.com/schwarzkopfverlag
info@schwarzkopf-schwarzkopf.de